JN437880

미국 민중주의의 역사

이화신서

미국 민중주의의 역사

American Populism:A History

안윤모 지음

이화여자대학교출판부

머리말

민중주의(populism)라는 말은 역사적 현상을 설명하는 데 쓸모가 많다. 그것은 사회주의, 아나키즘, 파시즘 같은 급진주의적인 이데올로기 틀 안에서 잘 이해되지 않는 많은 사회 현상을 설명할 수 있기 때문이다. 그럼에도 불구하고 민중주의는 지금까지 제대로 인정받지 못했다. 특히 민중주의가 사회주의나 파시즘과 혼동되어 이해되는 경우에, 그것은 단순한 감정(sentiment)이나 증후군(syndrome)으로 무시되는 경우가 많았다.

그러나 민중주의는 그 나름의 이론 체계를 갖춘 하나의 저항 이데올로기로 이해되어야 할 뿐 아니라 역사적 현상을 설명하는 중요한 도구로 사용되어야 할 필요가 있다. 직접적으로 현재 우리 사회 현상을 이해하는 데 적용될 수 있는 것이다.

민중주의가 무엇을 의미하는가 하는 정의를 내림에 있어서 학자들마다 차이가 있는데, 크게 둘로 분류할 수 있다.

첫째, 사회 경제적인 측면에서 분류된 것으로, 농촌 급진주의의 성격을 띤 농업적 민중주의이다. 여기서는 농촌적인 성격에 초점을 맞추고 있기 때문에, 민중주의는 특정한 사회 경제적 토대를 가진 운동, 다시 말해 소농이나 중농의 운동으로 정의된다. 그리고 그것은 현대화와 같은 특정한 사회 경제적 상황에서 발생하고 그에 따라 특정한 사회 경제적 정강을 내세우는 운동으로 정의된다. 농촌 사회, 특히 현대화되고 있는 농촌 사회의 현상으로 보고 있다.

이 경우 민중주의를 현대화 문제에 부딪힌 후진적인 농업국에서 나타나는 사회주의라고 정의하는가 하면, 근본적으로 산업 자본과 금융 자본의 침투로 위협을 느끼고 있는 작은 농촌 사람들의 이데올로기로 보기도 한다. 또한 민중주의를 근본적으로 변화하는 사회 속에서 전통적인 가치를 실현하려는 농촌 운동이라고 정의하기도 한다. 농업적 민중주의의 대표적인 예가 1890년대 미국에서 나타났던 민중당으로, 민중당이야말로 자영농들 사이에서 일어난 민초 급진주의의 전형이었다.

둘째, 정치적인 측면에서 분류된 것으로, 정치적 민주주의로 부를 수 있는 운동들이다. 여기서 민중주의는 주민 투표, 주민 발의, 공직자 소환제도와 같은 직접 민주제의 장치를 의미하기도 한다. 그리고 그것은 대중 감정의 동원이나 보통 사람들에 대한 찬양을 의미한다. 또한 그것은 동요하는 연합 세력을 '민중'의 이름으로 단결시키려는 정치가들의 노력을 의미하기도 한다. 이 경우에 민중주의는 엘리트와 민초들의 대립이 일어나는 특정한 정치적 상황을 말하게 된다.

이 경우 민중주의를 다수 민중의 의견이 소수 엘리트에 의해 억제되고 있다는 믿음이라고도 했으며, 압도적 다수인 소박한 민중과 그들의 전통 속에 미덕이 깃들어 있다는 대전제에 토대를 둔 신조나 운동이라고도 말했다. 그리고 민중주의는 민중의 의지가 다른 모든 기준에 우선한다고 주장한다는 정의를 내리기도 했다.

둘째 범주에 속하는 정치적 민중주의의 대표적인 예가 20세기 후반에 부활된 미국의 현대 민중주의이다. 미국의 현대 민중주의는 19세기 말의 민중주의가 재생된 것이다. 그러나 현대 민중주의에는 몇 가지 새로운 요소가 추가되었다. 이제 그것은 대기업에 대항해서 싸우고 있는 소시민의 단계를 넘어 권력의 중앙 집권화와 관료주의, 나아가 정치가나 정부 그 자체에 대해 저항하는 단계로 발전하고 있다.

기본적인 의미에서 민중주의는 민중의 도덕성과 생산성을 찬양하고 민중이 사회를 지배해야 한다는 믿음이라고 할 수 있다. 여기에서 구체적으로 민중이 누구인지, 민중이 요구하는 것이 무엇인지, 그리고 그것의 목표에 도달하기 위한 수단이 무엇인가를 밝히는 작업이 필요하다. 이를 위해 세 가지 문제에 초점을 맞추어 다루고자 한다. 이데올로기로서의 민중주의는 어떤 이론을 가지고 있는가, 구체적으로 민중은 누구를 가리키는가, 그리고 민중주의를 진보적인 이념으로 볼 것인가 아니면 보수적인 이념으로 볼 것인가 하는 문제이다.

필자가 그동안 발표했던 민중주의에 관한 논문들을 모아 책으로 엮어야 하겠다는 생각을 갖게 된 것은 논문은 특정한 소수의 사람들에게만 읽

히기 때문에 보다 많은 사람들에게 민중주의가 무엇인가를 알려야 하겠다는 생각에서였다. 특히 미국의 민중주의는 기본적으로 개인주의적이며, 재산 의식이 강한 미국의 자본주의 사회를 부정하지 않았기 때문에 미국의 민중들이 사회주의로부터 등을 돌리도록 하는 데 기여했다. 뿐만 아니라 그것은 힘이 없다고 느끼는 민중들이 기성 권력 구조, 지배적 관념과 사회 가치에 대항하여 민중에게 권력을 부여하고 의사 결정에 참여해야 한다는 참여 민주 정치를 강조함으로써 미국의 민주 정치 발전에도 공헌했다. 다시 말하면 사회주의에 대한 민중주의의 승리가 미국 역사의 진로에 있어서 매우 중요한 의미를 가지고 있다는 것을 알리고자 했다.

끝으로 필자가 이 졸고를 대학출판부에서 출간하고 싶다는 의향을 밝혔을 때 이를 받아주신 이화여자대학교출판부 김용숙 출판부장님과 많은 도움을 주신 출판부원들에게도 감사를 드린다.

2006년 6월

안윤모

차례

제 1 장

민중주의의 뿌리

민중주의(populism)는 흔히 1890년대에 중서부와 남부 농촌 지역에서 일어났던 농민 운동, 혹은 민중당(People's Party)의 정강과 관련지어 생각되고 있다. 그 때문에 미국 민중주의는 특정한 시기에 특정한 세력들에 의해 제시된 특수한 현상으로 해석되는 것이 보통이다. 그러나 이와 같은 통념은 크게 잘못된 것 같다. 왜냐하면 민중주의 운동이 1890년대에 절정에 이르렀던 것은 사실이지만, 그렇다고 그것이 그 시기에만 한정된 우연한 현상이 아니기 때문이다.

비거리(Richard A. Viguerie)의 정의에 따르면, 민중주의는 '엘리트'의 손에 집중된 정치 권력에 대항하여 보통 사람들이 자신들을 옹호하고 자신들의 권리를 내세우는 정치 사상을 의미한다.[1] 또한 돌베어(Kenneth M. Dolbeare)는 민중주의를 개인주의, 평등주의, 물질주의에 입각하여 국가의 부가 부자와 빈민 사이에서 보다 공정하게 분배될 것을 요구하는 저항

1 Richard A. Viguerie, *The Establishment vs. The People: Is A New Populist Revolt on the Way?*, Chicago: Regency Gateway, 1983, p.11.

이데올로기로 정의했다.[2] 바꾸어 말하면, 민중주의는 '엘리트'의 특권과 독점에 대항해 민중(the people) 또는 '보통 사람(the common man)'의 권리와 평등을 요구하는 이데올로기를 의미한다. 그런데 이와 같은 생각은 어느 시대에나 있게 마련이고, 그에 따라 평등주의적인 민중주의 이념과 운동도 어느 시대에나 있게 마련인 것이다. 그러므로 민중주의는 보편적인 현상이며, 지속적인 미국의 한 'ism'인 것이다.[3] 실제로 그것은 건국 초기부터 현재까지 미국 역사 전반에 걸쳐 나타나고 있는 미국인의 특징을 보여주는 저항 이데올로기라고 말할 수 있다.

이와 같이 시대를 초월한 보편적 현상으로서의 미국 민중주의의 특징은 건국 초기 단계에서부터 나타나고 있다. 그런데 미국 혁명에 큰 영향을 주었던 계몽 사상의 3대 교의가 민중주의와 밀접하게 연관되어 있다.

첫째, 계몽 사상은 자연을 신격화했다. 자연 그대로가 인간이 만든 인위적인 것에 우선한다는 것인데, 농민은 '신의 선민'이며 농업이 산업에 우선한다는 제퍼슨(Thomas Jefferson)의 주장에서 이러한 자연의 신격화를 엿볼 수 있다. 또한 그의 주장은 거의 무정부 상태에 이르는 자유방임을 기반으로 하고 있다. 정부는 인간이 만든 도구로서 최선의 상태에서도 필요악이라고 했던 페인(Thomas Paine)은 정부를 의복에 비유하여 '잃어버린 순결의 표식'으로 간주했다. 정부는 필요하긴 하지만 흉한 도구이고 부패한 장치이기 때문에 가능하면 점차적으로 협동해서 피해야 한다고 했다. 제퍼슨은 정부가 없는 인디언 사회에서 사는 사람들이 정부 아래서 사는 유럽 사람들보다 큰 행복을 누리고 있다고 확신했다. 민중주의자들은 국가보다는 사회, 정치가보다는 시민, 전문가보다는 아마추어를 더 좋아

2 Kenneth M. Dolbeare, *American Ideologies: The Competing Political Belief of the 1970s*, Chicago: Rand Mcnally College Publishing Company, 1976, p.114.

3 George McKenna(ed.), *American Populism*, New York: Capricon Books, 1974, xii.

했다.

자연과 인위의 이분법은 은행, 금, 동부의 예절, 레이스 커프, 타이 윅스와 멋부림 같은 것에 대한 민중주의의 감정적 반발에 근거한 것이다. 후에 민중주의자들이 금본위 제도에 분개하는 경제적 이유와 잭슨주의자들이 합중국 은행을 두려워했던 지역적 · 정치적 이유가 여기에 있었다. 선하고 우아하고 가정적이고 단순하고 정직한 것, 한마디로 자연적인 것이, 가짜이고 쇠약하고 격식을 차리고 쓸데없는 것, 한마디로 인위적인 것에 의해 없어져버린다는 인상을 받았다.

둘째, 인간 본성에 대해 낙관적인 생각을 가지고 있었다. 계몽 사상가들은 인간의 본성이 천사와 같지는 않다고 하더라도 성직자나 성서의 은전 없이도 '자명한' 진리를 파악할 수 있다고 주장했다. 사람은 교육을 필요로 한다는 것이다. 제퍼슨도 교육을 강조했다. 그러나 그는 교육이란 도덕적 진리를 발견하기 위해서 인간의 정신에 주입시키는 것이 아니라 수세기에 걸쳐 주입해서 만들어진 마음의 장벽을 무너뜨리는 것이라고 생각했다. 계몽 사상가들은 신분이니 계급이니 하는 것을 인위적인 것으로 보았기 때문에, 인간의 본성이 도덕적이고 합리적이라면 모든 사람들이 그럴 것임에 틀림없다고 생각했다. 민중주의적 평등주의는 인간 본성에 대한 민중주의의 낙관주의와 논리적으로 공존하고 있다. 귀족과 성직자, 변호사와 재판관이 보통 사람들보다 옳고 그름을 더 잘 분별하리라고 볼 이유가 없다고 했다. 잭슨(Andrew Jackson)은 정부의 임무가 아주 평범하고 단순하므로 정직하고 성실하고 능력만 있으면 부자, 빈민, 농민, 인쇄공 등 누구나 관직을 맡고, 승진할 수 있다고 믿었기 때문에 엽관 제도(spoils system)를 옹호했다. 민중주의자들의 문제는 사람의 도덕성과 두뇌가 같다고 보는 것이다.

셋째, 계몽 사상가들은 사회계약설을 주장했다. 평등주의자로서 민중주의자들도 사람들이 다른 사람들을 통치하기 위하여 '자연적'으로 우수하다든지, 사람들을 지도하기 위하여 태어났다고 하는 권위에 대한 정당화를 거부했다. 민중주의자들은 정부란 사람들이 잠정적으로 자유의 일부를 포기한다는 계약에서 나온 것이며, 정부는 계약에 대하여 정당이 정했던 목적에 봉사한다는 규정에서 생긴 것이라는 18세기에 이미 팽배했던 생각으로 되돌아간다. 이러한 계약설은 혁명에 대한 충분한 여지를 남겨놓았다. 그러나 18세기 이래로 민중주의자들은 미국이 이미 혁명을 치렀기 때문에 더 이상 혁명이 필요하다고 생각하지 않았다. 헌법이 혁명을 허용했기 때문이다. 민중주의자들은 혁명가이기보다는 개혁가이고 그래서 계약설을 가장 중요하게 생각했다. 변화에 대한 민중주의자들의 기본 전략은 '민중이 결정하도록 두는 것'이다. 그들은 '왕의 비밀회의' 대신에 위원회를, 지명 대신에 직접 선거를, 그리고 적어도 중요한 문제에 대해서는 단순 대변 대신에 주민 발의권, 주민 투표권을 얻기 위하여 투쟁했다. 민중주의자들은 법 조항을 다시 쓰거나 새로운 조항을 첨가시키는 수단이 민중에게 부여되어야 한다고 주장할 정도로 계약설을 신봉했다.

계약설은 기업에 대한 민중주의자들의 태도에도 영향을 주었다. 친기업 측은 독점과 착취를 정당화하는 데 계약설을 이용한 반면에 민중주의자들은 계약이 강요에 의해 조인되어서는 안 된다고 응수했다. 예를 들면 노동자가 일하러 갈 곳이 없다고 하면 대안이 없기 때문에 생계 임금을 위한 노동 계약은 실제로 자유롭지 않다는 것이다. 많은 민중주의자들이 노동조합의 봉건적 성격을 이해하지만 궁극적으로 노동조합을 지지한 이유가 여기에 있다. 민중주의자들은 노동자들이 계약 과정에서 어느 정도 동등한 위치를 확보하도록 함으로써 강압적으로 계약이 이루어지는 것을 줄이려고 했다.

1. 제퍼슨과 민중주의 전통

제퍼슨은 미국 독립선언서에서 인간은 평등하게 창조되었으며, 태어날 때부터 생명, 자유, 행복의 추구라는 양도할 수 없는 자연적인 권리를 부여받았음을 선언했다. 정부가 수립된 것도 바로 이러한 자연권을 지키기 위한 것이라고 주장하면서, 그는 농본주의적 공화주의를 표명했다.

그러므로 그는 미국의 경제가 농업 상태로 유지되어야 하고, 제조업자, 도시, 도시 계급은 최소한으로 유지되어야 한다고 생각했다. 궁극적으로 농업은 진정한 부, 훌륭한 도덕과 행복에 기여하기 때문에 가장 현명한 직업일 뿐 아니라 제일 유용하기 때문에 가장 존경을 받아야 한다는 것이다. 투기와 강탈로 획득한 부는 근본적으로 덧없는 것이며 사회를 도박 정신으로 채운다고 말하면서 최상의 이익은 농업에 노동의 원칙을 받아들이는 것이라고 그는 주장했다.

아울러 제퍼슨은 농민을 '땅에서 일하는 사람', '신의 선택을 받은 사람'인 보통 사람이라고 규정했다. 그는 "땅의 경작자가 가장 가치 있는 시민이다. 그들이 가장 활기차고, 가장 독립적이고, 가장 덕이 있다.[4] 노동계급과 상인, 투기업자는 부패해 있고, 도시는 역병을 앓고 있다"고 말하면서 농민에게 전폭적인 신뢰와 지지를 보냈다. 캠펠(Arthur Campell) 대령에게 보낸 다음의 편지는 제퍼슨이 얼마나 '보통 사람'을 신뢰했는가를 잘 보여준다.

> 공화 정부와 1776년의 원칙을 따르는 사람들을 상·하원 의원으로 선출할 권리를 관직 사냥꾼이 아닌 그들의 이익이 전적으로 농업적인 농민인, 민

4 Thomas Jefferson, *The Writings of Thomas Jefferson* I, H. A. Washington(ed.), Washington D. C.: Taylor and Maury, 1853, p.403.

중에게 국한시킴으로써 모든 것이 평화롭게 이루어질 수 있다. 그와 같은 사람들이 미국인의 위대한 대변자이며 미국인의 감정을 적절하게 표현하기 위해서 오직 의지해야 할 사람들이다.[5]

그런데 농민이 '신의 선민'이며 농업이 산업에 우선한다는 그의 주장은 거의 무정부 상태에 가까운 자유방임을 기반으로 하고 있다. 정부는 인간이 만든 도구로서 기껏해야 필요악이며, 정부가 없는 인디언 사회에서는 여론이 법을 대신하고, 법이 강력하게 억제하는 것처럼 도덕이 강력하게 억제한다는 것이다.

그러나 그는 지혜와 덕은 세습되는 것이 아니고, 인간은 교육을 통해서 자치 능력을 가질 수 있다고 생각했다. 그래서 그는 보통 사람들이 무지로부터 벗어날 수 있도록 그들을 교육시키기 위한 법을 제정할 것을 주장했다. 그런데 교육이란 도덕적 진리를 발견하기 위해서 인간의 정신에 주입시키는 것이 아니라 수세기에 걸쳐 주입해서 만들어진 마음의 장벽을 무너뜨리는 것이라고 생각했다.

농민이 민주 공화국의 최선의 사회적 기반이라고 믿고 있었던 그가 노년에는 전적으로 농민들만으로 구성된 공화국은 실현 가능성이 없다는 것을 인정하게 되었다. 그럼에도 불구하고 정직하고 부패하지 않은 것은 땅을 경작하는 사람들의 특수한 재산이라는 입장을 포기하지 않았다. 19세기 민중주의자들이 이러한 제퍼슨의 사상을 전적으로 수용했다는 사실을 '민중'의 수중에 공화국 정부를 되돌려주자고 주장한 1892년 민중당의 오마하 정강에서 확인할 수 있다.

그러면 제퍼슨은 어떠한 정부를 공화 정부라고 정의했는가? 공화 정

5 Thomas Jefferson, *The Writings of Thomas Jefferson* IV, Andrew A. Lipscomb(ed.), Washington D. C.: Thomas Jefferson Memorial Association, 1903, p.198.

부란 다수가 만든 규범에 따라 시민들이 직접 참여하는 정부라고 생각했다. 다시 말하면 정부가 시민의 직접적인 정치 활동에 의해서 움직여지는 정도에 따라 공화 정부의 여부가 결정된다는 것이다. 시민에 의한 직접적이고 지속적인 지배로부터 멀어지면 멀어질수록 정부의 공화적 요소가 감소된다는 것이다. 그는 가능한 한 민중이 직접 정부에 참여해야 한다고 생각했다. 이러한 제퍼슨의 직접 민주 정치 사상이 민중주의 전통에 공헌했다. 주민 발의권, 주민 투표 등 직접 민주 정치는 민중당의 오마하 정강뿐 아니라 현대 민중주의 운동에서도 계속해서 주장되고 있다.

그 때문에 그는 억제당하지 않은 민중의 의사가 지배하는 정부를 가장 완벽한 공화 정부라고 생각했으며, 민중의 의사를 방해하는 정부를 경멸했다. 방해를 받지 않고 항상 정당하게 민중의 의사를 수용할 수만 있다면 '완벽한' 정부가 존재할 수 있다고 믿었다. 그래서 그는 1798년 켄터키 결의안에서 연방 정부가 세금, 관세, 물품세를 부과하고, 부채를 지불하며, 합중국의 공동 방어와 일반 복지를 제공할 권리를 갖는 데 반대했다. 그는 민중과 가까운 작은 정부를 주장했다.

이러한 입장을 가지고 있었기 때문에 그는 미국 정부가 공화 정부의 기준에 미치지 못한다고 생각했다. 특히 상원은 상원 의원을 간접 선거로 선출하기 때문에 공화적이지 않으며, 사법부는 판사의 임기가 종신이기 때문에 반공화적이라고 생각했다. 동시에 그는 정부에 대항하여 민중을 보호해줄 권리 장전을 헌법에 명시하지 않았다는 사실을 지적했다. 그는 관직 순환의 필요성을 주장하면서 대통령 단임제를 시사했다. 1892년 민중당은 오마하 정강에서 정 · 부통령의 단임제와 상원 의원의 직선을 결의했다.

제퍼슨의 주요 관심사는 민중이 정부와 헌법을 바꿀 능력을 항상 가지고 있어야 한다는 것이었다. 반란에 대한 그의 입장을 통해서 이러한 사실을 확인할 수 있다. 그는 반란이 일어나지 않고 오래 지속된 나라는 없다고 전제하면서, 1786년 매사추세츠의 농민들이 무거운 세금 부과와 통화량 감축에 대항한 셰이스의 반란(Shays' Rebellion)을 '민주주의의 타당성에 대한 증거'로 환영했다. 그러나 이 반란은 상류 계층을 경악케 했으며, 민중주의자들과 엘리트를 갈라놓은 상징으로 기억되고 있다.

그는 농민 조직의 지도자도 아니고, 농민 반항의 지도자라고도 할 수 없다. 그러나 그는 농민 세력의 지도자인 동시에 농민 운동의 동반자였다. 다수는 지혜롭고 선하다고 믿었기 때문에 다수의 의사가 항상 지배적이어야 한다는 것이 그의 원칙이었다. 상정된 미국 헌법에 다수가 전적으로 찬성하면, 헌법이 제대로 작동하지 못할 때마다 그들이 수정할 것이라는 바람에서 이러한 원칙에 동의했다. 그가 미국 헌법에 관해 '다수의 찬성'이라는 단서를 붙이기는 했지만 미국 정부(연방, 주, 지방)는 민중이 주로 농민인 한 덕이 있을 것이라고 확신했다. 그래서 그는 민중이 결정한 것을 기꺼이 추종했으며 전통적 방법과 제도의 속박에 반대했다. 민중의 정부에 대한 이러한 그의 생각이 19세기 민중주의의 사상적 전조가 되었다.

그러나 그는 단순한 다수 지배를 거부하고, 여러 이익이나 원리가 정부에서 대변되어야 한다고 생각했다. 정부가 항상 민중의 의사에 민감해야 한다는 제퍼슨의 신념은 미국 헌법뿐 아니라 정부의 본질과 정치적 반란에 대한 그의 입장에서도 분명하게 나타났다. 그는 정부가 민중의 반항을 통해 견제를 받아야만 한다고 주장했다. 반란자들의 행동은 용서할 수 없지만, 때로는 민중 반란이 필요하다고 생각했다. 정직한 공화 정부는 반란자들의 의욕을 꺾지 않을 정도로 관대하게 처벌해야 하고, 소규모 반란은 때로는 좋은 일이며 자연계의 폭풍과 같이 정치계에서도 필요하지만 반란에 대한 벌이 너무 약해서 정직한 공화파 주지사들을 너무 낙담시키지 말라고 덧붙였다. 그것은 정부가 건재하기 위해 필요한 약이라고 주장했다. 제퍼슨은 이처럼 민중을 신임하고 정부를 의심했다.

제퍼슨이 보통 사람을 신뢰하고 정부를 불신했다는 사실은 전통에 대한 그의 견해에서도 찾아볼 수 있다. 그는 전통을 민중의 의사를 방해하는 불필요한 장애물로 간주했을 뿐 아니라 한 세대가 다른 세대에게 의무를 지우거나 속박할 수 없다는 신념을 토로했다. "어떠한 사회도 영원한 헌법이나 심지어 영원한 법률조차 만들 수 없다. 땅은 항상 살아 있는 세대에게 속한 것이다. 선조들이 만든 헌법과 법률은 그것을 만들었던 사람들과 더불어 자연적으로 소멸된다. 그렇기 때문에 헌법과 법률은 19년째에 만료된다."[6] 그 이상 실시되면 그것은 강제적 법령이고 옳지 못하다고 주장했다.

그는 순간적으로 변하는 다수 속에서 민중이 자기 자유의 궁극적인 보호자이기 때문에 한 세대가 다른 세대를 속박할 수 없다고 생각했다. 그러면서도 그는 모든 정부는 민중들만이 통치자라고 믿을 때 쇠퇴하며, 따라서 민중 스스로가 유일하게 안전한 수탁자라고 믿었다.[7]

경제적으로도 그는 세금, 관세, 은행, 특권, 보조금 등을 통해 부자를 돕는 것을 불공정한 수단으로 간주했기 때문에 합중국 은행의 설립을 처음부터 반대했다. 뿐만 아니라 1794년 위스키 반란(Whisky Rebellion)에 대하여 재무장관 해밀턴(Alexander Hamilton)이 강경책을 쓰자, 제퍼슨파는 연방 정부의 경제 정책이 소수의 특권 계급을 만들고 다수 국민의 이익과 반대 방향으로 나아가고 있다고 비판했다.

1800년 대통령에 당선된 후 제퍼슨은 위스키 반란에 동정적이었던 갤러틴(Albert Gallatin)을 재무장관에, 프라이스 반란(Fries' Rebellion)에 동

6 *Ibid.*, p.449. 예를 들면 미국의 노예 제도를 헌법이 제정된 지 19년이 되는 1808년까지 시한부로 존속시켰다.

7 *Ibid.*, p.198, p.449.

정적이었다는 이유로 매질까지 당했던 듀언(William Duane)을 카운슬러로 임명했다. 또한 그는 신설된 순회 재판소를 철폐했으며, 첫해에는 250만 달러, 그 후 3년 동안 해마다 약 350만 달러의 연방 정부 지출을 경감시켰다. 이러한 긴축 재정으로 위스키 반란의 직접적인 원인이 되었던 물품세를 철폐할 수 있었다. 또한 8년의 임기 동안에 국가의 부채를 8,300만 달러에서 5,700만 달러로 줄여서 농민들의 세금을 경감할 수 있었다.

뿐만 아니라 그는 민중의 의사가 지배하는 정부를 가장 완벽한 공화정부라고 생각했기 때문에 가능한 한 민중이 직접 정치에 참여하는 직접 민주 정치를 주장했다. 실제로 제퍼슨 행정부는 민중인 농민의 편에 서서 소수의 독점과 특권에 반대함으로써, 19세기 민중주의자들의 정신적 시조가 되었다.

2. 페인과 민중주의 사상

페인(Thomas Paine)도 모든 사람이 자연권을 가지고 태어난다고 주장하면서 보통 사람의 권리를 요구했다. 그는 민중의 지성과 존엄성이 귀족과 동등하다고 주장했을 뿐 아니라 노예, 여성, 노약자, 빈민 등에 대해서도 인도주의적 감정을 가지고 있었던 평등주의자였다. 그럼에도 불구하고 미국 민중주의 전통에서 페인의 위치는 '보통 사람'과 동일시되는 제퍼슨보다는 확고하지 못하다. 그 이유는 페인이 기독교, 특별히 근본주의적 기독교에 대해 적대감을 표명했기 때문이다. 그는 우주의 창조자로서 신의 존재를 인정하나, 신이 섭리를 통해 인간에게 간섭한다든지 은총을 내린다고 생각하는 것을 인정하지 않았던 이신론자(deist)였다.

그러나 그의 생애와 저작을 살펴보면 페인도 미국 민중주의 전통에서

빼놓을 수 없는 인물이다. 그는 『상식』을 비롯하여 『인권론』, 『정부의 제1원리에 대한 소견』 등을 저술한 목적이 인간을 폭정과 잘못된 체제와 그릇된 통치 이념에서 구해내서 자유롭게 하고, 민중을 위한 정부를 수립하는 데 있다는 것을 밝혔다. 이러한 그의 주장에서 민중주의의 동기와 민중주의의 철학적 토대를 찾을 수 있다.

그는 자연이 인간에게 자신의 이익을 결정할 수 있는 이성적 능력을 제공하고, 자연법이 인간을 평화와 조화 속에서 살도록 하기 때문에, 정부는 시민 사회에 필요하지 않다고 주장했다. 사회는 어떤 경우에도 복된 것임에 반하여 정부는 최선의 상태에서도 필요악에 불과하고, 최악의 상태에서는 더욱 참을 수 없는 것이라고 생각했다. 정부라는 것은 의복과 같은 것이어서 '잃어버린 순결의 표식'이며, 그것은 필요는 하지만 흉한 도구이고 부패한 장치이기 때문에 가능하면 협동해서 점차적으로 피해야 한다고 주장했다. 궁극적으로 정부는 국민이 모여서 만든 단합체에 불과하며, 이 단합체의 목적은 국민 전체의 복지를 실현하는 데 있다고 강조했다.

그러면 어떤 정부를 만들어야 하는가에 대하여 페인은 민중의 상식(common sense)을 기반으로 하여 정부를 만들어야 한다고 주장했다. 인간과 사회가 자연법에 의해 매우 질서정연하게 움직이기 때문에 민중의 의사를 억제할 필요가 아주 조금밖에 없다고 생각했다. 그러므로 사회가 지켜야 하는 사회적 협약과 원칙은 다수 의견이 척도가 되고, 소수는 그것에 복종할 것을 요구했다. 소수가 옳고 다수가 그른 경우도 있지만, 이러한 경우라 할지라도 경험에 의하여 사태가 밝혀지는 즉시 소수의 수는 증가하여 다수가 될 것이고, 의사의 자유와 권리의 평등이 평화롭게 작용하는 가운데 과오도 스스로 개혁해나갈 것이라고 생각했다. 일반적으로 민중주의, 특히 현대 우파 민중주의에서 페인의 이러한 사상을 찾아볼 수 있다.

그래서 그는 민중의 의사를 가장 잘 반영하는 입법부를 정부의 최고 기관이라고 믿었다. 그가 입법부의 우위를 주장한 것은 순간적으로 변하는 다수가 공적인 일에서 최고의 권위를 가져야 한다는 생각에서였다. 그는 어떤 일이건 국민이 하기로 결정한 일이면 그들로서는 그러한 일을 할 권리를 갖는다고 말했다.[8] 그에 따르면 과거 세대가 수립한 것을 고려하지 않고 그러한 권리를 갖는 것이다. 그래서 그는 관습과 전통이 순간적으로 변하는 다수 의사를 억제하는 데 반대했다. 순간적으로 변하는 다수에 대한 신념이 이와 같았기 때문에 그는 전통을 고수하는 것이 민중의 의사를 불필요하게 억제하는 것이라고 생각했다. 현대 민중주의에서도 이러한 경향이 두드러지게 나타난다.[9]

모든 시대는 그에 선행된 각 시대, 각 세대에서와 마찬가지로 어떠한 문제에 있어서나 자기 자신을 위한 행동이 자유로워야 한다. 페인은 "죽어서까지도 통치하겠다"는 허영과 오만이야말로 폭군의 횡포 가운데서도 가장 해괴망측하고도 무례한 것이라고 지적했다.[10] 그는 모든 사람이 권리에 있어서 평등하며 그러한 평등권은 세대 간에도 적용되기 때문에 동시대인들은 물론, 앞의 세대가 다음 세대의 권리를 제약할 수 없다고 강조했다.

그런데 민중의 의사가 제도적, 문화적 견제를 받아 억제당해서는 안 된다는 그의 믿음은 인간이 천성적으로 선하다고 하는 인간의 본성을 신뢰하는 데서 비롯된 것이다. 이른바 직접 민주 정치는 인간이 천성적으로 선하며 이성적인 힘을 가지고 있어서 자신의 이익을 스스로 결정할 수 있

8 Thomas Paine, "Common Sense," in Nelson F. Adkins(ed.), *Common Sense and Other Political Writings*, New York: Bobbs-Merrill, 1966, p.121.

9 졸고, "미국의 현대 인민주의에 대한 일 고찰: 좌파 인민주의를 중심으로", 『인문사회과학논총』, 서울여자대학교 인문사회과학연구소, 1994.

10 Thomas Paine, "Common Sense," p.120.

다는 입장에 기반을 두고 있다.

미국적 체제 안에서 기회를 확대하려는 민중주의자들과 같은 소수 집단도 자기들의 입장을 정당화시키기 위해서 미국 독립선언서에 표명되었던 자연권 철학에 호소했다.

그는 자연권은 물론 모든 시민의 시민권도 동등하기 때문에 모든 사람들이 정부를 만드는 데 동등한 권리를 가지며, 그들이 지배를 받고, 재판을 받는 법을 만드는 데도 동등한 권리를 가지고 있다고 말했다. 그는 성문 헌법에 이와 같은 동등권을 명기해야 한다고까지 생각했다.

심지어 그는 주권이 있는 곳은 어디나 자유가 있어야만 하니까[11] 인민주권은 자유로운 정부의 필수적인 권리라고 생각했다. 주권은 민중에게만 있을 뿐 아니라, 민중이 어떤 정부가 부적합하다고 생각할 때에는 이를 폐기하고 그들의 이익과 성향과 행복에 부합되는 정부를 수립할 권리를 가지고 태어나고, 그에 따라 사람들은 관리를 뽑아서 그들에게 정책에 대한 책임을 맡겼다고 주장했다.

그러므로 그는 재산 자격에 따라 선거권을 부여하는 데 반대했다. 투표자들의 재산 자격을 요구했던 제퍼슨과는 달리 그는 모든 시민이 참정권을 동등하게 부여받았으며 자유라는 말 안에 본래 내재해 있다고 생각했다. 즉 투표권이 무지하고 가난한 사람의 수중에 있어 위험하다면, 적어도 실력자인 부자의 수중에서도 똑같이 위험하며, 만약 안전을 핑계로 가난한 사람에게서 투표권을 박탈한다면, 같은 이유로 부자에게서도 박탈해야 한다고 주장했다.[12] 선거권이 기본권이기 때문에 그것이 확보되어야만 다른 권리도 보장받을 수 있다는 것이다. 그는 어느 계층을 막론하고 선거

11 Thomas Paine, "Dissertation on Government; the Affairs of the Bank; and Paper Money" (1786), in Foner(ed.), *The Complete Writings of Thomas Paine* II, p.370.

12 Paul F. Boller, Jr., *Freedom and Fate in American Thought from Edwards to Dewy*, Dallas: SMU Press, 1978, p.38.

권을 박탈하는 것은 범죄 행위라고 강조했다. 심지어 그는 재산을 정치적 권리를 판단하는 기준으로 설정하는 것 자체가 수치라고 생각했다. 그는 민중을 보호하는 것이 재산을 보호하는 것보다 신성하다고 주장했다.

일생 동안 페인의 관심사는 사회 · 정치 제도를 가지고 어떻게 민중의 자유와 행복을 보장할 수 있는가 하는 것이었다. 그는 자연권 철학이 세상에서 실제로 작용하기를 갈망했으며, 그의 유토피아는 생산물을 자유롭게 교환하고, 평등권과 대의 정부를 가지며, 경제적 풍요를 향유하는 주로 소농과 수공업자로 이루어진 민주 사회를 이룩하는 것이었다. 그는 정부의 간섭을 받지 않고 모든 사람들이 평화롭고 안전하게 자기 직업에 충실하고 노동의 열매와 자기 재산의 소출을 향유할 수 있기를 갈망했다.

페인은 민중의 지성과 존엄성이 귀족의 그것과 동등하다고 주장하고, 민중의 상식을 기반으로 정부를 만들어야 한다고 주장했다. 그리고 그는 제퍼슨과 마찬가지로 다수가 공적인 일에서 최고의 권위를 가진다고 생각하고 직접 민주 정치를 정당화했다. 또한 모든 시민의 권리를 동등하게 봄으로써 선거권을 재산 자격에 따라 부여하는 데 반대했다.

인간의 본성과 민중의 정부에 대한 그의 생각뿐 아니라 그가 시민 사회의 기원과 목표에 대하여 언급한 것과 민중의 상식을 평가한 것을 볼 때 민중주의의 지적 뿌리를 찾는 데 직접적으로 연관이 있다는 사실을 부인할 수 없다.

3. 잭슨의 민중주의

농업 세력을 대변하는 민주 공화파의 지도자인 잭슨(Andrew Jackson)은 '보통 사람'을 정치에 참여시키려는 정치적 민주주의자였다.

동시에 그는 모든 개인에게 동등한 기회를 부여하고, 자유롭게 자기의 이익을 추구하도록 내버려두자는 자유방임주의자였다.

그의 반특권적 · 반독점적 입장은 1830년의 '메이스빌 거부(Maysville Veto)'와 1832년 합중국 은행(U. S. Bank)에 대한 거부권 행사에서 잘 나타났다. 1830년 의회는 켄터키의 메이스빌에서 렉싱턴에 이르는 도로를 건설한 회사에 연방 정부의 지원금을 주려는 법을 통과시켰다. 자금 지원은 켄터키 주에 대한 특혜라는 이유에서 잭슨 대통령은 거부권을 행사했다.

같은 이유에서 그는 합중국 은행에 대해서도 반대했다. 당시 합중국 은행은 정부의 막대한 자금을 굴리면서 경제에 막강한 영향력을 행사하고 있었다. 잭슨 대통령은 합중국 은행을 독점과 특혜의 상징으로 규정하고, 그것을 폐지하려고 했다. 그래서 1832년 의회가 특허 기간을 연장하는 법을 통과시키자 거부권을 행사했다.

그는 제퍼슨의 정치 철학을 받아들여서 독점, 특히 합중국 은행과 같은 은행의 독점과 특권에 반대했다. 그러나 그의 평등주의는 조건의 평등이 아니라 오직 기회의 평등이었다. 그가 합중국 은행을 공격한 것은 재정적인 거래에 반대했기 때문이 아니라, 합중국 은행을 비상한 권력과 지성을 가진 사람들에 의해 지배되는 특권과 권력의 도구로 간주했기 때문이었다. 당시 국가 전체 은행권의 4분의 1가량을 발행하던 합중국 은행은 정부의 통제를 받지 않는 상태에서 경제적 · 정치적으로 막강한 영향력을 행사하고 있었다.

그는 합중국 은행이 정부에게 편리하고 민중에게 유용하지만, 헌법이 부여하지 않은 권력과 특권을 가지고 주권을 잠식하고 민중의 자유를 위협하고 있다는 것을 강조했다. 그러므로 독점을 인정하는 것은 위헌이며, 경제적 특권을 인정하는 것은 민중의 정부에 대한 위협이라고 경고했다.

게다가 외국인들이 합중국 은행 주식의 4분의 1 이상을 소유하고 있고, 그 나머지 주식은 2~3백 명의 최상층의 부유한 시민들이 보유하고 있었다. 이것은 국가의 자유와 독립에 위협이 되었다. 그래서 그는 주주들이 사적으로 은행을 설립할 경우, 순전히 미국인이어야 할 것과 외국인에게 주식 판매를 금지할 것을 제안했다. 그는 민중을 책임질 수 없는 소수에게 권력이 집중되는 것이 미국 제도의 커다란 악폐라고 지적하면서 외국인들이 은행 주식을 소유하게 되면 적의 육 · 해군의 힘보다 훨씬 위험하다고 경고했다.

잭슨 대통령은 연방 정부의 자금을 23개의 작은 주 은행으로 분리시켜 합중국 은행의 권한을 축소시켰다. 그러나 그는 인간이 만든 제도에 의해서 자질, 교육, 부의 평등이 이루어질 수 없고, 모든 사람은 법의 동등한 보호를 받을 권리가 있다고 믿었다. 그러므로 법이 부자를 더 부유하게 강한 자를 더 강하게 만들 때, 농민, 기술자, 노동자 등은 정부의 불의에 대하여 불평할 권리가 있다고 주장했다. 그는 법 앞에서의 평등과 시민에 대한 평등한 법의 보호를 강조했다. 이러한 그의 주장을 통하여 보통 사람들이 가져야 할 필수적인 권리에 대한 그의 신념이 어떠했는가를 잘 알 수 있다.

제퍼슨파는 대통령이 정부가 권한을 계속 확대하는 데서 오는 위협과 사기업의 부패에 대항해서 민중을 보호할 권리를 위탁받았다는 전통적인 원칙을 주장했다. 그러나 이러한 원칙을 수행하는 데 있어서 잭슨은 제퍼슨보다 진일보한 입장을 가지고 있었다. 그는 제퍼슨, 페인과는 달리 정부는 필요악이 아니고, 악은 악용했을 때에만 존재한다는 입장을 밝혔다. 정부가 다수를 희생시키고 소수를 보호하려고 할 때 정부의 변절에 대항해 개혁을 해야 한다고 주장했다. 그가 독점과 독점적 특권에 반대하고 다수에 의한 지배를 주장했다는 데서 민중주의 전통을 찾을 수 있다.

잭슨 민주 정치 시기는 입헌 정부에 대한 도전의 시기였다. 그는 정부의 임무가 아주 평범하고 단순하기 때문에 정직하고 성실하고 능력만 있으면 부자, 빈민, 농민, 인쇄공 등 누구라도 관직을 맡고, 승진할 수 있다고 믿었다. 그래서 그는 대통령 후보를 당간부 회의(Caucus)에서 결정하는 체제를 민중의 권리를 빼앗는 강탈자로 낙인찍었다. 대통령 후보를 지명하기 위한 전국 지명 대회 개최, 민선 관리의 수적 증가, 평민들에게 공직 취임의 길을 열어주는 엽관 제도의 실시 등 잭슨의 정치는 정치와 행정을 사회 엘리트, 다시 말하면 전문적인 관료의 독점으로부터 보통 사람들의 참여로 전환시켰다. 당시 보통 사람들은 관료 정치가 기득권층에 의해 부패되었다고 생각했다.

민중주의자들도 보통 사람들은 선하고 덕이 있다고 생각하여 '민중'을 찬양하고 그들에게 호소했다. 그들은 다수 민중의 의사가 소수 엘리트에 의해 억제되고 있다고 믿었기 때문에 엘리트에 반대했다. 잭슨 시대에 미국은 다른 나라보다도 수십 년 먼저 성년 남자 보통 선거를 실시하여 참정권이 일반 대중에까지 확대되었다.

그는 관직 담당자들이 필요한 자격을 반드시 갖추어야 한다고 생각하지 않았다. 그는 사람들이 배경에 관계없이 공직에 종사할 수 있다고 믿었다. 그래서 제퍼슨이 교육을 강조하는 데 반대했으며 정부에 참여할 권리는 사람의 학식 정도와 관련이 없다고 주장했다. 시민적 평등에 대한 잭슨의 입장은 제퍼슨보다 앞섰다. 이와 같이 보통 사람들의 사회적 기능과 정치적 권리를 인정한 잭슨의 평등주의에서 민중주의의 뿌리를 찾을 수 있다.

잭슨 행정부의 중요한 쟁점은 무료 국유지, 통화 팽창, 값싼 신용, 관세법 개정 등 주로 경제적인 것이었다. 특히 서부 국유지 불하 문제는 저렴한 가격으로 자유롭게 불하되기를 원하는 농민과 이에 대항하는 동북부 상공업 세력 사이에 갈등을 야기했다. 당시 농민 운동은 대서양 연안의 상인들과 서부 농민 사이의 투쟁에서 비롯된 민중주의 운동의 하나였다. 잭슨은 생산 계급(농민, 노동자)과 비생산 계급(기업가) 사이에 갈등의 골이 깊은 상태에서 기업가들이 교육과 신문을 지배하고, 특히 정경 유착으로 유리한 위치에 있다고 생각했다. 그래서 그는 정부가 보통 사람들의 이익을 보호하지 않으면 대기업이 보통 사람들을 착취할 것이라고 보고 반독점 · 친노동 전통을 더욱 강화시켰다. 제퍼슨의 보통 사람에 대한 호의적인 태도는 잭슨 때에는 도시 노동자들에게까지 확대되었다.

잭슨 민주주의는 농업적 민중주의가 일어나는 데 선구적 역할을 했다. 잭슨 민주주의와 농업적 민중주의는 농민과 노동자, 즉 보통 사람들이 국가의 초석이라는 신념을 가지고 있을 뿐 아니라 정부가 보통 사람들의 이익을 보호하지 않으면 대기업이 보통 사람들을 착취할 것이라는 견해를 가지고 있었다. 즉 독점적 특권에 반대하고 다수에 의한 지배를 주장했던 것이다.

지금까지 살펴본 세 사람에게서 민중주의 이념의 공통점이라고 할 수 있는 다음의 세 가지 요소가 뚜렷이 나타나고 있다. 첫째는 "모두에게 동등한 기회를 주되, 누구에게도 특권을 주지 않는다"는 원칙의 독점 반대, 특권 반대의 태도이다. 둘째는 민중의 의사가 다른 어떤 기준보다 우위에 있고, 따라서 다수의 의사가 존중되어야 한다는 직접 민주 정치의 태도이고, 셋째는 민중은 선하고 도덕적이며, 민중의 의사를 억제하는 것은 소수의 엘리트라고 두려워하는 엘리트반대주의이다.

제 2장

농업적 민중주의

1. 농민의 불만

남북 전쟁 이후 미국의 산업화가 급속도로 진행됨에 따라 1865년에서 1914년에 이르는 기간에 연간 경제 성장률은 평균 4%에 이르렀다. 국민총생산에서 공업과 농업이 차지하는 비율은 1870년에 각각 43%와 57%로 농업이 우세했으나, 1900년에 오면 65%와 35%로 양자의 위치가 뒤바뀌어 공업이 우세하게 되었다. 국민총생산(GNP)도 1929년 가격을 기준으로 1874년 263달러에서 1910년 611달러로 크게 증가했다. 그리하여 1880년대 중반 미국의 제조업 생산은 세계 제1의 공업 국가인 영국과 대등해졌으며, 1900년에 미국은 영국을 누르고 세계 최대의 공업 국가가 되었다. 당시 세계 제조업 생산에서 각국이 차지하는 비율은 영국이 20%, 독일이 17%, 프랑스가 7%였던 데 비해 미국은 30%가 넘었다.

농업도 공업 못지않게 크게 발전하여, 농장 수와 경작 면적이 1860년을 기준하여 1890년대에는 약 3배, 토지, 건물, 농기구, 가축을 포함한 농장 재산의 총액은 10배로 각각 증가했다.

그러나 농산물 가격은 1870년부터 1897년에 이르기까지 계속 하락하여 1894년에는 최저가를 기록했다. 밀 1부셸당 평균 가격은 42~48센트였는데, 생산비가 45~47센트나 들었으며, 옥수수도 1부셸당 생산비가 약 21센트였는데 그것의 반값도 받지 못했다. 면화의 경우 1870~80년에는 9~11센트, 1890년에는 6.5센트, 1894년에는 4.6센트로 하락하여 생산비도 안 되는 실정이었다.

지방에 따라 사정이 이보다 더 심각한 경우가 많았다. 농무부에서 조사한 3대 작물의 평균 시장 가격 비교표를 보면(〈표 1〉), 가격이 하락하는 경향을 뚜렷하게 알 수 있다. 1889년 캔자스 농민들은 옥수수 가격이 폭락하자 난방 연료로 태웠으며, 네브래스카에서는 돼지값이 폭락하자 사료값을 절약하기 위해서 돼지를 죽이는 소동까지 일어났다.

〈표 1〉 3대 작물의 평균 시장가 1870-1897

(cent)

연도	밀	옥수수	면화
1870-1873	106.7	43.1	15.1
1874-1877	94.4	40.9	11.1
1878-1881	100.6	43.1	9.5
1882-1885	80.2	39.8	9.1
1886-1889	74.8	35.9	8.3
1890-1893	70.9	41.7	7.8
1894-1897	63.3	29.9	5.8

Hicks, *Populist Revolt*, p.56.

농산물 가격이 폭락함에 따라 농민들의 채무와 소작농이 증가했다. 농민의 저당이 심각할 정도로 증가하여, 1890년 캔자스와 노스다코타에서 농민 2명 가운데 1명이, 네브래스카, 사우스다코타, 미네소타에서 농민 3

명 가운데 1명이, 위의 5개 주에서 한 가족 가운데 평균 1명 이상이 저당 잡혀 있는 실정이었다. 캔자스는 농토의 60%, 아이오와는 47%, 네브래스카는 55%, 미주리는 25%가 저당 잡혀 있었으며, 1900년에 이르면 전국 농토의 거의 3분의 1이 저당에 들어가 있었다. 1880~1890년까지 10년간 농민의 저당 부채액은 노스캐롤라이나가 110%, 테네시가 313%, 조지아가 262%, 플로리다가 519%로 각각 증가했다. 결국 농산물 가격이 하락함으로써 저당이 유실되고 농민들이 파산하는 사례가 빈번히 발생했다. 저당의 증가로 소작인도 크게 증가하여 1880년에 25%, 1890년에 28%, 1900년에 35%, 1910년에 37%나 되었으며, 농업 노동자도 상당히 증가했다.

이와 같이 산업 시대에 농민들이 곤경에 빠지게 된 데는 몇 가지 원인이 있었다.

첫째, 농민들은 독점적인 철도 회사의 횡포 때문에 큰 타격을 받았다. 서부와 남부의 농민들은 농산물의 운송을 전적으로 철도에 의존하고 있었다. 따라서 그들은 철도 회사가 일방적으로 부과하는 운임이나 창고 사용료가 지나치게 높게 책정되었다고 불평했다.

1890년경 철도가 수송 기관을 독점하게 되면서 수송비가 농산물 가격의 65~75%나 차지하게 되었으며, 심한 경우에는 1부셸당 수송비가 1부셸의 농산물 가격과 맞먹을 정도였다. 수송자의 순이익이 생산자의 순이익보다 많은 불합리한 현상이 벌어졌던 것이다. 또한 시카고에서 뉴욕까지의 운임이 시카고에서 서부 지방으로 가는 운임과 비교될 정도로 지방 운임이 비쌌다. 시카고 이서 지역의 운임은 같은 거리의 동부 지방 운임의 무려 4배나 되었다. 게다가 농민들은 철도 회사가 큰 고객을 차별 대우하는 데 분노를 터뜨렸다.

철도는 요금이 비싸고 지방에 따라 운임의 차이가 심하다는 것 이외에 또 다른 횡포를 부리고 있었다. 서부 개척자의 입장에서 보면 철도는 그들의 땅을 훔쳐가는 도둑처럼 농민들에게 큰 피해를 주었을 뿐 아니라 헐값의 땅을 소유할 수 있는 가능성과 기회를 박탈했다. 연방 정부는 독일 제국에게 점령되었던 식민지의 면적보다 넓은 땅을 철도 회사에게 양도했다. 캔자스 출신의 상원 의원 페퍼(William Peffer)는 "전에는 땅을 잃으면 서부로 찾아갈 수 있었다. 지금은 더 이상 찾아갈 서부의 땅이 없다. 지금 농민들은 새로운 땅을 얻기 위해서가 아니라 가족을 위해서 싸워야만 한다"고 말했다.[1] 농민들은 땅을 빼앗아간 철도 회사에 대항했다.

농민들은 철도 부설에 많은 재정적 지원이 있었다는 것에도 불만을 가지고 있었다. 연방 정부, 주 정부, 군, 시는 물론이고 공공 부조도 막대했다. 이렇게 부설된 철도가 봉사하기는커녕 농민들을 약탈했다고 생각했다. 농민들은 밴더빌트(Cornelius Vandervilt), 굴드(Jay Gould), 드루(Daniel Drew)와 같은 철도 사업가들이 봉사하지 않고 재산을 증식시키기 위하여 속임수를 썼다고 비난하면서, 그들의 부는 노동의 대가를 일부밖에 받지 못한 수백만 명에 달하는 노동자들의 노동의 집적이라고 주장했다. 농민들은 철도만큼 자본을 넣지 않고 주식을 늘리거나 실제로 준비가 없었던 사업은 없다고 생각했다. 캔자스의 민중주의자인 심슨(Jerry Simpson)도 "캔자스는 8,000마일의 철도를 가지고 있다. 그것을 부설하는데 1억 달러가 들었는데, 3억 달러의 채권을 발행했고, 자본을 넣지 않고 2억 달러의 주식을 증식했다. 철도를 사용하고 있는 우리가 1억 달러에 대한 이자를 부담하는 대신에 6억 달러에 대한 이자를 지불하고 있는 셈"이라고 비난했다.[2]

또한 농민들은 철도 회사의 부패를 공격했다. 철도 회사는 그들에게

1 Erastus Wiman, "The Farmer on top," *North American Review*, 153: p.14.
2 Hallie Farmer, "Economic Background of Frontier Populism," *Mississippi Valley Historical Review* XIII, March, 1924, p.424.

유리한 특허장을 주는 주 의회 의원이나 특허장을 다각적으로 해석해줄 법정에 압력을 넣을 수 있는 방도를 수단과 방법을 가리지 않고 찾았다. 주 의회 의원 가운데 가장 유력한 자를 많은 보수를 주고 철도 회사의 변호인으로 고용하는가 하면 이것으로도 충분하지 않아 1년에 70만 달러를 뇌물 매수 기금과 법정 비용으로 소비할 정도였다. *Farmers' Alliance*지는 전 입법부가 매수되었다고 비난하기도 했다.[3]

철도가 특히 캔자스와 네브래스카를 비롯한 서부 모든 주의 정치를 좌우한다고 해도 과언이 아니었다. 캔자스에서는 산타 페이(Santa Fe)가, 네브래스카에서는 유니온 퍼시픽(Burlington & Union Pacific)이 주의 지배권을 가지고 있었다. 산타 페이에 반대하는 후보는 어느 누구도 관직에 선출되지 못했다. 또한 철도 회사는 법을 제정하는 데도 결정적으로 작용했다. 네브래스카에서는 철도 회사가 공화당을 지배한 것이 가장 중요한 문제가 되었으며, 네브래스카 정부는 유니온 퍼시픽에 좌우되는 정부였다. 여기에서 농민들은 철도가 정치와 유착하고 있는 한 농민들을 위한 구제책이 마련될 수 없다고 굳게 믿게 되었다.

아울러 철도 회사가 고용한 로비스트들이 불리한 법을 철폐시키려고 했다. 특별히 철도 회사는 철도에 대한 중과세를 막는 데 혈안이 되었으며, 이를 위하여 많은 뇌물, 부패, 음모가 있었다. 철도 회사의 재산은 과세할 때는 과소평가되었고, 운임을 책정할 때는 과대평가되었다고 농민들은 비난했다. 심지어 철도 회사가 여론을 조성하는 신문 편집자, 지방 정치가, 성직자들에게도 무임승차 내지는 반액 부담의 특혜를 주었으며, 상당 수의 사람들이 무료 여행 허가증을 얻기 위해 철도를 비난했다.

북서부 지역의 철도 문제는 곡물 창고 문제와 밀접하게 연관되어 있

3 *Farmers' Alliance*, July 17, 1889.

었다. 곡물 창고 회사가 곡물 창고를 거의 독점적으로 운영하고 있었기 때문에 농민들은 곡물을 자유롭게 판매할 시장을 얻지 못했다. 농민이 자유 시장을 갖지 못한 것도 농산물 가격이 하락한 원인이 되었다.

둘째, 농민에게 부과한 무거운 세금 때문이었다. 농민의 재산인 농토는 세무 공무원의 눈을 피할 수 없었으므로 재산을 쉽게 숨길 수 있었던 상인, 증권 소유자, 자본가 등에 비해 농민들은 상대적으로 많은 세금을 냈다.

부동산을 소유하지 않은 사람들은 재산을 숨겨 세금을 피할 수 있었다. 상인들도 재산의 가치를 과소평가할 수 있었고, 가옥 소유자들도 그 소유를 비밀로 할 수 있었다. 또한 철도를 비롯한 다른 대기업들도 세금을 피할 방법을 찾았다. 노스캐롤라이나에서 철도 회사는 세금을 특별 면제받았으며, 조지아에서는 철도 회사에 대해 주세는 부과했으나 군세는 면제했다. 어느 곳에서나 철도와 대기업은 과세 평가인이나 주 당국 또는 법에 의해 특혜를 받았다.

그러나 농민들은 국부의 4분의 1만을 차지하고 있는데도 전체 납세액의 4분의 3을 부담했다고 불만을 터뜨렸다. 대체로 부동산을 소유하지 않았던 사람들은 전혀 세금을 내지 않았으나, 눈에 보이고 파악할 수 있는 토지를 소유한 농민들이 세금을 부담했기 때문이다. 농민들은 대기업, 기업 연합, 기업 합동, 제조업자의 음모 때문에 세금을 과중하게 부담하게 되었다고 생각했으며, 그들은 불공평하고, 불합리하고, 불평등한 세금 때문에 어쩔 수 없이 희생의 제물이 되었다고 믿었다.

셋째, 정부가 국내 공업을 보호하기 위해 외국의 공산품에 부과한 높은 보호 관세 때문이었다. 산업가들은 보호 관세 때문에 외국과의 경쟁에서 유리한 위치에 서게 되어 이익을 증대시켰으나, 농민들은 국내 공산품을 비싼 가격으로 사면서도 정부의 보호를 받지 못하고 그들의 농산물을 국내외 시장에 판매해야 했던 것이다. 이것은 농민의 돈이 산업가의 수중으로 흘러들어감을 의미했다. 농민들은 보호 관세가 법률의 비호를 받고 있던 기업 연합, 기업 합동이 형성되는 온상이 되었다고 비난했다. 특히 남부의 농민들은 서부인들보다 관세에 대하여 더욱 강압적인 느낌을 가지고 있었으며, 관세가 남부인들을 곤경으로 몰아넣는 데 중요한 역할을 했다고 생각했다. 관세가 유럽 국가들의 저렴한 공산품과 미국의 저렴한 농산물의 교환을 방해했다고 생각했기 때문에 보호 관세도 다른 계급을 희생시키고 한 계급을 보호하는 수단, 다시 말하면 농민 대 제조업자, 빈자 대 부자를 보호하는 수단이라고 비판했다.

넷째, 농산물 가격이 계속해서 하락하는 반면에 달러의 가치가 상승했기 때문이었다. 화폐의 구매력이 〈표 2〉와 같이 상승해감에 따라 채무자인 남부와 서부의 농민들은 많은 저당금과 부채를 갚는 데 곤란을 당하게 되었다. 농민들은 이런 상황이 벌어진 것은 통화가 부족하고 신축성이 없기 때문이라고 생각했다.

〈표 2〉 달러의 가치 등급 1865-1895

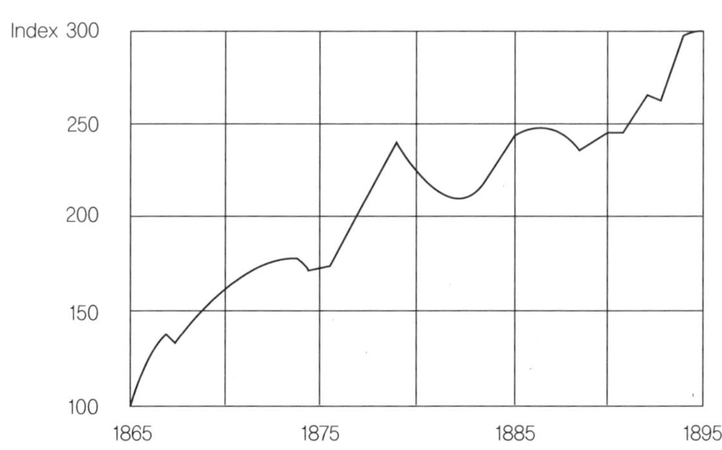

Alex M. Arnett, *The Populist Movement in Georgia*, p.69.

농민들은 농산물을 매매하여 곡물 창고 보관료와 저당금의 이자를 지불해야 했기 때문에 수확한 곡물을 그대로 보유할 수 없는 형편이었다. 그런데 농산물 유통 시기에는 통화량이 줄고, 농산물이 싼값으로 처분되고 난 다음에 화폐의 가치는 하락하여 농산물 가격은 상승했다. 농민들은 달러 파동이 농민의 번영을 좌우한다고 생각하게 되었다.

실제로 1878~1890년까지 12년 동안 인구는 적어도 30% 이상 증가하고 사업가도 2배 이상 증가했는데 화폐량은 1인당 17.85달러에서 8달러로 격감했다. 이와 같이 통화가 불안정한 데다 투기까지 성행함으로써 달러 파동이 일어나 농민들은 고통을 받았다.

농민들은 통화가 부족하고 신축성이 없었던 것은 주로 소수를 위하여 다수를 약탈하고 있는 전국 금융 제도(national banking system) 때문이라고 비난했다. 이 제도는 은행가들이 은행 자본의 3분의 1의 액수에 해당하는 연방 정부 채권을 매입하여 연방 정부에 맡기면, 은행은 매입한 연방 정부 채권 시가의 90%까지 은행권을 발행할 수 있었던 제도이다. 이 은행권은 수입세와 국채에 대한 원금과 이자를 제외한 정부의 모든 부과금과 거래에 사용할 수 있었다. 1900년대에 이르면 보조 입법을 만들어 은행권을 채권의 전체 액수까지 발행하는 것을 허가함으로써 실제로 전국 금융법은 무의미하게 되었다.

남북 전쟁 이후에는 지폐를 자유롭게 발행할 수 있었다. 남북 전쟁 이전에도 재무부에서 지폐를 발행한 적이 있었으나 법화는 아니었으며 소량이 화폐로서 통용되었을 뿐이었다. 1862년 법화법(Legal Tender Act)이 제정된 이후 연방 정부가 직접 지폐를 발행하게 되었는데, 이것은 관세를 제외한 공·사채 지불에 사용되었다. 1873년 은행권의 총통화량은 3억 3천9백만 달러에 도달했으나 그 이후 지폐 통화량이 줄어서 1875년 태환법(Resumption Act)이 제정되던 시기에는 약 1억 달러에 상당하는 지폐가 금으로 상환되었으며, 1876년에는 2억 9천1백만 달러의 지폐가 유통됨으로써 통화량이 상당히 줄어들었다. 이 법은 화폐의 등가를 유지하기 위한 것이 아니라 지폐를 회수하기 위해서만 정부의 채권을 판매할 것을 규정한 것이다. 통화량이 수축한 양만큼 달러의 가치가 상대적으로 상승했다는 농민들의 주장은 설득력이 있다.

농민들은 화폐량이 수요에 따라 결정되어야 한다고 생각했으나 전국 금융 제도 아래서 화폐량은 실제로 은행가의 이익에 따라 크게 좌우되었다. 그들은 국가가 필요에 따라 통화량을 결정하지 않고 은행가의 이익에 따라 통화량을 결정했다고 불평했다. 특별히 농산물 유통 시기에 화폐가 부족했는데도 교묘하게 묵인되었으며, 이 시기에 금리가 높았다고 생각했다. 이러한 여러 가지 폐단이 전적으로 전국 금융 제도 때문만은 아니지만, 이 제도 아래서 통화량이 부족하고 신축성이 없었다는 것은 사실이다.

농민들은 통화량이 부족하고 신축성이 없기 때문에 농산물 가격이 하락했다고 생각했는데 실제로 1879년 정금 지불이 회복되어 금본위제가 수립된 이후 1896년까지 농산물 가격은 계속해서 하락했다. 1870~1880년대 미국의 금 생산량은 그 이전과 같았으나 금본위제의 채택으로 금의 수요가 급증했다. 이에 따라 금값은 앙등했고 농산물 가격은 하락했다. 이러한 변화가 채무자인 농민들에게 큰 피해를 주었던 것이다.

이와 같은 상태에서 농민들은 통화 팽창을 통하여 농산물 가격을 유지하려고 했다. 통화 팽창론자들은 금본위제가 수립되어 화폐의 가치를 불환 지폐의 수준까지 떨어뜨릴 수 없다면 은 화폐를 발행하는 새로운 방법을 생각하게 되었다.

주화법(Coinage Act)에 따라 금 화폐와 은 화폐를 15:1의 비율로 사용해오다가 '1873년의 죄악'이라고 일컬어지는 은 화폐 폐지법에 따라 은 화폐는 주조되지 않았다. 이에 농민들과 은 생산자들은 정부가 은 화폐를 사용할 수 있도록 조치를 강구해줄 것을 계속 촉구했다. 농민들은 은본위제 폐지는 동부 은행가와 입법자의 음모의 결과라고 주장했다. 또한 그들은 영국인들이 미국 정부가 발행한 채권값을 올리기 위해서 은 화폐 폐지를 획책한 것이라고도 생각했다. 그러나 음모라고 생각하는 경향이 지배적이었다.

농민들은 은 화폐 폐지와 화폐량의 감소에 책임이 있는 재정가들을 철도에 이어 두 번째 자본주의의 적이라고 생각했다. 실제로 은 화폐 폐지법에 따라 달러의 가치는 상승했고 농민의 부담도 수백만 달러 증가하게 되었다. 농민들은 서부의 번영을 파괴하는 음모는 국제적이었다고 비난했으며, 로스차일드(Rothchild) 가문 같은 유태인들의 음모 때문에 농민들이 고통을 받았음을 강조했다. 그들은 은본위제를 폐지함으로써 통화량이 줄어들고 채무자가 부채를 갚을 능력을 약화시켜 농산물 가격을 30%나 하락시켰다고 주장했다.

화폐 문제와 함께 금리 또한 농민을 빈곤하게 만들었다. 금리의 지속적인 상승으로 농민들은 대부를 갱신하거나, 영농 자금을 마련하는 데 더 많은 돈이 필요했다. 그러나 그들은 은행에서 신용 대부조차 받을 수 없어서 동부의 고리대금업자로부터 돈을 빌렸는데, 동부에 있는 농지 저당에 대해서는 6~7% , 서부의 경우에는 8~10%, 때로는 15%의 금리를 지불했으며 동산 저당에 대해서는 무려 10~18%까지 금리를 지불했다. 서부의 금리가 동부보다 높았던 이유는 변경 지방에 대한 대부는 위험이 따르기 때문이기도 하지만 서부의 부적합한 금융 시설에도 원인이 있었다.

당시 금융 제도는 씨를 뿌려서 그것을 추수할 때까지 장기간의 신용을 필요로 했던 농민들의 요구에 맞지 않았다. 결국 농민들은 동부 금융시장에서 돈을 구해야 했기 때문에 이러한 데서 지역적 반감이 생기기도 했다. 특히 남부 농민들은 신용을 얻기 어려웠기 때문에 농작물이 익기도

전에 미리 팔아버리는 입도선매에 희생되기도 했다. 입도선매제는 남부 농민들을 몰락하게 만든 주 원인이 되었다.

다섯째, 중간 상인들의 농간 때문이었다. 농민들은 그들의 피와 땀의 열매를 지방 상인, 곡물 취급 상인, 중개인, 투기업자, 은행이 빼앗아갔다고 믿고 있었다.

여섯째, 농민들은 소작인으로 몰락하는 반면에 부재 지주의 토지 독점이 확대되었기 때문이었다. 연방 정부를 비롯한 주 정부, 군, 시가 철도 회사에 양도한 209,344,223에이커에 이르는 막대한 토지, 아일랜드 크기만한 외국인들이 소유한 토지, 외국인과 미국인의 기업 연합이 소유한 토지, 저당 회사가 소유한 토지 등을 합하면 부재 지주의 소유지는 실로 막대했다.

토지는 신이 인간에게 부여한 선물이며, 인간이 생계를 꾸려나갈 자원이기 때문에 이것을 독점하는 것은 최악의 강탈이라고 농민들은 비난했다. 나아가 토지를 독점하는 것은 노동자를 노예로 만드는 것이며, 노동자를 노예로 만드는 것은 바로 자유의 근원을 파괴하는 것이라고 주장했다.

일곱째, 비료·면실유 트러스트 등 독점 기업이 농민들을 빚더미 속으로 몰아넣었기 때문이었다. 캔자스 출신 상원 의원 플럼(Glenn E. Plumb)은 캔자스인들이 트러스트 때문에 해마다 4,000만 달러를 강탈당하고 있다고 주장했다. 독점의 시대가 도래했기 때문에 농민들은 가격을 결정하는 데 산업가, 상인들과 경쟁하지 못했으며, 노동자들도 임금이 하락하여 가난해진 반면에 독점 기업들은 제품 가격을 올려 이익을 독점했다고 비난했다.

농민들은 대기업의 독점 횡포에 대항하여 싸웠다. 그들은 자기들이 외롭고 힘든 개척 생활을 견디면서 살아왔는데, 자본가들은 농민이 수고한 대가로 얻은 이익을 빼앗아갔다고 분통을 터뜨렸다. 농민들은 자본가들에게 착취당했다는 강한 반감을 가지고 있었다.

여덟째, 미국 농업의 상업적인 성격 때문이었다. 미국의 농민들은 유럽이나 아시아의 소규모적이고 집약적인 농민과는 달리 밀, 옥수수, 면화 같은 주 농작물을 전문적으로 생산하는 기업적인 성격을 띠고 있었다. 그러나 농민들은 시장의 정확한 수요량을 예측할 수 없었기 때문에 대개는 과잉 생산 상태에 있었던 것이다. 즉 당시 농민들은 거대한 시장의 복잡한 장치를 이해하지 못했기 때문에 그 희생자가 되었다.

결국 농민들은 불만과 곤경을 극복하기 위해서 노동자들처럼 조직을 만들어 대항하기 시작했다.

2. 농민 반항 운동

2.1 그레인지 운동(Grange Movement)

1867년 농무부 관리였던 켈리(Oliver Hudson Kelly)가 워싱턴에 설립한 농민 공제 조합, 흔히 그레인지(Grange)라고 부르는 이 조직은 중간 상인의 이익을 제거하기 위해 만들어진 협동조합이다. 그레인지는 이듬해 아이오아의 뉴튼 지부 결성을 시작으로 1874년까지 20,000여 개의 지부에 150만 명의 회원을 가진 최초의 전국적인 농민 조직으로 서부, 남부 지방에서 가장 번성했다.

그레인지는 농산물의 공동 판매와 물품의 할인 구매 등 협동조합 활동을 통해 농민에게 이익을 주고, 농민이 고리의 부채 때문에 저당이 유실되는 것을 막기 위해서 조직된 비정치적 · 비정당적 결사였다. 따라서 그레인지 운동은 주로 농업적 운동이었으며 사회적 · 경제적으로 농민의 복지를 증진시키려는 운동이었다.

1874년 캘리포니아에서는 농민들의 토지를 보호할 목적으로 최초로 그레인지 은행(Grange Bank)을 설립하여 농민들에게 도시 시민과 같은 이율로 대부해주었을 뿐 아니라 농산물 시장이 불황일 때는 낮은 이자로 대부해주고 농산물값이 상승했을 때 갚게 했다. 이 은행은 농민의 호응을 얻어 전국에 급속도로 확산되었으며 1883년 캔자스 올러디(Olathe)에 설립된 은행이 가장 성공했다. 또한 그레인지 보험 회사도 설립하여 농민들에게 낮은 보험료를 적용함으로써 농민들의 이익을 보호해주었다.

그레인지는 이러한 경제 활동 이외에 그레인저법(Granger Laws)을 제정하여 철도를 비롯한 독점 기업에 착취로부터 농민의 경제적 이익을 보호해주는 동시에 농민의 경제적 불만을 해소시키는 운동을 전개했다. 이 법은 철도 회사가 지역과 개인에 따라 요금을 임의적으로 부과한 것이 위법이기 때문에 철도 회사가 차별적인 요금을 부과한 이유를 분명히 밝힐 것을 규정했다. 또한 철도 회사가 이법을 위반했을 때 피해자에 대한 손해 배상, 피해자의 소송 비용 부담은 물론 벌금을 부과한다는 내용을 담고 있었다.

공동 이익을 추구하면서 지방에서 활동하고 있었던 그레인지는 특별히 농산물값의 하락과 철도 운임이 비싼 것을 중요한 문제로 다루었다. 정치적 조치를 취하지 않고는 철도를 규제할 수 없다고 생각했던 지방 그레인지에서 철도 횡포에 대한 토론이 활발해지면서 농민들의 정치 활동 또한 큰 자극을 받았다. 이에 따라 그레인지의 중요성이 일반적으로 널리 인식되면서 1870년대에 철도를 규제하려는 운동이 그레인지 운동으로 알려지게 되었다. 1876~1877년 앨라배마 주 의회에서 농민 대표들이 철도 운임을 규제하려는 투쟁을 전개했기 때문에 이 회기를 '그레인저 의회'라고 명명했다. 그러나 철도 회사가 권력과 온갖 수단을 동원하여 철도를 규제하려는 대중운동을 방해했기 때문에 만족스러운 결과를 얻지 못했다.

특히 미네소타에서 농민들의 불만이 커지면서 그레인지 운동이 신속하게 확산되었다. 농민들은 농산물값이 하락할수록 소비와 지출 사이에 심각한 불균형이 발생하자 그레인지 운동에 참여하여 해결책을 찾으려고 했다. 이 운동에 참가했던 일부 농민들은 자조, 협동조합의 조직, 매매의 원활, 농민의 이익 보호 등을 담당할 수 있는 비정치적 조직이 농업의 병폐를 치료할 수 있을 것이라 믿었다. 그러나 일부 그레인지 조합원(Granger)들은 정부가 수송 기관을 비롯한 공공시설의 독점 등을 규제하는 것이 농업의 병폐를 해결하는 최선의 방법이라고 생각했다.

이러한 두 견해 간의 근본적 차이 때문에 정부의 규제를 지지하는 그레인저들이 그레인지를 정치적 조직으로 변형시키려고 했을 때 그레인지 안에서 첨예한 대립이 일어났다. 정치적 활동에 반대했던 그레인저들은 정치에 관한 것을 토론할 권리를 인정하지 않았던 그레인지의 규칙을 내세워 반대했다.

농민 정치가인 미네소타의 도넬리(Ignatius Donnelly)는 그레인저들 간의 견해 차이를 매우 중요하게 생각했다. 그가 협동조합의 중요성을 인정하지 않은 것은 아니었으나, 정치적 수단을 통하여 얻는 이익과 비교하면 하찮은 것이라고 생각했다. 그는 경험을 통해서 남북 전쟁 이후 조직화한 이권, 즉 광산, 은행, 철도가 정치에서 중요한 역할을 하고 있다는 것을 알고 있었기 때문에 농민들이 집단적으로 정치적 입장을 표명해야 한다고 주장했다. 그는 정치 활동을 통해서 그레인지의 목표를 달성할 것을 거듭 강조했다.

그러나 그는 그레인지가 어느 정도까지 필요한 정치 세력이 될 수 있을 것인가에 대해서는 반신반의했다. 그는 어떠한 방법으로 독점에 대항하여 농민의 이익을 옹호할 것인가, 다시 말하면 어떻게 법률을 제정하여 농민의 이익을 보호할 할 수 있을 것인가를 생각했지만 구 정당을 통해서 성취할 수 있다고 생각하지 않았다. 그는 공화당 안에서 치료책을 찾을 수 없다고 다음과 같이 단언했다. "공화당의 지적 지도자와 사전은 뉴잉글랜드에 있다. 민주당도 공화당보다 낫다고 생각하지 않았다. 민주당의 두뇌와 사전은 남부에 있기 때문이다."[4] 그는 또 왜 서부 농민들의 희망을 대변해줄 새로운 정당, 즉 농민의 정당을 만들지 않는가 반문하면서 "비정치적 조직을 만드는 것은 쏘는 것 이외에 모든 일을 할 수 있는 총을 만드는 것일 뿐" 이라고 그레인저들에게 말했다.[5]

그의 영향을 받았던 개혁가들은 농민과 노동자들로 구성된 새로운 정당을 조직할 것을 주장하기 시작했다. 1873년 9월 100여 명의 대표들이 미네소타 오와토나(Owatona)에 모여 인민반독점당(People's Anti Monopoly Party)을 조직하여 도넬리를 임시 의장으로 선출했다. 공화당은 이와 같은 그레인지 운동의 열의에 놀라서 도넬리의 활동에 많은 관심을 가지고 농민의 편에 서서 활동하던 데이비스(Cushman K. Davis)를 미네소타 주지사 후보로 지명했다. 그가 주지사에 당선되었으나, 그해 공화당은 하원에서 104석에서 53석으로 많은 의석을 잃은 반면에 그레인저와 반독점주의자들의 입장에 동조했던 후보자들은 많은 의석을 차지했다. 농민의 관심이 어디에 있었는가를 잘 알 수 있다.

도넬리가 그레인저의 주장에 동정하는 후보자에게 투표할 것을 농민들에게 호소하면서 독립적인 정치 활동을 전개하자는 요구가 강하게 일어났다. 미네소타 그레인지가 발행하는 *Farmers' Union*지에는 제3당을 조직하자는 편지가 쇄도했다. 도넬리가 미네소타 그레인지를 방문하면서 농민의 당면 문제를 계속 환기시켰다. 예를 들면 철도가 사람들의 필요에

4 Donnelly Scrapbooks 5:4.
5 Ignatius Donnelly, *Facts for the Granges*, St. Paul, 1873, p.18.

따라 운영되도록 하기 위하여 철도와 경쟁할 수 있는 수상 교통 기관이 필요하다는 것과 철도 운임을 법으로 규정하여 철도의 독점을 막을 것을 강력히 주장했다. 뿐만 아니라 그는 *Facts for the Granges*라는 팸플릿을 발행하여, 농민의 곤경을 해결하는 치유책으로 철도 운임의 법적 규제, 철도의 공적 소유, 공동 구매 및 보호 관세의 혜택을 받고 있는 지역에서 직접세의 징수 등을 제안했다.

또한 그는 그레인지 운동이 확산되는 동안 도시 노동자와 동맹할 수 있는 길을 모색했다. 그는 세인트폴(St. Paul)에서 개최된 노동자 협회(Workingmen's Association)에서 모든 대기업은 물론 철도는 민중의 주인이 아니라 민중의 종이어야 한다고 주장했다. 또한 그는 공화당의 고율의 관세 정책은 미국 산업의 이익을 보호할 뿐 노동자는 보호하지 못한다고 비난하면서, 대기업과 관세라는 두 개의 악폐를 무너뜨리기 위하여 조직 노동자와 농민이 연합하여 정치 활동을 전개할 것을 역설했다.[6]

1874년 도넬리가 상원 의원에 당선된 이후 독점을 규제하는 입법을 추진할 수 있는 좋은 기회를 갖게 되었다. 그러나 철도 규제 법안이 실패한 후 그는 농민의 의사를 대변해줄 신문 없이 반독점주의자들의 주장을 널리 알리고 이를 방해하는 자들과 대항하는 것이 불가능하다는 것을 깨닫게 되었다. 그래서 그는 주간지인 *Anti-Monopolist*를 발행하여 금권 계급과 그들을 옹호하는 자들에게 대항하여 끊임없이 투쟁했다.

그러나 *Anti-Monopolist*의 열띤 선전에도 불구하고 그레인지 운동은 큰 성과를 거두지 못했다. 그레인지가 비정치적 조직이라는 것을 공식적으로 선언했지만, 기업가들의 강력한 방해, 그레인지 지도자들의 지도력 미숙과 1870년대 후반부터 경기가 회복되면서 그레인지의 세력이 급속도

6 *St. Paul Pioneer*, August 27, 1873.

로 약화되었다. 이 운동은 철도의 독점을 완화시키는 데는 공헌했으나 철폐시키지는 못했다.

2.2 그린백 운동(Greenback Movement)

그레인지 운동이 활기를 잃어가던 1870년대 중반 이후 여러 주에서 채무자를 위하여 통화를 팽창시켜야 한다는 주장이 나오면서, 지폐(greenback)를 발행해야 한다는 개혁 정당이 탄생하게 되었다. 그 이전부터 통화 및 금융 문제는 실제로 정치 문제와 밀접하게 연관되어 있었다.

남북 전쟁 이후 화폐를 안정시키는 문제가 정치적 논쟁의 쟁점이 되어왔다. 전쟁으로 치솟는 물가 때문에 부채를 걸머진 농민 및 소규모 생산자와, 정부와 소규모 생산자에게 자본을 대여해준 채권자 사이에 이해관계가 팽팽하게 대립되었다. 채무자들은 지폐를 통화로 사용하지 못하면 큰 타격을 받게 되는 반면에 채권자들은 빌려주었던 화폐 가치의 반도 못 되는 지폐로 부채를 받게 되면 막대한 손해를 보게 되기 때문이었다.

또 다른 면에서 보면 은행가를 비롯한 많은 산업가의 이익은 금본위제의 부활과 밀접한 관련이 있었다. 그들은 외국 자본을 들여와 미국의 산업을 급속도로 팽창시킴으로써 막대한 이익을 획득할 수 있는 가능성을 발견했다. 따라서 그들은 외국 투자가들의 신용을 얻기 위하여 통화가 안정되어야 할 뿐 아니라 통화는 국제적으로 신뢰받을 수 있는 수단이어야 한다고 생각했다. 19세기 말까지 통화에 대한 논쟁이 계속되어 소규모 생산자와 독점 자본가들이 충돌하는 근본 요인이 되었다.

1870~1873년의 경제적 번영에도 불구하고 농민들은 혜택을 받지 못했을 뿐 아니라 1873년에 밀어닥친 공황으로 곤경에 빠지게 되었다. 농민을 비롯한 많은 채무자들은 공황이 발생한 것은 통화가 부족하기 때문이

라고 믿었으며, 정부가 지폐를 발행하여 통화를 팽창시킴으로써 극복할 수 있다고 생각했다. 이러한 여론에도 불구하고 의회는 오히려 은본위 화폐 사용을 금지했을 뿐 아니라 은화 주조 폐지법을 통과시켰다. 1873년의 공황이 농업 공황을 가중시켰으며 그레인지 운동이 이를 극복하지 못했을 때 서부의 농민들은 지폐 발행을 지지했으며 그것을 정치적 문제로 만들었다.

1873년 은 화폐를 폐지한 이후 지폐론자들은 정부가 최소의 비용을 들여 원하는 대로 지폐를 발행할 수 있을 뿐 아니라 정부가 직접 화폐를 발행함으로써 은행을 거치지 않고 생산자들이 화폐를 보유할 수 있게 될 것이라고 생각했다. 또한 그들은 지폐 자체의 상품 가치가 거의 없기 때문에, 지폐는 실질 가치에 대한 혼란을 피할 수 있을 뿐 아니라 많은 사람들에게 부가 잘못 분배되는 것을 막을 수 있다고 주장했다. 그들은 지폐의 가치는 연방 정부의 신뢰도, 즉 국가가 부를 생산해낼 수 있는 능력에 달려 있다고 생각했다.

노동자들도 현행 화폐 제도 아래서 적절하게 보상받지 못했기 때문에 화폐 제도의 변화가 불가피하다고 생각했다. 현행 화폐 제도는 급속한 자본의 집중을 초래함으로써 노동자의 권익을 보장해주지 못했다고 주장했다. 다시 말하면 그들은 다수 민중에게 계속 불리하게 부가 분배되었기 때문에, 정부가 정확하게 가치 기준을 수립하여 노동의 열매를 평등하게 나누어 갖도록 해야 한다고 생각했다. 이렇게 하려면 정부가 화폐를 관리하고 공급해야 한다고 주장했다. 그들은 통화량을 팽창시킴으로써 큰 이익을 얻을 것이라고 믿었을 뿐 아니라 정부가 통화량을 팽창시키고 낮은 금리로 지폐를 공급함으로써 국민들의 재산에 대하여 막대한 권력을 가질 수 있다고 믿었다. 또한 농민들도 지폐는 안전이 유지될 수 있으며, 정화와 마찬가지로 화폐로서 모든 기능을 발휘할 수 있기 때문에 지폐를 제조해야 한다고 주장했다.

1872년 2월 오하이오 콜럼버스에서 개최되었던 전국 노동 개혁당 회의를 계기로 통화 팽창 운동이 시작되었으나 크게 추진되지 못했다. 그 후 1874년 인디애나의 인디애나폴리스에서 개최된 독립당(Independent Party) 회의에서 적극적으로 추진되었다. 이 회의에 참석했던 뉴욕, 뉴저지, 코네티컷, 일리노이, 미시시피, 켄터키, 인디애나 등 7개 주 대표들이 '화폐 문제의 적절한 해결'을 중요한 원칙으로 선언했다. 그리고 정강 제정 위원회는 기업 합동의 자본이 대중의 권리와 이익을 침해하는 것을 막기 위해서, 세금을 삭감하고, 화폐를 교정하기 위해서, 그리고 정부의 모든 부서를 순화시키기 위해서, 인민의, 인민에 의한, 인민을 위한 새로운 정치 조직을 만들 것을 제안했다.

독립당은 화폐 문제를 가장 중요한 정강으로 표방했으며, 금리가 낮은 채권과 상환할 수 있는 지폐를 발행할 것을 강력하게 주장했다. 그리고 이러한 채권을 소유자의 선택에 따라 지폐로 상환할 수 있는 금융 제도를 제안했을 뿐 아니라 금 대신에 정부의 권력, 신용, 국가의 생산량이 통화의 유일한 기준이 되어야 한다는 것을 강조했다. 결국 지폐론자들은 연방정부가 화폐를 발행함으로써 지폐량을 규제할 것을 요구했으며, 연방 정부가 사회 성장과 발전, 국민의 복지와 번영을 촉진하는 데 공헌할 수 있다고 생각했다. 지폐론자들은 "금화는 'Cow' money에 대한 진보였다. 금화폐의 배우자로 은 화폐를 추가함으로써 진보에 또 다른 전진을 이룩했다. 피할 수 없는 앞을 향한 전진은 지폐이다. 그것은 민중의 돈이다. 문명이 발전하는 추세를 나타내는 진보적 단계이다"라고 주장했다.[7]

많은 사람들이 지폐를 사용하면 금과 은의 비율을 결정하는 어려움이

7 Bruce Palmer, *Man Over Money: The Southern Populist Critique of American Capitalism*, Chapel Hill: University of North Carolina Press, 1980, p.99.

해결될 것이고 지폐량을 국가가 제한함으로써 가치를 증대시키거나 감소시킬 수 있게 될 것이라고 생각했다. 또한 농민과 노동자들은 지폐는 법으로 규제할 수 있기 때문에 의회가 그들에게 유익한 법을 제정할 것이라고 믿었다.

이러한 분위기 속에서 1875년 3월 11일 클리블랜드에서 개최된 신당 창립을 위한 전국 회의에 12개 주에서 60명의 대표가 참석하여 그린백당(Greenback Party)이 출범하게 되었다. 이 회의에 참석한 사람들은 1875년에 제정된 태환법(Resumption Act)의 철폐를 강력하게 요구했다. 1876년 5월 인디애나폴리스 회의에는 18개 주에서 240명의 대표가 참석하여 쿠퍼(Peter Cooper)와 캐리(Samuel F. Cary)를 각각 대통령, 부통령 후보로 지명했다. 그리고 이 회의에서 그린백당은 정강을 채택했다.

그린백당은 1875년 태환법의 즉시 폐지, 지폐의 완전한 법화 지정, 정부가 합법적 사업 발전에 최대한 지원, 무거운 세금 부담자들을 억압하는 금 매입 반대 등의 정강을 채택함으로써 농민의 이익을 대변하는 유력한 정당이 되었다.

1876년 그린백당의 정강은 재정적 · 지역적으로 여러 집단의 의견을 반영하고 있다. 중서부 농민들은 철도 회사에 대한 정부 보조금 지불 중단을 요구했으며, 동부 노동자들은 정부의 화폐 정책에 철저한 개혁을 주장했다. 또한 이들은 태환법을 철폐할 것과 금을 얻기 위하여 정부의 채권을 유럽인에게 판매하기보다는, 지폐를 얻기 위하여 미국인에게 판매하자고 주장했다.

1876년 그린백당 대통령 후보인 쿠퍼(Peter Cooper)는 85세의 고령으로 유세를 할 수 없을 정도였다. 뉴욕에서 발행되는 *Mercantile Journal*지의 편집자인 그룸(Wallace Groom)은 쿠퍼가 지폐론자들에게 재정적 지원을 할 것임을 확신시켰다고 말했다.[8]

그린백당은 전국적으로 100만 표를 획득함으로써 전체 유권자의 9분의 1의 표를 얻었으며, 동부 6명, 중서부 6명, 남부 3명, 모두 15명이 하원의원에 당선됨으로써 농민 세력도 강화되었다.

그러나 그린백당은 1880년 대통령 선거전을 계기로 기반을 잃기 시작했다. 그 원인은 1879년 금본위제가 수립되고 곡물, 면화 등 농산물 가격이 상승했기 때문이다. 농민의 수익이 높아지자 다수 농민들이 지폐 문제에 관심이 없어졌다. 또한 1876년 선거에서 그린백당을 지지했던 100만 명 가운데 상당수가 구 정당 지지자들이었기 때문이었다. 그들은 농민, 노동자, 자유주의자들과 더불어 그린백당 후보에게 표를 던져 위기를 극복하려 했던 사람들로서, 선거 후 옛날 자기 당에 충성을 다하기 위하여 빠져나갔던 것이다. 1880년 선거에서 그린백당 대통령 후보인 아이오와의 위버(James B. Weaver)는 총득표수의 3%를 얻는 데 그쳤는데, 이는 1876년 그린백당이 얻었던 득표수의 3분의 1도 못 되는 것이었다.

1880년 그린백당은 최초로 여성 참정권을 요구했으며, 누진 소득세 실시 및 의회에서 주간 통상을 규제할 것 등을 표방했다. 이 정강은 전 국민을 대상으로 했으나, 그린백당은 전국적인 선거에서보다 지방과 주 선거에서 많은 지지를 받았다. 따라서 그린백당의 정강은 농민에게 번영을 가져다주는 것은 통화의 팽창과 철도의 규제라고 생각했던 농민들의 기대에 미치지 못했다.

그린백당은 지폐를 발행하여 통화 팽창을 이룩하려는 목적을 달성하지 못했으나 통화 수축을 저지하는 데는 성공했다. 1884년 그린백당은 정강 전문에서 "역사상 은행과 토지를 양도받은 철도 회사와 독점 기업이 큰 이익을 얻기 위하여 이 이상 무례한 적이 일찍이 없었다. 하물며 계급

8 E. C. Mack, *Peter Cooper*, New York: Duell, Sloan and Peace, 1949, pp.366–368.

입법과 같은 무리한 요구를 했던 때도 없었다. 그럼에도 불구하고 양 당은 민중에 대항하여 포진했으며 독점적 대기업의 비열한 도구가 되었다" 고 밝혔다. 1884년 버틀러(Benjamin F. Butler) 장군이 그린백당 대통령 후보로 출마했으나 4년 전 위버가 획득했던 득표수의 4분의 1밖에 얻지 못했다. 그린백당 운동도 1888년 이후 사라지고 말았다.

또다시 농민들의 요구는 좌절되었다. 다수 민중을 위한 그린백 운동은 소기의 목적을 달성하지 못했으나 농민에게 절대적으로 필요한 개혁 운동이었다.

2.3 농민 동맹 운동(Farmers' Alliance Movement)

그레인지 운동과 그린백 운동이 큰 성과를 얻지 못하자, 1880년대 농민들은 당면 문제를 스스로 해결하기 위하여 농민 동맹(Farmers' Alliance)을 조직했다. 그들은 새로운 정당을 만들기보다는 농민 동맹을 조직하여 당면하고 있는 가장 절박한 불만을 해결함으로써 신속하게 목적을 달성할 수 있을 것이라고 생각했다. 농민 동맹 지도자들은 포괄적인 정강은 의견 일치를 볼 수 없을 것이라고 판단했기 때문에, 처음에는 그린백당에서 표방했던 통화 문제를 회피했다. 농민 동맹은 몇 사람의 이상주의자들이 조직한 것이 아니라 지방 사람들 내부에 뿌리박고 있는 것이다. 농민 동맹은 농민들의 당면 문제를 해결하기 위하여 철도, 토지 투기자, 부재 지주 등에 대항하여 농민을 후원해주겠다고 약속하는 구 정당 후보자들에게 표를 던짐으로써 정치적 활동을 꾀하는 정치적 압력 단체였다.

그러나 농민 동맹은 자기들의 주장이 관철될 수 없음을 알게 되면서 1880년대 말부터 제3당과 같은 순전히 독립적인 정치 조직을 만들자는 쪽으로 생각이 바뀌어갔다.

전국 농민의 반 이상이 농민 동맹에 가담할 정도로 성장했기 때문에 어느 주에서 농민 동맹을 먼저 조직했는가 하는 문제로 서로 의견이 대립되었다. 1874년경 캔자스 무허가 정착민들이 철도 회사에 대항하여 토지권을 지킬 목적으로 정착자 보호 협회(Settler's Protective Association)를 조직했는데, 이로부터 농민 동맹이 시작되었다고 주장했다. 한편 대부분이 그레인저였던 뉴욕 주 사람들은 1877년 철도와 조세 개혁 등 농민의 불만을 해소하기 위한 '정치적 대변자'로 농민 동맹을 조직했는데, 그들이 북부에서 처음으로 농민 동맹을 조직했다고 주장했다. 그러나 캔자스인들은 이것이 캔자스를 모방한 것이라고 맞섰다. 이에 대하여 텍사스 람파스(Lampass)군의 농민들은 텍사스에 정착한 사람들이 목축업자들과 정면 충돌하게 되면서 말 도둑에게 대항하기 위하여 철조망 경계선을 방어할 목적으로 1874~1875년경 농민 동맹을 조직했다고 주장했다.

북서부 농민 동맹

북서부 농민 동맹(North-Western Alliance)은 1880년 1월 조지(Milton George)가 일리노이 쿡(Cook)군에 지방 조직을 설립함으로써 시작되었다. 북서부 농민 동맹은 텍사스 농민 동맹과 아무 관련이 없었다. 북서부 농민 동맹의 토대를 이룩한 조지의 생각은 뉴욕 주에서 꽃피웠던 농민 동맹의 영향을 받았음이 명백한 것 같다. 뉴욕 주 농민 동맹원이었던 사람이 1880년 북서부 농민 동맹의 첫 회장으로 선출되었다.

쿡군에 설립되었던 농민 동맹은 지방 사람들에게 농민 동맹을 수립할 권리를 주는 허가장을 부여함으로써 농민 동맹의 조직을 확대해나갔다. 곧 전국적 토대를 가진 농민 동맹의 필요성이 제기되면서 조지는 1880년 10월 시카고에서 농민 수송 회의(Farmers' Transportation Convention)를 개최했다. 이 회의에 참석했던 300여 명의 대표들은 철도 문제에 대한 결의안뿐 아니라 지방, 주, 전국에 농민 동맹을 조직하는 규정을 채택했다.

이 회의에서 채택된 농민 동맹의 규약에 의하면, 농민 동맹의 목적은 계급 입법과 자본의 집중으로 인한 침해와 독점의 횡포에 대항하는 농민들을 위하여 연합하는 것이다. 즉 사기꾼과 사기를 광고하는 공공 간행물에 대항하고, 농민의 이익에 강하게 동조하지 않는 입후보자를 주와 연방정부 관리로 선출하는 것에 반대한다. 현재의 정당은 농민도 후보자로 지명해야 하며, 민중이 부여한 모든 관직에 농민들에게 동조하는 사람들을 요구하고 있다. 그리고 생산자에게 유익하게 봉사할 수 있는 일을 합법적 방법으로 하는 것이라고 밝혔다. 농민들이 생산한 부에 대하여 정당한 대가를 받지 못한 것은 정치적 의무를 소홀히 했기 때문이라는 데 많은 사람들이 공감했으며, 농민들은 단합된 행동을 통해서만 그들의 권리를 보장받을 수 있다고 생각하게 되었다.

허가장를 받아 각 지방에 설립된 지부들이 주 농민 동맹(State Alliance)으로 통합되었고, 이것이 전국 농민 동맹(National Alliance)에 종속되어 운영되었다. 그러나 주에 국한된 일은 주 농민 동맹이 자유롭게 처리했다. 조지는 농민 동맹이 처음 조직되었을 때 자금을 조달해주었을 뿐 아니라 그가 시카고에서 발행하고 있던 *Western Rural*지를 통하여 농민 동맹의 활동을 널리 선전했다. 이에 대하여 일부에서는 그가 잡지의 부수를 올리기 위하여 농민 동맹 운동을 촉진했다고 비판하기도 했으나, 그의 노력에 의하여 농민 동맹원이 신속하게 증가했다. 1881년 10월 북서부 농민 동맹의 2차 회의가 개최되었을 때 인디애나, 일리노이, 네브래스카, 미네소타, 뉴욕 주 등지에서 약 24,500명의 대표가 참석했는데 대부분 캔자스와 미네소타에서 온 사람들이었다. 북서부 농민 동맹의 몇몇 지부에서는 협동조합을 조직하여 농민의 이익을 옹호하려고 했으나, 북서부 농민 동맹은 대체로 정치적 압력 집단으로서 정치적 성격이 강했다.

1882년 말 북서부 농민 동맹원이 무려 10만 명에 이르렀으나 이를 정점으로 그 이후에는 서서히 감소했다. 이는 밀값이 올라감에 따라 농민들이 절박한 상태에서 벗어났기 때문이다. 1883년에는 농민 동맹 회의가 산발적으로 개최되었으며, 그 후 1886년까지 전국적인 농민 동맹 회의는 개최되지 않았다. *Western Rural*지도 농민 동맹에 대하여 관심이 없는 것처럼 보였다.

그러나 농민 동맹 운동은 미네소타, 네브래스카 주와 다코타 준주에서 명맥을 유지하고 있었으며, 1884년 말부터 밀값이 다시 하락하면서 미네소타 농민 동맹 운동은 활력을 되찾기 시작했다. 특히 미네소타에서는 도넬리 같은 적극적인 지도자들이 농민 동맹 운동을 독점 반대 운동과 연결시킴으로써 활기를 띠게 되었다.

농민 동맹 운동은 농민의 불만이 고조되었을 때 활발했다. 결국 농민들은 농민 동맹의 철도, 통신 기관에 대한 정부의 엄격한 규제 내지는 국유화, 통화 팽창, 분고 제도의 실시 및 조세 감면 등 직접적인 경제적 구제 약속 때문에 농민 동맹 운동에 가담했다. 분고 제도는 정부가 창고를 만들어 농민이 농작물을 맡길 경우 시장 가격의 80%까지 대부해주었다가 농민이 농산물값이 올랐을 때 팔아서 빚을 갚는 제도였다. 그러나 이러한 구제 약속이 실현되지 않았을 때 농민 동맹 운동은 쇠퇴했다. 북서부 농민 동맹이 활기를 되찾기 시작하고 조지가 수천 명에게 명예 회원 자격을 부여함으로써 1886년 11월에 이르면 농민 동맹원이 50만 명에 이르렀다고 조지는 주장했으나, 이 주장은 5~10배 정도 확대시킨 것으로 북서부 농민 동맹원, 명예 회원, 텍사스 농민 동맹원까지 포함시킨 것이라고 맥매스(Robert C. Mcmath Jr.)는 반대 의견을 제시했다.[9] 북서부 농민 동맹은 중

9 Robert C. McMath, Jr., *Populist Vanguard: A History of the Southern Farmers' Alliances*, New York: W. W. Norton & Company Inc., 1975, p. 46.

서부에 걸쳐 동맹원을 증가시켜갔으나 오직 강한 지부는 미네소타, 네브래스카, 아이오와 3주와 다코타 준주였다. 이 가운데서 대표적인 조직이 미네소타 농민 동맹이었다.

미네소타 농민 동맹

미네소타 농민 동맹은 1881년 조지가 미네소타 로체스터(Rochester)에서 첫 회의를 개최함으로써 북서부 농민 동맹의 미네소타 지부로 시작되었다. 이것은 비정치적 조직으로 비밀 결사는 아니었다. 곡가 하락, 부당한 철도 운임, 고율의 금리, 곡물 등급 결정시 부당한 처사 등 농민의 불만을 해소하기 위하여 설립되었다. 처음에는 이 동맹이 중요한 결과를 가져오리라는 것을 아무도 예상하지 못했다. 당시 미네소타 농민들은 전례없는 번영을 누리고 있었기 때문에, 농민의 편에서 독점 자본에 대항하여 농민의 경제적 불만을 제거할 것을 강조했던 농민 동맹이 이미 소멸된 그레인지 운동과 같은 시대에 뒤떨어진 조직으로 보였다. 로체스터 회의에는 미네소타 25개 군 가운데 8개 군의 대표만이 참가했다.

농민 동맹의 기반이 구축되기도 전에 2차 회의가 1888년 1월 맨카토(Mankato)에서 개최되었다. 1차 회의 때보다 진전된 것은 없었으며, 18개 지부만이 대표를 파견했는데 의장과 부의장이 될 만한 적합한 인물을 찾지 못했다. 이 회의에서는 철도 독점 문제가 주로 논의되었다.

초기 3년간은 성장이 매우 부진하여 지부의 수가 배가되었을 뿐이었다. 그러나 1884년 미네소타의 밀값이 떨어져 1869년 이래 최저가를 기록하면서부터 농민들은 농민 동맹 운동에 호소했다. 그들은 곡물 수송비, 저장비, 판매 비용을 줄이는 데 열중했다.

1884년 여름 3차 회의가 개최되었을 때 농민 동맹 간사가 138개 지부 분회가 있음을 보고했으며 실제로 동맹원이 상당히 증가했다. 이 회의에서 의례적인 규약이 채택되었으며 주 대표와 연설자는 다 같이 지부 분회 회원을 모집하는 데 따라 25센트의 회비 가운데 15센트를 받게 함으로써 농민 동맹 운동을 진작시키려고 했다. 무엇보다 이 회의에서는 투표와 주 의회를 통하여 개혁을 모색할 것을 결정했는데, 이러한 결정은 많은 지지를 받았다. 그러나 농민 동맹은 동맹원들의 헌신적 노력과 그들이 표방했던 다양한 개혁 원칙에도 불구하고 유능한 지도력과 개혁 원칙을 달성하기 위한 계획이 결여되어 있었다.

이러한 상황에서 도넬리가 미네소타 농민 동맹의 지도권을 잡게 되었다. 도넬리가 농민 동맹 운동에 참가했을 때 그는 농민 동맹을 정치적으로 주도하는 데 관심이 없었다. 그러나 1885년 세인트폴에서 개최된 4차 회의에서 농민 동맹이 미네소타 정치에서 고려 대상이 될 만한 위치에 놓이게 되었다.

그는 농민들에게 농민 동맹이 비정치적 조직임을 상기시키면서 생산자를 위해 일하는 입후보자에게 표를 던질 것을 권고했다. 당시 농민 동맹은 정당이 되고자 한다든가, 구 정당과 제휴하고자 하는 욕망도 포기했기 때문에 자유롭게 활동했으며 어떤 면에서는 정치적이기까지 했다. 당시 농민들은 정부의 협조를 받아야만 경제적 빈곤으로부터 벗어날 수 있으며, 법을 제정함으로써 그들에 대한 차별 대우에 종지부를 찍을 수 있을 것이라고 믿고 있었다.

밀값이 폭락했기 때문에 미네소타 농민은 경제적 위기에 봉착했다. 미국 이외에 특히 러시아, 아르헨티나에서 밀 생산이 증가했을 뿐 아니라 미국 안에서도 서부의 인구 팽창이 밀 경작지를 상당히 확대시켰다. 미네소타의 경우 1875년에 597,407명이던 인구가 1885년에는 1,117,798명으로 10년간 거의 두 배로 증가했다. 인구 증가로 세인트폴, 미니애폴리스와 같은 자매 도시가 신속하게 커졌으며, 새로운 농장도 증가했다.

미네소타 철도 감독관이 추산한 밀값은 1부셸당 42~48센트까지 받았다고 하나 일반적으로 45센트를 넘지 못하는 가격으로, 생산비도 안 되는 실정이었다. 1880년대 북서부 농민이 밀값이 저렴했기 때문에 가졌던 불만은 세계 시장에 대해서가 아니었다. 그들의 불만은 세계 시장보다 국내에서 더 저렴한 가격을 받았다는 데 있었다. 뉴욕에서 밀이 1부셸당 85센트에 매매되었을 때 미네소타 농민들은 지방 곡물 창고 회사에게서 50센트라도 받으면 다행이었다. 두 가격 사이의 차액인 35센트는 수송비, 곡물 창고비 등인데 수수료는 생산자에게 지급되는 것이 아니라 철도, 곡물 창고 회사, 중개인에게 지불되었다. 농민들은 이러한 횡포를 당하지 않고 적정한 가격을 받을 수만 있다면 풍족했을 것이라고 생각했다.

미네소타 농민들은 철도의 독점 때문에 더욱 빈곤해졌다고 믿었으며, 주 철도 감독관도 철도의 독점 행태에 주목하면서 경악을 금치 못했다. 1881년 미네소타 안에 철도 회사가 20개나 되었는데 1884년에는 3분의 1로 줄어들었다. 1885년 하이바드(Lester C. Hibbard) 주지사가 주 의회에 보낸 연례 보고서에 의하면 밀 1부셸 값의 반은 시카고에 운송하는 수송비로 나가고, 좀더 먼 곳으로 수송하면 거의 전부가 수송비로 들 정도라고 했다. 예를 들면 파고(Farge)에서 덜루스(Duluth)까지의 운임은 미니애폴리스에서 시카고까지의 운임의 거의 2배나 되었다. 실제로 파고에서 덜루스까지의 거리는 미니애폴리스에서 시카고까지 거리의 반밖에 안 되었다. 심지어 시카고에서 영국 리버풀(Liverpool)까지의 수송비가 미네소타 주 안의 인접 도시 수송비보다도 적게 들었다. 농민들은 이와 같은 불합리한 현상이 나타난 것은 철도가 독점되었기 때문이라고 비난했다.

그러나 철도 회사 측은 지방 운임이 비싼 것은 지방 철도가 밀을 운반하는 일정 기간에만 붐비고, 시카고에서 북서부 지역으로 가는 노선의 90%를 밀의 운반이 차지하기 때문이라고 반박했다. 또한 새로운 노선은 인구가 밀접해 있는 지역이 아니라고 변명했다.

미네소타에서도 역시 철도 문제와 연결된 곡물 창고가 농민들에게 큰 피해를 주었다. 곡물 창고 회사는 철도 회사와 유착해서 곡물 매매를 독점하다시피 했다. 따라서 농민들은 독자적으로 곡물을 자유롭게 시장에 판매할 수 없었기 때문에 독점적으로 곡물을 운반하여 판매할 수 있었던 곡물 창고 회사 이외에는 시장이 폐쇄되어 있는 실정이었다. 심지어 수매자가 곡물 등급을 결정하기도 했으나 농민들은 다른 방도가 없었다.

곡물 창고 회사가 최대한으로 곡물 등급을 낮게 책정함으로써 이익을 보려 했기 때문에 농민들은 부당한 등급 결정으로 1부셸당 5센트 정도 손해를 보게 되었다고 믿었다. 그러나 대부분은 2배의 손해를 보았다고 생각했다. 이러한 사실 때문에 미네소타 농민들은 철도 회사와 곡물 창고 회사를 비난했던 것이다. 1884년 미네소타 철도 감독관은 철도 운임, 곡물 창고, 도로 통행, 등급 결정에 대한 농민의 불만이 고조되었다고 보고했다. 그러나 농민들은 철도 감독관이 어느 것도 시정할 수 있는 권한을 갖고 있지 못했다고 불평했다. 바로 이와 같은 악폐를 교정하려는 것이 미네소타 농민 동맹의 목표였다. 철도 회사는 철도를 부설할 때 수천 에이커의 공유지를 증여받았는데, 이 토지를 증여한 것은 민중이기 때문에 철도 경영에 민중이 개입하는 것은 정당한 것이라고 농민 동맹 지도자들은 주장했다. 또한 그들은 농민들의 개혁 정강을 수행하기 위하여 주 의회에 농민의 의사를 직접 대변해줄 대표를 보내야 한다고 생각했다.

이 운동이 성공하여 1885년 주 의회 회기가 시작되었을 때 농민들을 구제하자는 주장이 강하게 일어나고 있었다. 농민들의 기대에는 미치지 못했지만 철도 규제 법안과 곡물 창고 법안이 통과될 기미가 엿보였다. 미네소타 농민 동맹에서는 가능한 한 적절한 운임으로 밀을 수송하기를 희망하면서 3명으로 구성된 철도 · 곡물 창고 위원회를 설립할 것을 제안했다. 그리고 위원회가 철도 회사를 감독 · 조사하여 최고 운임을 결정하고 유지하는 권한은 물론, 장 · 단거리 운반비의 차이를 두는 것 등을 규제하는 권한을 갖도록 요구했다.

그러나 주 의회는 이러한 농민 동맹의 요구를 받아들일 준비가 되어 있지 못했다. 미네소타 철도 사업가 힐(James J. Hill)이 주도하는 철도 경영자들은 주가 철도 운임을 통제하는 데 강경하게 반대했으며, 상원 의원들이 농민 동맹의 요구보다 기업의 요구에 민감했기 때문에 농민들의 희망은 좌절되었다.

그러나 주 하원에 제출된 법안은 농민의 요청을 반영했다. 동 법안에 의하면 미네소타 안에 있는 모든 사람들과 회사에게 철도 회사의 설립을 허가했다. 또한 철도역과 도로 연변에 1년에 1달러의 임대료만 지불하면 개인, 회사, 기업에게 원하는 크기의 곡물 창고의 설립을 허가하도록 했다. 이러한 조항은 지방에 곡물 창고를 많이 세움으로써 자유 시장을 만들려는 생각에서 비롯된 것이었다. 또한 치열한 경쟁으로 곡물 창고 회사의 독점이 규제될 것이라고 생각했다. 철도 회사는 곡물 창고에 철로를 만들어 출입하도록 했으며 운반자는 지시한 지점까지 곡물을 운송해야 했다. 주지사가 임명한 철도 · 창고 위원회는 철도 회사와 충돌하지 않으면서 이러한 규제를 실시할 권한이 부여되었다.

그러나 하원에 제출된 이 법안에 포함되었던 장 · 단거리 운임을 차별하는 운임 조항과 철도 위원회가 최고 운임을 결정할 수 있는 권한도 상원에서 삭제되었다. 곡물 창고를 다루고 있는 곡물 법안은 동일한 위원회에서 등급을 결정할 것을 규정했다. 뿐만 아니라 주 검사관이 세인트폴, 미니애폴리스, 덜루스 등 종착역에서 곡물 등급과 중량을 측정하는 기구를 설립할 것을 규정했다. 모든 곡물 창고는 공적인 것이어야 하며 사업을 하기 전에 면허를 받아야 한다고 했음에도 불구하고 많은 곡물 창고 회사는 매입하는 곡물을 자기들이 검사하려고 했다.

1885년 법에 따라 종착역에서 밀 등 곡물 등급과 중량을 결정했기 때문에 농민들이 큰 피해를 보았던 문제를 해결할 수 있게 되었다. 그러나 철도 회사의 토지에 곡물 창고를 세우기 위하여 1년에 1달러의 운임료를 지불하는 사람들에게 권리를 부여함으로써 자유 시장을 유지하려는 노력은 실패했다. 주 대법원은 이러한 절차가 위헌이라고 판결했다. 그것은 적당한 보상 없이, 그리고 소유자의 동의 없이 사유 재산을 획득하는 것이라고 인정했기 때문이다. 철도 위원회 또한 심각한 방해를 받았다. 철도 회사가 위원회의 명령에 복종하면 문제가 없지만 그렇지 않은 경우에는 법적으로 해결할 수밖에 없었다. 철도 회사는 관행대로 일을 처리했다. 이를 막으려면 철도 위원회 위원에게 합당한 운임을 결정하고 철도를 규제할 권리를 부여해야만 했다.

농민 동맹이 주 의회에서 로비 활동을 벌이고, 농민들의 경제 상태가 악화되어감에 따라 1885년부터 동맹원이 급격히 증가하기 시작했다. 1886년 2월경에는 미네소타뿐 아니라 전국적으로 현저하게 증가했는데, 금융 시설이 적합하지 못한 곳이나 없는 곳에서 농민 동맹 운동이 더욱 활발했다. 농민 동맹원의 급격한 증가는 농민의 이익을 대변해줄 제3당을 설립하려는 의도가 있었음을 알려주는 것이라고 *Pioneer Press*지가 지적했다. 그 정도로 농민 동맹 운동이 강화되었다.[10]

미네소타 농민 동맹 집행 위원회는 1886년 가을 선거전에 대비하여 세인트폴에서 회의를 개최했다. 미네소타 농민 동맹은 그들이 정당을 조직하기를 원하지 않고 한 정당이나 다른 정당이 승인할 수 있는 후보자를 내세우기를 희망한다는 결의안을 채택한 후 그 내용을 주민들에게 알렸

10 *Pioneer Press*, February 23, 1886.

다.[11] 9월에 개최되었던 집회에서는 입후보자뿐 아니라 그들이 표방한 정강을 통하여 구 정당의 입장을 타진하기로 결정했다. 그리고 농민들의 요구를 주 의회에 제시하기로 했다.

이 같은 농민 동맹의 태도에 놀란 공화당과 민주당은 농민 동맹과 타협하려고 했다. 미네소타 농민 동맹은 어느 당이 승리하든 간에 자기들의 주장을 법률로 제정할 수 있는 좋은 기회를 얻게 되었다. 미네소타 농민 동맹의 영향력은 무시할 수 없을 정도로 커져서 1886년 선거에서 공화, 민주 양 당은 농민의 표를 획득하려고 노력했다. 당시 미네소타 농민 동맹은 정강에서 저당권자들에 대한 세금 부과, 누진 소득세 실시, 정부의 철도 관리, 비밀 투표 실시, 성의 구별 없이 동등한 보수 지급 등을 표방했다.

그러나 개혁가들 사이의 불화와 기업가들의 적극적인 로비 활동 때문에 미네소타 농민 동맹의 주장은 법안으로 채택되지 못하고 주장으로 끝났다. 이에 농민 동맹원들은 실망했다.

남부 농민 동맹

남부 농민 동맹은 텍사스 농민 동맹에서 시작되었다. 람파스군의 농민들이 말도둑에게 대항하여 철조망 경계선을 방어할 목적으로 1875년 농민 동맹을 조직했다. 남부 농민 동맹도 농민의 곤경을 해결하기 위하여 조직되었으나 회원 자격을 백인에 한정시키는 비밀 결사라는 것이 북서부 농민 동맹과 다르다. 초기에는 혈연과 결혼에 의하여 회원이 증가했기 때문에 남부 농민 동맹은 지역 공동체적인 성격이 강했다.

그러나 남부 농민 동맹이 이민들을 받아들이면서 1885년에는 1,200개 지부에 5만 명의 회원를 갖게 되었으며, 텍사스에서 생산하는 면화를 제

11 *Ibid.*, May 27, June 5, 1886.

조업자들에게 직접 판매하기도 했다. 1886년 84개 군의 277개 지부 대표자들이 텍사스 농민 동맹 특별 위원회에 참석하여, 외국인의 토지 소유 금지, 철도 개혁, 새로운 지폐 발행 등을 정강으로 채택했다.

남부 농민 동맹과 북서부 농민 동맹은 1887년 이후 급속하게 성장해 갔다. 두 동맹은 1889년에 하나의 조직으로 통합하기 위해서 세인트루이스 회의를 개최했으나, 흑인 가입 문제로 대립함으로써 통합에 성공하지 못했다. 두 조직은 각기 세력을 확대하고, 새로운 정강을 표방했다.

그들이 내세운 정강 가운데는 진보적인 내용이 많았다. 그들은 산업사회에서 사회 정의를 실현하기 위해서는 경제에 대한 정부의 통제가 필요하다는 정부 간섭주의를 내세웠다. 그들의 생각은 1890년 플로리다 오칼라에서 채택된 정강에 나타나 있는데, 그들의 요구 속에는 농민에게 가혹한 전국 은행의 폐쇄, 부자에 대한 무거운 누진 소득세 도입, 그리고 철도와 전신 사업에 대한 정부 통제가 포함되어 있었다. 그리고 국민의 의사를 정부에 보다 잘 반영하기 위한 상원 의원의 직선제 같은 직접 민주 정치에 관한 내용도 있었다.

농민 동맹은 농민의 불만을 해소시키는 데는 큰 성과를 거두었으나 농민의 당면 문제를 신속하게 해결하여 농민에게 번영을 안겨주려는 원래의 목적은 실패했다. 다시 말하면 농업의 황금 시대는 도래하지 않았다. 정치적 압력 집단으로서 농민 동맹의 노력이 실패했을 때 농민 동맹은 정치적 정당으로 탈바꿈할 수밖에 없었다.

제 3장

민중당의 창당과 쇠퇴

1. 민중당의 창당

정치적 압력 단체인 농민 동맹의 개혁 운동이 기대한 만큼 성과를 거두지 못하자, 개혁 단체의 지도자들은 1892년 선거전에 대비해서 전국적 기반을 가진 제3당의 창설을 고려하게 되었다. 농민들도 그들의 의사를 대변해줄 정당이 없이 양대 정당에 의존하는 개혁 운동이 무의미하다는 것을 깨닫게 되었다. 일찍이 미네소타의 민중주의자인 도넬리는 그레인저들에게 비정치적 조직을 만드는 것은 '쏘는 것 이외에 모든 일을 할 수 있는 총'을 만드는 것일 뿐이라는 이야기를 한 적이 있다.

농민들이 그들의 의사를 대변해주겠다고 말하는 정당 후보자들에게 표를 던지는 것이 효과가 없다는 것을 경험한 후, 1890년 의원 선거가 임박하자 북서부에서 활동하고 있던 일부 농민 동맹에서는 주 의회 의원 후보자를 직접 지명했다. 선거 결과 여러 주에서 농민 동맹의 후보가 주 의회 의원에 당선되었으며, 사우스다코타, 미네소타, 인디애나 등 12개 주에서 농민 동맹은 놀랄 만한 세력을 과시했다. 1890년 중간 선거에서 연방 하원 의원에 당선된 332명 중 50명이 농민 동맹이 지지하는 의원들이었다. 전국적인 조직을 갖춘 정당도 없는 상태에서 농민 동맹이 지지하는 대표가 하원 의원의 거의 6분의 1이나 되었으며 이외에 상원 의원 3명과 6개 주의 주지사 자리도 차지했다. 이러한 사실은 산업과 금융 지배에 대항하여 서부와 남부 농민의 연합이 이루어졌음을 말해주는 것이다. 이와 같은 선거 결과에 대하여 월 스트리트(Wall Street)가 우려했다.

1890년 선거에서 농민 동맹의 대표들이 농민의 지지를 받아 당선됨으로써 제3당을 조직하려는 움직임이 가속화되었다. 1890년 12월 남부 농민 동맹의 최고 회의가 플로리다의 오칼라(Ocala)에서 연차 총회를 개최하기로 결정했는데, 오칼라 회의는 제3당을 조직할 생각을 가지고 있던 창당 지지자들의 메카(Mecca)가 되었다.

오칼라 회의에서 제3당의 창당이 주요 관심사였던 캔자스 농민 동맹의 대표들이 당 조직 문제를 정식으로 제기했으나, 제3당을 조직하려는 계획에 반대한 남부 농민 동맹원들 때문에 1892년 2월까지 이 문제를 결정하기로 타협했다. 그러나 오칼라 회의에서는 1889년 세인트루이스 회의 때 남부 농민 동맹이 표방했던 전국 은행 폐지, 정착자만이 공유지 소유, 누진 소득세 실시, 철도 국유화, 비밀 투표제 실시 등을 표방했다.

남부 농민들도 구 정당이나 신당의 도움을 받지 않고는 그들이 원하는 것을 얻을 수 없다는 것을 깨닫게 되었다. 이에 남부 농민 동맹의 기관지인 *National Economist*의 편집자인 매퀸(C. W. Macune)이 타협안을 내놓았다. 그는 북부에서 제3당을 만들자는 요구가 강하게 일어나고 있지만, 남부에서는 즉각 신당을 만드는 데 동의하지 않을 것이라는 사실이 명백하다고 주장하면서, 1892년 2월 대통령 선거 직전에 회의를 소집할 것을 제의했다. 또한 그는 이 회의에 대표를 동등하게 파견한다는 원칙 아래

'생산자들이 조직한 단체'에서 선출된 대표자 회의를 개최할 것과 회의 장소와 세부 사항은 집행 위원회에서 결정할 것을 제안했다. 이러한 매퀸의 제안은 제3당 창당에 돌파구를 마련했다.

이어 매퀸은 남부 농민 동맹, 흑인 단체, 노동 기사단, 일리노이 농민 상호 공제 조합(Farmers' Mutual Benefit Association of Illinois), 시민 동맹(Citizen Alliance)의 몇몇 대표들을 워싱턴에 초청했고, 그들은 1891년 산업 조직 연합(Confederation of Industrial Organization)을 조직했다. 이것은 세인트루이스 회의(1889), 오칼라 회의(1890)에서 진척되어왔던 제3당 창당 준비뿐 아니라 정치 활동의 기반을 마련하기 위하여 조직되었다. 그러나 즉시 제3당을 조직하고자 한 급진주의자들은 매퀸의 타협안에 만족할 수 없었다.

그동안 일부 남부 농민 동맹원들은 캔자스와 인디애나의 주도 아래 1891년 2월 22일 신시내티에서 회의를 개최하기로 의견을 모았다. 그들은 농민들이 조직한 모든 단체뿐 아니라 각 주에 있는 독립 정당, 퇴역 군인 단체, 시민 동맹, 노동 기사단, 농민 상호 공제 조합, 흑인 농민 동맹 등을 초대하기로 했다. 회의 소집이 발표된 직후 제3당을 조직하자는 의견에 호의적이었던 북서부 농민 동맹은 1891년 1월 네브래스카 오마하에서 회의를 개최했다. 이 회의에서 남부 농민 동맹이 오칼라 회의에서 발표했던 정강과 유사한, 은 화폐 자유 주조, 전국 은행과 전국 은행의 법정 연화 발행 폐지, 철도·통신 시설의 정부 소유, 외국인의 토지 소유와 투기 금지, 정·부통령, 상원 의원의 직선, 비밀 투표제 실시 등 여섯 가지 기본 원칙을 천명한 간략한 정강을 채택했다.

북서부 농민 동맹은 전국적으로 제3당 창당에 관해 의견의 일치를 본 후에 기본 원칙을 널리 알리고, 정치 조직의 기초 작업으로 1892년 정·부통령 후보를 지명할 회의를 소집하자는 탄원서를 모든 주와 준주에 유포

하기로 결정했다. 앞서 1891년 신시내티에서 회의를 개최하자는 캔자스 계획은 너무 조급하고 준비가 불충분하다는 이유로 거절했다. 그러나 회의가 워싱턴 탄생일(2월 22일)에서 5월 중순으로 연기되었을 때 북서부 농민 동맹은 참가하는 데 동의했고, 신시내티 회의를 개최하기로 결정한 후 북서부 농민 동맹은 탄원서 유포 계획을 철회했다.

북서부 농민 동맹의 오마하 계획, 매퀸의 워싱턴에서의 계획도 제3당을 즉시 조직하자는 급진주의자들을 만족시킬 정도로 신속하게 진전되지 못한 상태에서 신시내티 회의 준비가 진행되었다. 실제로 신시내티 회의는 민중당을 조직하는 첫발을 내딛는 계기가 되었다. 1891년 5월 19일 33개 주와 준주에서 1,400여 명의 대표가 신시내티에 모였는데, 그중 캔자스가 400여 명, 오하이오가 300여 명, 일리노이와 네브래스카가 각각 150명으로 4개 주가 전체 참가자 수의 3분의 2를 차지했다.

신시내티 음악당에서 개최된 남부 농민 동맹과 북서부 농민 동맹의 연합 회의는 "뭉치면 살고 흩어지면 죽는다", "9백만의 저당 가옥과 모든 독점에 반대한다"는 기치를 높이 들었다. 그러나 그곳에 모인 대표들은 즉시 제3당을 조직해야 한다는 측과, 1892년 선거 유세를 추진하기 위하여 앞으로 신당의 창당을 추진해야 한다는 측으로 분열되었다. 캔자스를 비롯한 다수 대표들은 즉석에서 제3당을 조직할 준비가 되어 있었다. 미네소타 농민 동맹의 대표인 도넬리는 창당 회의를 조기에 개최할 것을 제안했다. 반면에 위버(James B. Weaver)를 비롯한 노스캐롤라이나의 포크(Leonaidas L. Polk), 텍사스의 매퀸, 캔자스의 심슨(Jerry Simpson) 등 보수적인 사람들은 신당을 조직하는 것은 권장할 만한 일이지만 신당의 발족을 1892년 선거 때까지 연기할 것을 제안했다. 보수파들은 남부로부터 많은 지지를 받을 때까지 기다리기를 원했다. 남부 농민 동맹의 회장인 포크는 개혁 원칙을 널리 알리기 위하여 1892년이 적당하다고 했다. 도넬리와 위버 사이에 의견 대립이 있었다. 즉 다른 모든 것을 고려하지 않고 곧 신당을 만들 것인가 아니면 1892년 2월 22일 개최되는 회의에 힘을 모으기 위하여 화합할 것인가 하는 두 가지 안이 대립되었다. 결국 제2안이 채택되었으며 창당 문제는 결의안 작성 위원회가 정강을 작성하는 동안 논의되지 않았다.

도넬리는 위스콘신의 실링(Robert Schlling)과 심슨을 만나 의견 차이를 조정하면서 결의안을 작성하는 데 고심했다. 즉각적인 정치 활동에 반대했던 심슨은 실링과 정면으로 충돌했으나 1892년 2월 세인트루이스 회의를 뒷받침할 전국 위원회를 조직하는 데 동의했다. 세인트루이스 회의에서 제3당의 창설을 지지하지 않으면 전국 위원회가 대통령 후보 지명 회의를 소집하기로 결정되었다.

드디어 신시내티 회의에서 북서부 농민 동맹의 지도자들과 소수 남부 농민 동맹의 지도자들이 공동으로 정치 활동을 전개하기로 결정했다. 이에 대하여 당시 신문들은 "세계에서 일찌기 볼 수 없었던 불만을 품은 대표적인 정치 활동가들이 모인 최대 회의"라고 논평했다.[1]

그들은 공동의 정치적 정강을 채택하기 위하여 다른 개혁가들과도 만났으며, 북서부 농민 동맹의 대표들은 남부 농민 동맹이 요구한 분고 계획을 수용했으며, 은 화폐 사용, 개인이 소유하고 있는 전국 은행 폐지, 조세 개혁, 정 · 부통령과 상원 의원 직선, 철도와 통신 시설의 정부 소유 등을 요구하는 정강을 채택했다. 이러한 신시내티 정강은 남부 농민 동맹과 북서부 농민 동맹 사이에 실질적으로 오랫동안 합의가 이루어져 있었다는 것을 나타내는 것이었다. 새로운 정강은 우편 저축 은행(Postal Saving Bank)의 설립과 보통 선거권은 주와 준주의 결정에 따라 추진될 문제라는

1 *National Economist*, Washington, Jan. 3, 1891, 4: p.214.

결의안뿐이었다.

신시내티 회의에서 농민 이외의 집단도 중요한 역할을 했다. 주류 판매업 연합(Cooper's Union)의 회장인 실링이 집행 위원회 비서로, 텍사스주 노동 동맹(Texas State Federation of Labor)의 지도자였던 램(W. R. Lamb)이 집행 위원이 되었다. 그러나 남부 농민 동맹의 많은 지도자들과 회원들은 아직도 창당할 시기가 아니라고 생각했기 때문에 신시내티 회의에 참석하지 않았다. 그들은 민주당에서 만족을 얻지 못하면 독립적 행동을 취하기 위하여 벗어나야 한다는 것에 동의하는 정도였다. 남부 농민 동맹의 회장인 포크는 새로운 정당이 농민 동맹이 요구한 사항들을 정강으로 받아들이면, 현명한 동맹원들이 그들의 요구 사항을 채택한 정당에 반대하겠는가, 그리고 요구 사항을 채택하지 않았을 뿐 아니라 그것을 거부한 정당에 찬성하겠는가, 라고 반문했다. 그는 농민 동맹의 요구 사항을 채택하는 정당을 지지하겠다는 미온적인 태도를 보였을 뿐 신당을 창당하겠다는 결의는 보이지 않았다.

신시내티 회의 이후 창당 운동이 지속적으로 진행되었다. 서부 민중주의자들은 남부를 여행했고 포크는 세 번이나 캔자스에 가서 연설했다. 그들은 각 개혁 기관과 노동 단체에서 월 스트리트가 민주, 공화 양 당을 어떻게 지배하고 있는가를 알려주는 데 심혈을 기울였다.

도넬리의 주장에 따라 신시내티 회의에서 전국 위원회를 조직한 것은 그곳에 참석한 대표들이 세인트루이스 회의를 개최하기 위한 계획을 수립하기 위하여 독립적인 정치 활동을 지지한 것을 의미하는 것이었다. 전국 위원회 회장인 일리노이의 토브넥(Herman E. Taubeneck)은 민중당이 먼저 전략을 수립하지 못하면 남부 농민 동맹원들이 회의를 지배할 것이라 믿고 있었기 때문에 창당을 희망하는 사람들이 증가하기를 원했다.

신시내티 회의 이후 9개월이 지난 1892년 2월 22일 세인트루이스 회의가 개최되어 20여 개 단체가 대표를 파견했다. 모든 노동 단체, 시민 동맹, 노동 기사단, 오하이오 연합 광산 노조 및 몇몇 노동조합의 대표들이 참석했으며 여성 기독교도 금주 연맹, 전국 개혁 통신 협회, 반독점주의자들의 고대 종단(Ancient Order of Antimonopolists) 대표들도 참석했다. 포크를 비롯한 많은 남부인들도 신당 창당을 위하여 합석했다.

그러나 조지아 출신의 리빙스턴(Leonidas Livingston)은 창당 문제가 제기되면 반대할 것이라는 보수적 입장을 표명했다. 그럼에도 불구하고 리빙스턴은 신당을 만들자는 세력을 수에서나, 책략에서나 이길 수 없었다. 도넬리의 주도로 정강이 작성되었고 결국 리빙스턴도 정강을 채택하는 데 동의했다. 세인트루이스 회의에서 채택된 정강과 전문은 거의 도넬리가 작성한 것으로, 민중당 역사상 가장 유명한 문서가 되었다. 심슨은 민중당 회의가 개최되도록 만든 도넬리의 수완을 간과해서는 안 된다고 높이 평가했다. 계속해서 그는 생동감 넘치는 문체로 씌어진 오마하 정강 전문은 현대 문학 사상 가장 박력 있으며, 정강을 고전 작품으로 만들었다고 도넬리를 극찬했다.[2] 힉스(John D. Hicks)도 도넬리는 그 시대가 요구하는 사람이었다고 그의 업적을 찬양했다.[3] 일부 결의안 채택을 무기한으로 연기하자는 동의가 있었으나, 다수 대표들은 새로운 위원회를 조직하여 위버를 회장으로 선출한 후 이미 조직된 집행 위원회와 논의하게 했다.

세인트루이스 회의에 모였던 대표들은 1892년 7월 4일 네브래스카 오마하(Omaha)에서 회의를 개최하여 정 · 부통령 후보를 지명하기로 결정했고, 세인트루이스 회의에서 채택된 정강을 기초로 오마하 정강을 작성하기로 합의했다. 오마하 회의에 연방 의회 의원 선거구에서 4명, 각 주에

2 *People s Party Paper*, March 3, 1892.

3 John D. Hicks, "The Political Career of Ignatius Donnelly," *Mississippi Valley Historical Review*, 8 (June-Sept.), 1921, p.120.

서 최대한 8명의 대표를 파견하여 1776명이 참석할 것으로 예상했으나 실제로는 1,300~1,400명 정도가 참석했다. 일부 철도 회사에서는 신당 창당의 중요성을 인식하여 오마하 회의에 참석하는 대표들에게 기차표 판매를 거부하기도 했다. 1892년 오마하 회의에서 민중당이 창설되었고 도넬리가 작성한 정강과 결의안이 채택되었다.

민중당은 북군의 장군이며, 3선 의원인 아이오와의 위버(James B. Weaver)를 대통령 후보로, 남군의 장군이었던 버지니아의 필드(James G. Field)를 부통령 후보로 지명했다.

민중당은 반독점 · 반특권을 표방하면서 지금까지 대변되지 못했던 민중의 권익을 위하여 투쟁했다. 1892년 창설된 민중당은 19세기 말 수십 년간 미국을 휩쓸었던 개혁 운동에 앞장섰으며 민중주의자들과 생각을 같이했던 개혁가들의 집합체로서 활동했다. 민중당은 민주, 공화 양 당과 투쟁하면서 정치적 민주주의의 신념을 재확인했으며 구 정당의 퇴폐적 경향에서 벗어나기 위하여 민중당을 창당했음을 공표했다. 아울러 민중당은 민중의 필요에 부응할 수 있는 힘이 강하다는 신념을 보였다.

당시 민중당의 정강에 동조하는 동시에 민중주의 운동에 급진적 경향을 부여한 사람들이 있었다. 그 가운데 첫째 그룹은 『지난날을 되돌아보며 *Looking Backward*』의 저자인 벨라미(Edward Bellamy)가 주도하는 국유화론자들(nationalists)이었다.

국유화론은 두 단계로 발전했다. 첫 단계의 국유화론자 클럽은 1888년 12월 보스턴에서 조직되어 1890년 말까지 활동했는데, 이들은 팸플릿과 신문을 발행하여 국유화론을 표방하고, 그들의 활동을 선전하는 데 그쳤다. 그러나 1891년 2월 벨라미는 *New Nation*지에서 국유화론자, 사회주의자, 기독교 사회주의자, 노동 기사단, 노동 총동맹, 모든 산업적 · 진보적 개혁 기관이 의견 일치를 볼 것을 충고했다. 찬성하지 않는 안건에 대해서는 개인의 판단을 유보하고, 찬성한 안건에 대해서는 일치단결하여 행동하자고 했다. 국유화론자 클럽은 1891년 5월 신시내티 회의에 대표를 파견했고 창당을 위하여 구성했던 전국 위원회 회원 가운데 8명이 국유화론자 클럽의 회원이었으며, 5명은 결의안 작성 위원회에 참가하여 활동했다.

신시내티 회의 이후 9개 주에서 참석한 국유화론자들은 민중당 결성을 진심으로 지지한다는 입장을 표명했다. 그들이 신시내티 회의를 지지한 이유는 정강이 국유화론자들의 철학을 모두 구체화시켰기 때문이 아니라 철도와 통신 시설의 국유화라는 두 개의 원칙을 선언했기 때문이었다. 또한 이 운동을 지지함으로써 새로운 정당의 당원이라는 좋은 조건으로 국유화론을 선전할 수 있을 것이라고 생각했기 때문이었다. 국유화론자들은 1892년 2월 세인트루이스 회의와 7월 오마하 회의 이후 더욱 열렬히 민중당을 지지했다. *New Nation*지는 9개월이라는 짧은 기간 동안 국유화론에 진전이 있었는가를 관찰하기 위하여 신시내티 회의에서 발표한 정강과 세인트루이스 회의의 정강을 비교해볼 것을 촉구했다. 민중당은 한 계급을 위한 정당이 아니라 민중을 위한 정당이라고 선언했다.

1892년 오마하 회의가 끝날 무렵 *New Nation*지는 "이 회의가 우리들과 우리들의 주장에 따라 진행되었다. 성공하기 위한 표를 획득하기 위하여 외투를 벗고 최선을 다하자"며 결의를 다졌다.[4] 국유화론자들은 오마하 정강을 승인했을 뿐 아니라 실업자에 대한 정부 보조, 엄격한 공무원법(civil service law) 등을 요구하면서 민중당 안에서 활발하게 활동했다. 1894년 2월에는 기관지인 *New Nation*지 발행을 중단하기에 이르렀고 민중당의 활동에 따라 국유화 운동은 독립적 운동으로서 인정을 받지 못하

4 *New Nation*, July 9, 1892.

게 되었다. 전반적으로 국유화론자들은 1896년 세인트루이스 회의 이후까지 민중당 안에서 그들의 희망을 이루려고 했다. 그러나 벨라미를 비롯한 국유화론자들은 은 화폐 자유 주조 운동이 확산되자 이에 반대했다. 그들은 민중당 안에서 산업의 국유화가 이루어질 수 없다는 것을 확신했을 때 민중당을 떠나버렸다.

두 번째 그룹은 국유화론자들 못지않게 민중주의자들의 단결을 촉진했던 단일세론자(Single-Taxers)들이었다. 지도자인 조지(Henry George)는 빈부의 격차가 극심해지는 원인이 토지 소유 제도에 있다고 주장하면서 그러한 불로소득을 정부가 세금으로 흡수할 것을 제안했다. 그는 토지세만 걷어도 불평등의 문제는 해결될 수 있다고 생각했는데, 그 때문에 그의 추종자들이 단일세론자들로 불리게 되었다.

조지는 민중주의가 너무 많은 '주의(ism)'를 포용하고 있었기 때문에 반대했다. 그는 민중당이 단일세론자들을 위하여 어떤 약속도 하지 못할 것이라고 결론지으면서, 민중당의 정치적 성향은 단일세를 향하여 나아가는 것이 아니라 오히려 멀어지는 것이라고 했다. 그는 1892년 대통령 선거에서 민주당의 클리블랜드(Grover Cleveland) 후보 지지를 발표했다. 그는 클리블랜드의 관세 인하 정책이 자유 무역으로 향하는 제1보라는 생각에서, 다시 말하면 단일세로 향하는 길이라는 근거에서 지지했다. 조지를 추종하는 많은 단일세론자들의 입장은 이처럼 명백했다.

그러나 맥글린(Mcglyn) 신부가 주도하는 단일세론자들은 클리블랜드 후보와 정치적으로 제휴하는 데 동조하지 않았다. 1887년 12월 초 *Standard* 지가 클리블랜드 후보 지지를 공표했을 때, 앞으로의 정치적 활동 문제를 둘러싸고 단일세론자들 사이에 위기가 감돌았다. 민중당이 조직되었을 때 맥글린 추종자들이 정치적 입장을 밝힐 기회가 찾아왔다. 1892년 맥글린 신부는 민중주의자라고 선언하고 민중 집회에서 민중당을 지지하는 연설을 했다. 조지가 단일세론자와 사회주의자 혹은 단일세론자와 다른 개혁 집단과 연합에 대하여 지적한 모순을 하나도 발견할 수 없었다고 반박하면서, 그는 1894년 시카고에서 개최되었던 민중주의자들의 회합에서 민중당이 각자가 누리고 있는 특권에 대하여 적당한 대가를 지불하지 않는다면 누구에게도 천연자원을 넘겨주는 데 반대한다고 선언했는데, 이것이 조지에 의하여 선포되었던 단일세주의라고 주장했다.[5] 민중당에 반대하라는 조지의 끈질긴 설득에도 불구하고 많은 단일세론자들은 맥글린 신부를 추종했다. 이는 민중당의 강령이 그들에게 동조하는 내용을 담고 있었기 때문이었다. 1892년 민중당이 오마하 정강에서 토지 독점에 대항할 것을 선언했는데 이는 단일세론자들의 입장과 같은 것이다.

민중당에 영향을 주었던 세 번째 그룹은 사회주의 노동당(Socialist Labor Party)에 가입하지 않았던 사회주의자들이었다. 이들은 민중당 안에서 사회주의 이상을 펼칠 기회를 엿보았으며, 실제로 일부 지역에서는 사회주의자들의 생각을 민중당 강령에 포함시킴으로써 부분적으로 성공을 거두기도 했다. 그러나 점차 그들의 이상을 달성할 수 없음을 알게 되자 민중당을 떠났다. 민중당은 자본주의 경제 제도의 병폐를 개혁할 것을 요구하는 불만에 차 있던 사람들의 연합 전선이었다.

2. 오마하 정강

미국 독립 116주년이 되는 1892년 7월 4일 민중당 창당 대회에서 발표된 오마하 정강은 미국 정치사상 가장 민주적인 문서의 하나로 민중주의

5 *Commonwealth*, Ashland, November 17, 1894.

운동의 개혁 엔진이 되는 기본 정강이다. 이 정강은 전문, 강령 본문, 결의안으로 이루어졌다.

민중당은 정 · 부통령 후보 지명보다 정강에 열의를 보였으며, 오마하 정강은 도넬리가 주장했던 개혁 원칙의 거의 대부분이 들어 있다고 해도 과언이 아니다. 그 가운데 특히 전문은 민중의자들의 입장은 물론 지금까지 개혁 운동가들이 요구했던 사항이 집약적으로 나타나 있다.

전문은 6개의 단락으로 나누어져 있다. 제1단락에서 당시 사회에 팽배해 있던 부패와 불의를 비난했다. 민중주의자들은 미국이 도덕적 · 정치적 · 물질적으로 파멸에 직면했다고 전제하면서 행정부, 입법부, 사법부 등 모든 부문에 부패가 팽배했음을 공격했다. 또한 부패는 민중을 타락시켜 협박 · 매수를 막기 위하여 유권자들을 투표장에서 격리시켜야만 했으며, 신문은 보조금을 받거나 말을 못 하게 재갈이 물려져 있었고, 여론은 침묵을 지켰다고 비난했다. 게다가 기업은 쓰러지고, 농민들의 가정은 저당 잡혀 있으며, 노동자는 착취당하고, 토지는 자본가의 수중에 집중되어 가고 있다고 주장했다.

더불어 그들은 도시 노동자들을 보호하기 위한 노동 조직권을 박탈당했음을 지적했다. 가난한 외국 노동자들의 유입으로 노동자들의 임금이 줄어들었고 자본가들이 고용한 불법적인 용병들이 노동자들을 쓰러뜨렸으며, 결국 노동자의 지위가 유럽과 같은 상태로 급격히 떨어져버렸음을 강조했다. 역사상 전례 없이 소수가 막대한 재산을 축적하기 위하여 수백만 명의 수고의 대가를 도둑질해갔으며, 궁극적으로 막대한 재산을 축적한 소수가 공화국을 경시하고 자유를 위태롭게 했을 뿐만 아니라 정부의 불의에서 방랑자와 백만장자라는 두 계급이 생겼다고 주장했다.

실제로 위의 내용은 시대적 반응을 나타낸 것이다. 1890년대에 이르면 대기업과 산업 자본주의의 원리가 중심적 위치를 굳혀갔다. 이에 따라 미국인들은 어느 시대보다 경제적 번영을 누리고 있는 것처럼 보였다. 국부는 1890년에 660억 달러이던 것이 1900년에는 885억 달러로 36.2% 증가했으며, 국민 소득도 120억 달러에서 180억 달러로, 무려 50%나 증가했다. 또한 1887년에서 1897년에 이르는 10년 동안 86개 기업이 1백만 달러 이상의 자본금을 가지게 되었으며, 1890년에서 1893년까지 3년 동안 46개 대기업이 창립되었다. 이와 같이 국부와 국민 소득이 급격히 증가했음에도 불구하고 대기업의 독점 현상과 부의 집중으로 빈부의 차이는 심해졌다. 1893년 홈즈(George K. Holmes)의 통계에 의하면 국민의 0.03%가 국부의 20%, 국민의 9%가 국부의 71%, 국민의 52%가 국부의 5%를 차지고 있었다. 홈즈는 당시 4,047가구가 국부의 70%를 소유하고 있었다고 결론을 맺었다. 이와 같은 부의 집중 현상은 미국 경제를 위협했을 뿐 아니라 부력이 정치에 미치는 영향 또한 매우 커져 민주 정치는 번영했으나 실제로 부패는 증가했다. 다수 상원 의원들이 막대한 재산을 소유하고 있었고 적어도 20여 명이 백만장자였다.

결국 부의 집중으로 빈곤이 확산되었다. 농민은 국부의 증가에도 불구하고 빚과 저당이 놀랄 정도로 증가했고, 이에 따라 소작인(tenants, 임차료를 지불하고 일시적으로 토지를 보유하는 농민), 물납소작인(sharecroppers, 수확물의 일부를 소작료로 바치는 소작인), 예속인(peonage)으로 몰락하는 등 최악의 상태로 떨어졌다. 소작인은 1880년에는 25%, 1890년에는 28%, 1910년에는 38%로 계속 급속도로 증가했다. 네브래스카 주 회계감사관 기록에 의하면 1880년에서 1890년 초까지 저당이 유실되는 경우가 매우 빈번해져서 해마다 예속인의 수가 증가하여 50만 명에 달했다고 했다.

이와 더불어 산업화에 따라 실업자가 일자리를 찾아 길거리를 헤매었다. 1893~1894년 겨울에 이르는 기간에 실업자가 무려 250만 명이나 되었고 시카고에는 10만 명에 이르렀다. 대도시 주변에는 노숙자들이 들끓고 있었다. 이와 같이 번영 뒤에는 극심한 빈곤과 부패가 도사리고 있었으며 계급 간의 갈등도 심한 상황에서 신문 편집자들은 고용주의 경제적 이익을 만족시켜주는 입장에서 뉴스를 해석했다고 민중주의자들은 비난했다.

민중주의 운동은 곤경에 빠진 농민만을 구하려는 운동이 아니라 친노동자적 입장에 서 있음을 강력하게 표명했다. 정강 전문, 본문, 결의안을 살펴보면 민중주의자들은 노동 시간 단축, 임금 인상, 노동조합 인정, 계약 노동에 대항하는 현행법 폐지, 이민 제한 등을 요구했다. 그들은 노동 시간을 단축하기 위하여 정부에서 일하는 노동자들에게 8시간 노동제를 실시할 것과 정부가 생산 수단을 공적으로 규제하여 일자리를 마련해줄 것을 요구했다. 그리고 노동자들을 위한 연금 조항이 법에 첨가되기를 요구하는 조직 노동자들의 노력을 지지한다는 것과 자본가들이 노동자들의 파업을 막기 위하여 용병과 사설탐정을 고용한 사실을 맹렬히 비난했다.

민중주의자들이 이민을 반대한 이유는 외국인 자체에 대한 두려움 때문이 아니라 노동력의 증가로 임금이 저하되고 실업자가 발생하는 반면에 고용주에게는 헐값의 노동력을 제공했기 때문이다. 그뿐 아니라 외국인들이 경영하는 대기업이 광대한 토지를 독점하고 있었기 때문이다. 특히 그들은 철도를 부설하는 데 이용된 중국인 노동자 쿨리(coolie)와 같은 값싼 노동력을 비판했다.

민중주의자들에게 노동자들의 파업은 임금 인상, 노동 시간의 단축이라는 목표 이상의 것을 의미했다. 민중주의자들은 1892년 홈스테드 철강 파업(Homestead Strike)과 1894년 풀만 철도 파업(Pullman Strike) 등 노동자의 투쟁은 노동조합을 지키고 노동자들이 생존할 수 없는 비참한 상태로 떨어지는 것을 막으려는 절망적인 입장을 나타내는 것이라고 생각했다. 그들은 특히 자본가가 노동조합을 파괴하기 위하여 고용한 탐정과 용병의 유지를 자유의 위협으로 간주하여 그것의 철폐를 강력히 요구했다. 농민들이 사설탐정에 대하여 적대감을 가졌다는 것은 노동자의 지위에 대하여 관심을 가지고 있었다는 것을 말해준다. 홈스테드 철강 파업, 풀만 철도 파업은 농민과 노동자의 합치점을 제공해주었으며, 노동자의 패배는 산업화한 미국의 억압적인 면을 제시해주는 것이라고 민중주의자들은 생각했다.

끝으로 민중주의자들은 빈곤, 실업, 방랑자는 개인의 책임이 아니며 정부의 불의에서 방랑자와 백만장자라는 두 계급이 나타났음을 명백하게 지적했다. 일반적으로 빈곤을 개인의 무능, 게으름, 음주 등 개인의 책임이라고 생각했으나, 그들은 빈곤을 개인의 책임으로 돌리는 것은 비인간적이며, 소수는 부유해지고 다수는 영원히 결핍되고 빈곤해지는 현상이 나타난 것은 '생산과 분배'의 문제, 곧 경제 제도의 결과라고 생각했다. 따라서 제도가 변하지 않으면 빈곤을 해결할 수 없다는 것이다. 또한 그들은 곤경에 처한 사람들이 원하는 것은 일시적인 자선이 아니라 법률에 규정된 동등한 권리와 동등한 기회라고 주장했다. 민중주의는 사회적 · 경제적 책임을 강조했다.

제2단락에는 화폐 문제가 주로 언급되어 있다. 화폐를 제조하는 국가 권력이 공채증서 소유자에게 있으며, 은본위 화폐가 기능을 잃게 됨으로써 금의 구매력을 증대시켜 결과적으로 인간의 노동력과 재산의 가치를 상실케 했다고 주장했다. 또한 고리대금업자와 파산 사업을 살찌우도록 통화량을 축소시켰다고 비난했다. 결국 인간에 대한 음모가 조직되어 세계를 소유해가고 있다고 말하면서, 음모를 분쇄하지 않으면 사회적 격동과 문화의 파괴를 초래하여 전제 군주제를 낳게 될 것이라고 경고했다.

농민들은 은행가, 고리대금업자, 독점 자본가 등이 금본위제에 기초한 통화의 긴축과 고금리 때문에 막대한 이익을 획득했다고 생각했다. 신축성 없는 통화와 기업에만 유리한 금융 제도가 농민을 더욱 절망적으로 만들었다고 판단했다. 민중주의자들은 화폐의 결핍이 모든 악의 근원이며, 화폐가 재정 정책과 국가 산업을 지배할 뿐 아니라 민중을 약탈하고 있다고 화폐의 폐단을 공격했다.

아울러 독점 시대가 도래했기 때문에 농민들은 제조업자, 상인과 경쟁하지 못했으며, 대기업, 트러스트, 기업 연합, 기업 합동 등의 독점과 제조업자의 음모 때문에 소수가 부를 독점하게 되었음을 밝혔다. 정의와 평등에 입각하고 있다는 현 제도 아래서 민중들이 공정하게 대우받지 못하고 있다는 음모의 개념에서 민중주의 운동이 시작되었다. 그리고 민중주의자들은 번영 일로에 있던 음모자들을 제조업자, 철도업자, 고리대금업자 등 금권 계급이라고 했으며, 음모를 분쇄하지 않으면 심각한 사회적 격동과 문화의 파괴와 압제가 행해질 것을 예고했다.

제3단락에서는 양대 정당을 신랄하게 비판했다. 양대 정당은 권력 유지와 약탈자들을 위하여 투쟁했을 뿐, 곤경에 대처하는 현실적인 개혁안을 제시하지도 않고 곤경을 그대로 방치했다고 비난했다. 그들은 자본가, 대기업, 전국 은행, 매점 동맹, 트러스트, 은 화폐 폐지, 자본금 없이 발행한 주식, 고리대금업자에 대항하는 민중의 항의를 묵살했으며, 백만장자의 부패한 기금을 지키기 위하여 다수를 파멸시킬 것을 요구했다고 주장했다.

당시 심각한 사회적 · 경제적 여건에도 불구하고 공화당과 민주당은 고통당하는 민중을 그대로 방치했을 뿐 아니라 심지어는 독점에 대한 약탈당한 자들의 항의를 막아버리는 문제에만 동의했다고 비난했다. 그들은 양 당이 다수를 희생시켜 소수의 이익을 옹호했다고 생각했다. 결국 공화당과 민주당이 급박한 현안 문제를 해결하는 데 실패했기 때문에 민중당이 해결책을 찾아나서게 되었다고 반박했다. 그들은 대기업의 독점, 철도 지배, 고리대금업자들의 부당한 이익을 집중적으로 공격했다. 민중주의자들의 경제적 목표가 반독점주의에 있었음을 명백히 알 수 있다.

그들은 민주당, 공화당과 투쟁하면서 정치적 민주주의의 신념을 재확인했으며 구 정당의 퇴폐적 경향에서 벗어나기 위하여 민중당을 조직해서 민중의 필요에 잘 부응할 수 있다는 것을 널리 알렸다.

제4단락에서 그들은 '민중(plain people)'의 수중에 공화국 정부를 복귀시키자고 주장하면서 "더욱 완전한 미합중국을 만들며, 정의를 구현하며, 국내의 안전과 공동 방어를 준비하며, 민중의 복지를 증진시키며, 우리들과 우리들의 후손을 위하여 그리고 자유의 축복을 안전하게 누리기 위하여"라는 민중당의 목표가 미국 헌법의 목표와 일치됨을 강조했다. 동시에 이러한 목표를 가진 공화국은 국가와 서로를 사랑하는 동포애에 기초한 자유로운 정부이어야 한다고 했다. 동포애는 총검으로 이룩될 수 없음을 전제하면서 자유민의 동포애로 뭉칠 것을 거듭 강조했다.

그들은 자유민의 동포애와 산업적 민주 정치라는 근본적 변화 없이 현 사회를 극복할 수 없다는 입장을 밝히고 있다. 다시 말하면 그들은 산업적 자유 없이 정치적 자유는 이룩될 수 없다는 근거에서 국가의 산업 제도는 '민중에 의한' '민중을 위한' '민중의' 것이라는 산업적 민주 정치를 이룩할 것을 강조했다.[6]

그들은 자유에 대하여 특별한 생각을 가지고 있었다. 사회가 인간의 능력을 가능한 한 완전하게 북돋아주었을 때에만 자유롭다는 것이다. 민중주의자들은 민중의 꿈인 민중의 존엄성에 기초한 민주 사회를 실현하려고 했다. 이러한 입장에서 민중주의자들은 당시에 유행했던 성공 신화, 방종적 개인주의와 경쟁 정신에 반대했으며, 민중의 생활 정도가 사회 향상

6 *Advocate*, Topeka, Kansas, Sep. 19, 1894.

을 재는 척도라고 생각하여 연방 정부가 백성의 복지에 책임을 져야 한다고 주장했다. 또한 사회는 '민중'의 요구에 따라야 하며 그렇지 못하면 민주적이지 못하다고 생각했다. 그들은 모든 사람의 발전에 책임을 지며 아무도 억압받지 않는 사회를 원했기 때문에 저당 잡힌 농민과 실업자와 방랑자가 없는 평등 사회를 생각했다. 여기에서 민중주의 운동의 진보적 성격을 찾을 수 있다. 민중주의는 연방 정부가 백성의 복지에 책임을 져야 한다고 주장한 첫 번째 운동인 동시에 산업주의로 말미암아 발생한 문제에 대하여 신랄하게 공격한 첫 번째 운동이었다.

민중주의자들은 농민의 이익만을 추구하는 것이 아니라 공익을 중요시했으며, 백성의 복지에 관심을 가지고 있었다. 그러므로 민중주의는 농민 반항 이상의 것이었다. 그들은 당시 중요한 정치적 · 경제적 병폐를 지적했으며 후세에 나타날 문제를 예감하고 진단했다.

오마하 정강 전문 마지막 단락에는 앞에서 언급되었던 통화와 독점에 대한 비난이 계속된다. 민중당에게 권력만 주어진다면 합당한 법을 제정하여 사회의 병폐를 교정하겠다는 결의를 표명했다. 그들은 불의, 억압, 빈곤을 이 땅에서 단절시키려는 목적에서 정부의 권력이 확대되어야 한다고 했다. 그들은 모든 병폐가 치유되고 모든 남녀에게 동등한 권리와 동등한 특권이 확고하게 부여될 때까지 계속 활동하겠다는 뜻을 밝혔다.

궁극적으로 민중당은 반특권 · 반독점주의를 표방하면서 산업화에 따른 미국의 모든 병폐를 치유하며 모든 남녀에게 동등한 권리와 동등한 특권을 부여할 때까지 계속 활동하겠다는 입장을 표명함으로써 평등주의 운동에 앞장설 것을 널리 알렸다

강령 전문에서 몇 가지 현대적인 특징을 찾을 수 있다. 신문은 침묵을 지키거나 재갈이 물려져 있다고 상업적 신문을 불신하고 있는 것, 자본가의 수중에 집중되어 있는 토지에 대하여 언급하고 있는 것, 그리고 '민중'

의 수중에 공화국 정부를 복귀시킬 것과 공화국은 국가와 서로를 사랑하는 동포애로 뭉친 자유로운 정부이며 동포애는 총검에 의하여 이룩될 수 없다는 것 등이다.

전문에 이어 3대 선언과 정강을 제시했다.

첫째, 미국의 노동조합은 영원무궁할 것이며, 그 정신은 공화국을 구해내고, 인류를 위하여 모든 사람들의 마음속에 불어넣어져야 할 것이라고 선언했다. 노동조합에 대한 민중당의 입장은 노동자들이 대기업에 맞서서 대항할 때 개인적으로는 무력했기 때문에 노동자들의 조직권이 필요하다는 것이다. 민중당은 농민과 노동자의 공동 전선을 제안했다. 그렇다면 민중당이 농민과 노동자의 공동 전선을 제안했던 이유는 무엇인가?

우선, 부의 생산자라는 면에서 입장이 같기 때문이었다. 민중주의자들은 생산 계급은 하나이고 불가분의 관계에 있기 때문에 양자가 연합하여 독점가에게 대항하려고 했다. 즉 그들은 동일한 계급으로 공동 이익을 가지고 있으며, 그 공동 이익은 그들의 어려움을 서로 나눈다는 것에 근거한 것임을 암시했다. 반독점주의가 노동자와 농민의 연합에 기초가 되었다. 미국 노동 계급이 제안한 특수한 계획인 반독점주의는 '미국인의 꿈'을 실현하는 데 기여했다.

다음으로, 민중주의자들은 동일한 경제적 지위에 놓여 있다는 신념을 가지고 있었다. 농민들은 농업 노동자, 산업 노동자 등 모든 노동자들이 동일한 경제 제도 아래서 억압받고 있다고 생각했다. *Farmers' Alliance*지는 "노동자와 소작인은 사회 안에서 공통된 물질적 기반을 가지고 있다. 그리고 각자의 상황은 서로 의존하고 있다. 이러한 유사점은 두 집단이 같은 목표를 수락하게 했다. 토지 지주와 소작인의 관계는 도시에서 고용인과 피고용인 사이의 구분처럼 확연하게 되었다"고 했다.[7] 그들은 자본가에 대한 공동 투쟁에서 성공하기 위하여 상호 의존해야 하며 그들의 미래는 서로 얽혀 있다고 믿었다.

마지막으로, 정부를 노동 계급이 지배할 때까지 근본적 변화는 불가능하다고 생각했다. 그들은 정부가 임금 노동자와 생산자의 상태를 변화시키고 개선하기보다는 오히려 금권 계급에 의해 점거되었다고 주장했다. 농민과 노동자는 날이 갈수록 빈곤해지는 반면에 독점가와 금융가들은 부유해졌기 때문에, 여기에서 다른 방법은 없고 모든 농민, 기술자, 노동자가 단결할 수밖에 없다고 생각했다. 따라서 자본가들이 국가를 지배하는 것에 효과적으로 도전하기 위하여 그들이 연합해야 한다고 느꼈다. 왜냐하면 급진주의는 연합된 행동을 통해서만 효과를 나타낼 수 있다고 생각했기 때문이다. 1886년에 미네소타 농민 동맹은 권리 선언서에서 농민과 노동자의 지위 하락과 빈곤은 다른 사람들의 번영에 의한 타격이며 농민과 노동자의 적은 아무것도 하지 못하도록 그들을 속박하는 것이라고 지적했다.

그러나 노동 조직 가운데 노동 기사단만이 민중주의자들과 협동할 의사를 가지고 있었을 뿐 노동 총동맹(AFL)은 정당과 제휴하는 것에 반대했다. 곰퍼스(Samuel Gompers)는 농민들이 너무 급진적이고 보수적이지 않기 때문에 연합에 반대했다.

민중주의자들은 친노동적 입장에서 산업 노동자를 경쟁자가 아닌 동일한 세력 밑에 억압받고 있으며, 사회 정의 구현, 부의 균등 분배 같은 공동 목표를 이룩하기 위해 노력하는 자연적인 동맹자로 간주했다. 따라서 그들은 노동자와 농민의 연합을 통해서만 미국 사회를 지배하고 있는 금권 계급에 도전할 수 있다고 생각했던 것이다. 여기에서 농민과 노동자의 연합이 이루어졌으며, 그들의 연합은 경제적 필요와 정치적 현실에 입각

7 Norman Pollack, *The Populist Response to Industrial America*, Cambridge: Harvard University Press, 1962, p.44.

한 것이었다. 노동자에 대한 농민의 태도는 동정과 노스탤지어 이상을 의미했다. 그것은 산업화한 미국에 도전하기 위한 경제적 필요성과 농민 · 노동자의 연합을 의미했다.

둘째, "부는 그것을 생산한 자의 것이다. 노력하지 않고 산업에서 벌어들인 부는 강탈이다. 일하지 않으면 먹지도 말라. 농촌과 도시의 노동자는 같고 그들의 적도 같다"고 선언했다. 민중당은 부의 생산자가 그들이 만든 부를 누려야 한다고 주장하면서 이러한 조건이 성취될 때까지 안전이란 보장될 수 없다고 했다. 이것은 민중주의자들의 경제 사상을 잘 표현한 것으로, 계급 경제학에서 유래된 노동가치설이다. 그러나 미국에서는 유럽과 달리 1860년대 기계화 시대에 반대한 급진파들이 이를 받아들였다. 미국의 경우 노동 개혁가와 농민 운동가들이 산업 자본가와 대기업에 대항하기 위하여 채택했던 것이다. 민중당은 노동가치설을 적용하여 소규모 생산자인 소맥 생산자, 면화 재배자, 숙련공, 소규모 상인 등이 경제적 지위를 회복하고 중산 계급과 공장주와 독점 자본주의에 의한 손해를 막으려고 했다. 그들은 중산 계급, 재정가, 철도 사업가, 은행가, 고리대금업자, 저당 설정자, 트러스트와 기업 연합의 조직자 등을 비생산자로 규정지었다. '생산자가 곧 소유자'라는 생각과 노동가치설이 노동자와 농민이 연합하여 행동하는 데 관념적 기초가 되었다.

반독점주의, "일하지 않으면 먹지도 말라"는 말과 노동가치설은 민중주의자들이 가지고 있었던 3대 기본적인 경제 사상으로, 이중 노동가치설과 반독점주의는 노동 운동에서도 주장되었다. 이는 민중주의가 도시 노동자에게 호소력을 가지고 있었던 이유이기도 하다. 펄맨(Selig Perlman)도 노동가치설과 반독점주의가 미국 노동 계급의 관념적 기초를 마련해주었다고 주장했다.[8]

그러나 1880년 이후 근대 노동조합(trade union)의 성립과 함께 임금 노동자는 농민이나 중산 계급과는 독립적으로 직능 노조(craft union)로 전환해갔다. 그래서 1889년에서 1892년 사이에 농민 동맹과 민중당 지도자들은 일반적으로 노동 총동맹의 곰퍼스보다는 노동 기사단(Noble Orders of Knights of Labor)의 파우더리(Terence V. Powderly)와 상의하는 것이 보통이었다. 그러나 불행하게도 노동 기사단이 신속하게 쇠퇴해갔기 때문에 민중주의자들에 대한 노동자들의 지지 기반이 약화되었다. 노동 기사단 단원은 대부분이 농민과 소규모 소매 상인이었는데, 1890년 이후에는 10만 명도 안 되었다.

곰퍼스는 민중당 창당 대회 직전 *North American Review*지에서 "노동자가 누구보다 민중당에 친근하다 할지라도 농장, 공장, 작업장 안에서 노동력의 완전한 결합이란 기대할 수 없다"고 했다. 그는 민중주의자들이 대체로 산업 중심지의 기술자, 노동자나 농촌의 '고용된 농민'이 아닌 '노동자를 고용한 농민'이기 때문에 민중당과 임금 노동자 조직의 완전한 협동과 융합은 자연스럽지 못할 뿐 아니라 불가능하다고 설득했다.[9]

이러한 상태에서 민중주의자들이 조직 노동자 계급의 지지를 받는 길은 임금 노동자들이 농민과 연합하는 것이 산업 노동조합에 충성하는 것보다 낫다고 생각하는가 여부에 달려 있었다. 1892년에 이르면 후자를 지지하는 노동자가 많았다.

그러나 1893년 경제 공황으로 실업자가 속출했기 때문에 가난한 노동자들은 직업의식이 약해지고, 직능별 프로그램에 대한 신념이 흔들렸다. 실제로 일부 노동 총동맹원들은 민중주의자들과 동맹하여 활동했다. 농

8 Selig Perlman, "The Concept of Class in the Development of American Labor Program," Meeting of the American Historical Association, New York City, Dec. 27, 1940.

9 Samuel Gompers, "Organized Labor in the Campaign," *North American Review*, New York, CLV, July 1892, p.93.

민과 조직 노동자들이 연합하여 공동 전선을 펴려고 했다. 결국 민중주의자들은 경제적 위기로 인하여 도시 노동자들과 연합할 수 있는 기회를 얻게 되었다. 그러한 시도는 농민과 노동자가 연합하는 목표인 반독점주의와 노동가치설과 모든 생산자의 공동 이익에 기초한 급진적 원칙이 성공할 수 있는가를 시험하는 계기가 되었다. 그러나 1896년 민중당이 은 화폐 자유 주조 운동에 휘말려 들어가자 민중주의자와 노동자의 연합은 무너지게 되었다.

민중주의자들이 주장했던 반독점주의와 집산주의(collectivism)는 중산 계급의 각성에 따라서 20세기에 들어가 다시 강화되어 신 민주 운동의 주축을 이루게 되었다.

셋째, 정부가 철도를 소유하고 경영해야 하며, 금권 계급의 전횡을 막기 위하여 모든 사람이 공직에 참여할 수 있도록 헌법 수정안을 작성할 것을 선언했다.

민중당은 철도가 농민에게 큰 영향을 끼친 독점의 악폐라고 생각했기 때문에, 국가가 경영하고 소유할 것을 강조했다. 농민들은 철도가 농업에 기적적인 영향을 줄 것으로 예상했다. 그들은 철도가 상업, 무역, 교육의 기회를 넓혀주며, 수송비를 덜어주고, 농업 생산을 촉진시킬 뿐 아니라 오하이오, 미시간, 인디애나, 일리노이, 위스콘신, 캐나다 등지에서처럼 근처 곡창 지대의 값을 몇 배씩 올려줄 것이라고 생각했다. 그러나 이와는 반대로 철도는 농민에게 경제적으로 큰 타격을 주었다. 철도는 1890년경에 이르면 모든 수송 기관을 독점 지배하게 됨으로써 수송비가 곡물값의 65% 내지 75%나 차지하게 되었고 심한 경우 1부셸당 곡물 수송비가 1부셸의 곡물 가격만큼 들 정도였다. 특히 지방 운임이 비싸 시카고에서 뉴욕까지의 운임이 시카고에서 서부 지방까지의 운임과 맞먹을 정도였다.

농민들은 그레인지 운동에서 주장했던 것보다 싼 요금과 단일가의 철도 운임을 요구했다. 1890년 네브래스카 민중당 정강에서 현재처럼 운영되는 철도 회사는 약탈과 강탈 조직이며, 가공할 만한 요금 때문에 농민이 진 빚은 백만장자가 민중에게서 빨아들인 이익이라고 신랄하게 공격했다.[10]

민중당은 가난한 사람들을 희생시키면서 착취했던 자본가들의 이기적 경향을 막아야 한다는 입장에서 정부가 철도를 소유하고 운영해야 한다고 주장했다. 민중당은 정부의 권력만이 독점적인 부당한 이익에 대항하여 농민을 보호해줄 수 있다고 생각했기 때문에 정부의 규제와 통제에 찬성했던 것이다. 이처럼 정부의 역할을 강조한 데서 민중주의의 진보적 성격을 찾을 수 있다.

노동조합권의 인정, 노동가치설, 생산자가 곧 소유자라는 주장, 그리고 철도의 정부 소유 등을 선언한 데 이어, 농민 반항의 표적이 되어왔던 세 가지 독점 기반인 화폐, 수송 기관, 토지에 대한 대책을 제시했다.

첫 번째로, 화폐는 농업 크레디트의 수요에 따라 변동되어야 하며, 농민들에게 토지와 농작물을 담보로 하여 2% 미만의 낮은 금리로 대부해주어야 한다는 것이다. 또한 화폐는 상업상 필수적인 수단이기 때문에, 공공에게 유익해야 한다고 주장했다. 그럼에도 불구하고 화폐를 인간보다 중요시하고, 인간은 기계로 변화되어가고 있으며, 공채증서 소유자들이 화폐를 제조하는 국가의 권한을 가지고 있음을 비난했다.

민중주의자들은 고리대금업자나 파산한 기업에 이익이 되도록 화폐량을 결정하지 말고 정부가 통제할 것을 주장했다. 이와 함께 민중당은 신축성 없는 통화량과 금본위제를 기반으로 한 금융 제도에 대한 농민의 불만을 해소하기 위하여 은 화폐 자유 주조(무제한 주조)와 금과 은을 16:1

10 *Chicago Tribune*, July 30, 1890.

의 비율로 사용할 것을 제안했다. 통화량은 일개 은행이 아닌 국가가 조절하는 동시에 정부의 통화 발행을 1인당 50달러 정도로 적절히 조절하여 통화 팽창을 유도할 것을 강조했다. 다시 말하면 대기업의 이익을 억제하기 위하여 국내 무역의 수요에 따라 충분한 양의 화폐를 유통시켜야 한다고 주장했다. 또한 공사채를 해결하기 위하여 지폐를 사용하는 동시에 금융 대기업에 의존하지 않고, 민중에게 직접 분배되도록 화폐를 공정하고 효과적으로 사용할 것을 역설했다. 나아가 그들은 국가 재정이 경제적으로 정직하게 집행된 정부의 필요한 경비에 국한되어야 함을 강조했다.

아울러 그들은 자본가와 고리대금업자의 독점을 막기 위하여 누진 소득세를 부과할 것과 민중의 소득을 안전하게 저축하고 용이하게 교환하기 위하여 정부가 우편 저축 은행을 설치할 것을 제안했다.

민중주의자들은 부적합한 통화와 기업에만 유리한 금융 제도 때문에 농민들이 절망적인 상태로 떨어졌다고 생각했다. 그들은 돈의 과두정치가 국가를 지배하고 있다고 보았다. 즉 화폐가 법률을 지배하고 정당을 좌우하고 국가 정책을 지배하고 있다는 것이다. 그들은 월 스트리트가 왕이라고 공격했다.[11] 이러한 폐단을 시정하기 위하여 신용을 공적으로 규제하는 동시에 정부가 화폐를 관리해야 한다는 입장을 밝혔다. 결국 화폐를 규제할 힘을 민중에게 복귀시키자는 것이다. 이것은 민중당의 중요한 경제적 정강의 하나다.

뿐만 아니라 민중주의자들은 신용 대부에 대하여 공적 규제가 필요함을 강조하면서 국가가 철도, 화폐, 각종 이권에 관한 것에 직접 관여해야 한다고 주장했다. 이와 같이 민중주의자들이 공적인 힘으로 이기적인 소수에 대항하여 국민의 이익을 보호할 것을 주장했다는 점에서 민중주의

11 Norman Pollack(ed.), *The Populist Mind*, New York: Bobbs-Merrill Company Inc., 1967, p.229.

운동의 진보적 성격을 찾아볼 수 있다.

두 번째로, 수송 · 통신 기관 역시 필수적인 교환 수단일 뿐 아니라, 전신 · 전보도 우편 제도와 마찬가지로 뉴스를 전달하는 필수품이기 때문에 민중의 이익을 위하여 국가가 경영하고 소유해야 한다고 민중주의자들은 주장했다. 이렇게 함으로써 정부의 행정권이 소수에 의해 커지는 것을 막아야 한다는 것이다.

그들은 정부 자체가 진정한 민중의 대변 기관이며, 오랫동안 지속되어온 금권 계급의 지배를 무너뜨려야 한다는 입장에서 정부가 수송 · 통신 기관을 소유하고 경영할 것을 주장했다. 그들은 정부 권력만이 독점적인 부당한 이익에 대항하여 농민의 이익을 보장해줄 수 있다고 믿었기 때문에 정부의 통제와 규제에 찬성했다. 민중주의의 중요한 특징 중 하나는 거대화에 대한 두려움이다. 민중주의자들은 철도의 경우에 국유화를 옹호했으나 다른 큰 기구의 정부 소유에 대해서는 의구심을 가지고 있었다. 민중주의자들은 정부가 민중의 통치권을 제한하는 것을 막으려고 노력한 반면, 정부가 사적 권력에 개입하는 진보설을 받아들였다.

마지막으로, 천연 자원을 간직하고 있는 토지는 민중의 유산이기 때문에 투기를 목적으로 소수가 독점해서는 안 된다고 주장했다. 따라서 외국인이 소유한 막대한 토지, 투기를 목적으로 한 토지 및 철도와 대기업이 필요 이상으로 점유한 토지를 정부에 반환하고, 실제로 농사를 짓는 농민만이 토지를 소유해야 한다는 경자유전(耕者有田)의 원칙을 강조했다.

이와 같이 민중당이 국가가 독점 분야를 소유하고 경영함으로써 독점의 악폐를 막을 수 있다고 생각했던 이유는 무엇인가? 민중주의자들은 정부란 그것을 지배하는 집단에 따라서 좋게 또는 나쁘게 사용되는 기구 이상 아무것도 아니기 때문에, 농민과 노동자 등 일반의 복지를 위하여 일하도록 정부를 조직해야 한다고 생각했다. 그러나 이것까지도 너무 부정적이라고 전제하면서, 정부는 민중에게 봉사하기 위하여 만들어진 것이며, 평등을 이룩하는 원동력이어야 한다는 것을 강조했다.[12] 따라서 정부는 소수가 아닌 다수에게 혜택을 주어야 하기 때문에 책임 있는 기구이어야 하며, 공익에 영향을 주는 일들을 통제하기 위하여 경제적으로 간섭함으로써 특권 없는 자들을 적극적으로 도와주고, 부를 평등하게 분배하기 위하여 일할 수 있어야 한다고 생각했다. 다시 말하면 민중이 철도, 전신, 전화 등을 그들의 이익을 위하여 소유하고 경영해야 하며, 대기업이 이익을 얻기 위하여 공적 기능을 독점하는 것을 막아야 한다는 입장이다. 이러한 생각에서 민중의 의사가 반영된 정부가 민중의 이익을 위하여 모든 독점 분야를 소유하고 경영할 것을 주장했다. 경제적 면에서의 정부의 책임을 강조한 민중당의 주장은 20세기 초 미국인들의 적극적인 지지를 받게 되었다. 민중주의 운동은 국가가 화폐, 수송 기관, 토지 등 독점 분야를 소유하고 경영함으로써 부의 균등한 분배를 주장했다는 점에서 경제적 민주주의 운동이었다.

끝으로 오하마 정강에는 10개 결의안이 포함되어 있는데, 요약하면 다음과 같다.

첫째, 모든 선거에서 '자유로운 투표와 공정한 개표'를 요구하면서 비밀 투표 방법을 채택할 것과 연방 정부의 간섭을 받지 않고 투표자에게 안전을 보장할 것을 결의했다. 이는 민중의 의사가 대변되는 정부를 통하여 불평등을 제거하려는 생각에서 주장된 것이다. 다시 말하면 합리적인 입법 절차를 통하여 악폐를 교정하고, 민중의 의사를 대변하는 정부의 권력으로서 억압, 불의, 빈곤 등을 제거하려는 의도에서 비롯된 것이다.

둘째, 누진 소득세를 부과해서 받아들인 세입을 농민에 대한 세금 부

12 Pollack, "Fear of Men," Sheldon Hackney(ed.), *Populism: The Critical Issues*, Boston: Little Brown and Co., 1971, p.100.

담을 경감시키는 데 써야 한다고 주장했다. 이것은 독점 기업의 부당한 이익을 억제하고 농민의 세금 부담을 덜어주려는 목적에서 제안된 것이다.

셋째, 연금 지급에 불만을 가지고 있던 사람들을 위하여 퇴직한 육·해군 병사들에게 공정하게 연금을 지급하는 것을 지지한다고 결의했다.

넷째, 주민 발의, 주민 투표, 정·부통령 단임제와 상원 의원 직선을 주장했다. 이는 농민, 소규모 상인, 기술자, 여자 등에게 투표권을 부여함으로써 정부 안의 불균형을 시정하여 그들의 주장을 관철시키기 위한 것이었다.

민중당은 대기업과 금권 계급의 수중에서 민중이 가질 권리를 찾아 민중에게 반환하고, 민중이 공적인 일과 행동을 결정할 것을 제안하기 위하여 정치 참여를 주장했다. 궁극적으로 민중당은 모든 사람이 '동등한 권리, 동등한 특권'을 누릴 것을 요구했고, 정부가 민중을 가장 정직하고 정당하게 지배하려면 신중하게 제정된 법과 고도로 유능한 정부가 수립될 때 이루어질 수 있다는 신념을 가지고 있었다.

민중당은 독점을 공격하고 독점 기업이 정부와 제휴하는 것을 막기 위하여, 집산주의를 실현하기 위하여, 그리고 정부가 공익을 위하여 책임질 필요가 있기 때문에 직접 민주 정치를 주장했다.

다섯째, 어떠한 경우에도 사기업에 보조금 지급과 국가 보조에 반대했는데, 이것은 철도 회사에 대한 정부 보조에 반대한다는 입장을 밝힌 것이다.

오마하 정강에는 여러 개혁 단체들이 주장했던 관세에 대한 요구 사항과 여성 참정권이 명시되어 있지 않았다. 관세에 대한 내용이 없었던 것은 민주당이 저율의 관세 정책을 주장했기 때문에, 관세 개혁에 대하여 민주당이 농간을 부리는 것이 아닌가 하고 의심했기 때문이다. 그리고 여성 참정권에 대하여 특별히 언급하지는 않았으나, 민중당은 여성의 동등한 권리와 특권을 요구했다.

오마하 정강에 따르면 민중당의 계획을 크게 두 방향으로 나눌 수 있다. 그 하나는 공익을 위하여 경제적 · 사회적 규제를 하는 데 정치 권력을 사용하는 것이다. 예를 들면 화폐, 금융 개혁의 선포, 철도와 통신 기관의 정부 소유와 경영, 노동자를 보호하는 법과 정부의 행정적 대책 마련 등을 들 수 있다. 다음은 주민 발의, 주민 투표, 정 · 부통령 단임제와 상원 의원의 직선과 같은 직접 민중의 의사가 전달되는 직접 민주제를 통하여 그들의 목적을 달성하려고 했다.

민중당의 정강에 담긴 새롭고 급진적인 주장은 미국 정치 개혁사에 전환점이 되었다. 그러나 민중주의에는 계급의식이 결여되어 있다. 민중주의는 사회주의나 공산주의처럼 소유권은 절대적이라는 자본주의에 강력하게 대항하면서 소득 분배 문제를 전면에 내세우고 경제적 특권에 대항했다. 그러나 민중주의는 산업화나 자본주의 체제 자체에 대한 반항이 아니라 그 폐단을 개혁할 것을 주장했다. 뿐만 아니라 그것은 사회주의나 공산주의와는 달리 계급을 기반으로 한 것이 아니라 한편에 압도적 다수인 '민중'과 다른 편에 상대적으로 소수인 음모를 꾀하는 자들로 국민을 구분했다.

1892년 민중당의 오마하 정강에 계급의식이 결여되어 있다는 사실은 1904년 사회당의 데브즈(Eugene V. Debs)의 연설문과 비교해보면 확실히 알 수가 있다.

> 사회주의는 타협하지 않고 분명하게 정의를 내리면, 첫째로 노동 계급의 정치 운동이다. 국민 정부의 지배를 확보함으로써 지배적인 자본주의 체제를 무너뜨리고 공권을 행사하여 현존하는 자본가 계급의 정부를 사회주의자들의 정부로 대신함으로써 지배적인 자본주의 체제를 무너뜨리는 것을 목

표로 하는 운동이다. 즉 이름뿐인 공화국을 실제 공화국으로 변화시키는 것을 목표로 하고 있다.[13]

민중주의자들은 사회 계급 전체에 대하여 적대감을 가진 것이 아니라 상대적으로 소수인 대기업의 음모자들에 대하여 적대감을 가지고 있었다. 그들이 말한 '민중'은 소기업가, 농민, 노동자들이다. 1891년 *Farmers' Alliance*지는 다음과 같이 보도했다.

> 민중당은 흑인을 자유롭게 하기 위해서 만든 것이 아니라 모든 사람들을 해방시키기 위해서 만들었다. 한 계급에게 정치적 자유를 보장해주기 위해서가 아니라 정치적 자유가 없어도, 지속적인 민중의 정부가 없어도, 모두에게 산업적 자유를 부여하기 위해 만들었다.[14]

민중주의는 한 집단이나 한 계급을 대변하지 않고 전 국민을 대변하는 것이 그들의 목표라고 공언했다. 민중당이라는 이름 자체도 의미를 가지고 있다. 영국의 사회민주주의자들은 계급적 이해관계에 호소하기 위해 노동당이라는 당명을 사용했다. 그러나 미국의 민중주의자들은 전 국민을 목표로 하고 있다. 일부 사람들은 이것이 민중주의자들의 일대 실수이며, 18세기를 뛰어넘을 수 없는 교의라고 주장했다. 그들은 민중주의자들이 행동은 대담하지만 지극히 소심한 이론가라고 비판했다. 저항운동으로서 민중주의는 엘리트가 권력을 장악하고 있다는 생각에서 시작되었으며, 그 치료책은 공화국을 시작했던 다수의 수중에 공화국을 복귀시키

13 "Writings and Speeches of Eugene V. Debs," in George Mckenna(ed.), *American Populism*, xiii, New York: Hermitage Press, 1948.
14 *Farmer's Alliance*, October 22, 1891.

는 것이다. 사회당을 창설한 데브즈는 이름뿐인 공화국을 실제 공화국으로 변화시키자고 했는데 이는 민중주의와 전혀 다른 것이다.

사회주의자들은 '프롤레타리아'로 언급되는 것을 좋아하지만 미국의 노동자들은 프로레타리아 계급으로 간주되는 데 반대했다. 민중주의는 계급의식이 없다고 하기보다는 무의식적 계급이다. 미국의 민중주의는 미국의 보통 사람들을 대변할 것을 주장했다.

3. 민중당의 쇠퇴

민중당의 출발은 순조로워 보였다. 1892년 대통령 선거에서 위버(James B. Weaver)는 패배했으나 100만 표나 되는 일반인 표와 22표의 선거인단 표를 획득했다. 이로써 민중당은 대통령에 대한 일반인 투표의 8.5%, 선거인단 투표의 5%의 지지를 얻었다. 남북 전쟁 이후 처음으로 제3당 대통령 후보가 선거인단 표를 획득한 것이다. 지역적으로는 캔자스 10표, 콜로라도 4표, 아이다호 3표, 네바다 3표로 위의 4개 주에서는 선거인단 전원이 위버에게 지지표를 던졌으며, 이들 20표 이외에 노스다코타와 오리건에서 각각 1표를 얻어 22표의 선거인단 표를 획득했다. 그리고 사우스다코타, 네브래스카, 와이오밍, 오리건 등 4개 서부 주와 앨라배마에서는 일반인 표의 3분의 1 이상이 민중당을 지지했다. 선거 직전에 발족한 신당으로서는 주목할 만한 지지를 받았다고 하겠다.

1893년 경제적 불황으로 위기가 닥쳐오자 민중당은 더욱 기반을 확대시켜나갔다. 1892년 모든 주에서 선거가 있었던 것은 아니지만 이전의 수를 합하여 1893년에 44개 주 가운데 19개 주에서 민중당 후보 345명이 주의회 의석을 차지했다. 지역적으로 남부 8개 주(앨라배마, 아칸소, 조지아,

켄터키, 루이지애나, 테네시, 텍사스, 사우스캐롤라이나), 서부 10개 주(콜로라도, 아이다호, 캔자스, 미네소타, 몬타나, 네브래스카, 노스다코타, 사우스다코타, 워싱턴, 와이오밍), 북동부 1개 주(버몬트)가 민중당 후보를 선출했다. 이러한 결과를 통하여 농민들과 민중당에 동조하는 세력들이 민중당의 개혁 원칙을 지지했다는 것을 잘 알 수 있다.

민중주의자들은 1893년 경제적 위기에 대한 의회 특별 조사와 철도 운임, 철도 회사의 재정을 비롯하여 곡물 창고 회사와 제분소, 곡물 창고 회사와 철도와의 상호 이익에 대하여, 그리고 금융 제도와 아이다호 알렌느 광장에서 벌어지고 있는 노동자들의 파업에 대하여 특별 조사를 요구했다. 이러한 요구가 곧 받아들여지지 않았으나, 1894년 의회가 이민, 노동자, 농업, 기업 등에 관계되는 문제를 조사하기 위하여 특별 조사를 명령함에 따라 2명의 민중주의자들과 이들과 같은 입장을 가지고 있었던 의원 2명으로 구성된 미국 산업 위원회(United States Industrial Commission)에서 진상을 조사하도록 했다.

특히 1894년 풀만 철도 파업이 발생했을 때 클리블랜드 대통령이 기업가 편에 서 있다는 것을 알게 된 노동자들이 민중주의자들과 연합하게 되었고, 민중당 또한 노동자를 더욱 지지하게 되었다. 이에 따라 1894년 주 의회와 연방 의회 선거에서 민중당 후보들은 1892년 위버가 대통령 선거전에서 획득했던 것보다 거의 50만 표를 더 얻었다. 1892년 선거 이후 서부 주에서 민주당이 행정부에 대항했을 때 민중주의자들은 민주당과 연합하기도 했다. 그러나 민주당의 클리블랜드 대통령 재직 시인 1894년 선거에서 서부 민중주의자들은 독립적으로 후보자를 지명했다. 반대로 남부에서는 공화당과 연합했는데, 이는 남북 전쟁 이후 급진주의를 포기하지 않고 있던 남부 공화당과 협동을 의미하는 것이었다. 전체적으로 1892년 클리블랜드 대통령 당선 이전보다 이후인 1894년에 남부 민중주의자들과 남부 공화당이 빈번하게 제휴했다. 특히 노스캐롤라이나, 조지아, 플로리다, 앨라배마에서는 민중당이 단독으로 후보 지명을 거의 하지 않았다.

1894년 민중당 후보들이 주 의회와 연방 의회 선거에서 전체적으로 획득했던 150만 표는 당시 정치적 상황을 가장 잘 나타내주고 있다. 민중당은 각 주 선거에서 약 42% 정도 당의 세력을 강화시켰다. 민중당은 1892년보다 1894년에 전체적으로 많은 표를 획득했으나 연방 의회 의원 수는 14석에서 10석으로 감소했다. 또한 앨라배마와 노스캐롤라이나 등 남부에서는 민중당 후보가 당선되었으나 예기치 않게 서부에서는 민중당이 의석을 잃기도 했다. 노스캐롤라이나와 콜로라도가 캔자스를 앞지르게 되었으며, 노스캐롤라이나는 민주당이 다수였으나 민중당과 공화당의 지배하로 들어가는 뚜렷한 변화를 보였다. 전체적으로 보면 1892년 주 의회에 민주당 138석, 공화당 20석, 민중당 12석이던 것이 2년 후인 1894년에는 민주당 56석, 공화당 64석, 민중당이 무려 100석으로 민중당의 의석이 급속히 증가했다. 이는 1893년 경제 불황과 위기 속에서 구제책을 제시했던 민중당에게로 여론이 돌아섰음을 의미하는 것이었다.

당시 서부의 많은 민주당원들은 클리블랜드 대통령이 재정적 위기를 타개하기 위하여 금융가들과 제휴하는 것에 반대했을 뿐 아니라 민중당이 주장했던 은 화폐 자유 주조를 주장했다. 또한 남부의 많은 공화당원들도 공화당을 지배하고 있던 정치가와 대기업의 변호사보다는 민중주의자들에게 접근했다. 이와 함께 남부의 '반봉건세력(anti-Bourbon)'이 있는 곳에는 어디나 반(反)클리블랜드, 친(親)은 화폐 자유 주조 세력이 있었다. 은 화폐 자유 주조 문제는 합치점을 가지고 있지 않았던 남부 민주당원들을 사로잡았다. 그래서 1895년경 전국 공화당원의 5분의 2, 민주당원의 5분의 1이 금융가에게 대항하여 은 화폐 자유 주조를 주장하는 편에 가담했던 것으로 추측된다. 반면에 북동부 산업 지역에서는 금본위제를 지지하는 세력이 확산되어갔다.

1893년 불황이 1896년까지 회복되지 못하자, 민주당 지도자들은 민중주의자들의 표를 끌어들이는 것이 권력을 유지하는 유일한 방법이라고 생각하게 되었다. 1894년 가을 중간 선거에서 민중당은 대통령 후보를 지명하지 않았으나 득표수는 증가했다. 이에 민주당은 남부에서 지지를 얻어야 하고 북부와 서부에서 잃어버린 지지표를 회복해야 한다고 판단하게 되었다. 그러나 민주당이 '자본가 세력'과 '민중의 이익'이라는 두 입장에 따라 분열되었기 때문에, 민주당 지도자들은 당원들이 탈퇴하여 민중당에 가담할 것을 우려하게 되었다.

1896년 공화당은 대통령 후보 지명 대회에서 금본위제 지지를 발표했고 '자유 무역과 은 화폐 사용'은 한 쌍의 오류라고 주장한 철저한 금본위주의자 맥킨리(William Mckinley)를 대통령 후보로 지명했다. 이러한 결정에 따라 콜로라도의 텔러(Henry M. Teller)를 선두로 몬타나, 유타, 콜로라도, 아이다호, 사우스다코타 등 5개 주 대표들이 지명 대회에서 탈퇴했다. 그러나 금본위제에 반대했던 사람들은 전체의 10분의 1도 안 되었다.

민주당 대통령 후보 지명 대회는 아칸소 출신의 상원 의원 존스(James K. Jones), 일리노이 주지사 알트겔드(John Peter Altgeld), 사우스캐롤라이나 출신의 틸만(Ben Tillman) 상원 의원 등 은 화폐 자유 주조를 주장하는 세력이 주도했다. 일부 민주당 대표들은 열렬한 은 화폐 자유론자였고, 일부는 은화 문제를 당을 결속시키기 위한 하나의 방편으로 생각했다. 후보 지명 대회에서 '대기업'의 편인가 아니면 '민중'의 편인가 하는 내적 대립이 있었으나 은 화폐 자유 주조를 강력히 주장하는 네브래스카 출신의 브라이언(William Jennings Bryan)이 민주당 대통령 후보로 지명되었다. 민주당은 민중주의자들의 표를 의식하여 은 화폐 사용을 주장했을 뿐 아니라 개인이 소유하고 있는 전국 은행이 화폐를 발행하는 것에 반대했다. 또한 민중당이 표방했던 철도의 엄격한 규제, 누진 소득세 부과 등을 정강으로 내걸었다. 노동자에 대한 조항인 이민 반대, 파업 금지령 등에 반대했으나 노동자의 파업권 인정은 빠져 있었다. 또한 전과 같이 보호 관세에는 반대했으나 '재정상의 이유'로만 관세를 부과하는 것은 허용했다. 민주당은 월 스트리트의 세력을 의식하여 은행가이고, 철도 감독관이며 대표적인 선박업자인 메인 주 출신의 시월(Arthur M. Sewall)을 부통령 후보로 지명했다.

민중주의가 민주당 안에 침투되었다는 사실은 1896년 대통령 후보 지명 대회에서 갑자기 나타난 것이 아니었다. 민중주의자들과 민주당이 연합하려는 생각은 네브래스카에서 시작해서 1890년 이래 공공연하게 확산되었으며, 1895년에는 서부 지역에서 지지를 얻어가고 있었다. 그러나 일부 민중주의자들은 민중당과 민주당의 연합에 반대했다. 민중주의자들이 은 화폐 자유 주조라는 목표를 이룩하기 위하여 연합한 것이 아니고, 관직을 얻으려는 의도에서 연합한 것도 물론 아니었다. 다수 민주당원들은 실제로 은 화폐 사용이 위대한 개혁이라고 믿고 있었지만, 민중주의자들의 생각은 이와 달랐다. 소수 민중주의자들은 은 화폐 사용을 개혁 운동의 가장 하찮은 부분일 뿐이라고 생각한 반면에 다수는 전혀 개혁도 아니라고 생각했다. 민중주의자들은 은 화폐 자유 주조를 위해서만 싸운 것이 아니었다. 그들은 화폐가 유일하고 동등한 구매력을 가지며, 농민이 부채를 갚을 수 있게 되기를 희망했다. 은 화폐 사용 문제는 부수적인 것이었다. 민중주의자들의 기본 생각은 철도, 통신 기관 등 독점 분야를 정부가 소유하고 경영하는 것이었다. 민중주의자들이 은 화폐 자유 주조 문제를 모든 재정 문제를 해결하는 만병통치약으로 생각했다는 주장은 잘못된 것이다. 민중주의가 벽에 부딪히게 되었을 때 급진주의 이외에 다른 방도가 없었다. 민중당과 민주당의 연합은 급진주의가 전진할 기회를 마련해주었다.

그러나 은 화폐 자유 주조 문제 이외에도 지폐 사용, 통화량 증가, 토지와 수송 기관에 대한 중요한 문제가 아직 남아 있었다.

1896년 세인트루이스에서 개최된 전당 대회에서 민중당은 민주당의 브라이언을 대통령 후보로 승인할 것인가 아니면 단독 후보를 지명할 것인가 하는 큰 문제에 봉착하게 되었다. 많은 남부 민중주의자들은 민주당과의 연합에 경고하면서 어떠한 홍정에도 반대했다. "민중은 곧고 진실하고 열정적이다. 그들의 신념을 배반하지 말라. 우리를 민주당 안으로 들여보내려고 하지 말라. 우리는 가지 않을 것이다"라고 강경하게 말했다.[15] 또한 북부 대표인 캔자스 출신의 페퍼(William Peffer) 상원 의원, 미네소타의 도넬리, 시카고의 로이드와 대로우(Clarence Darrow), 오하이오의 콕시(Jacob S. Coxey), 노동운동가 실링(Robert Shilling) 등도 연합에 반대했다. 민주당과 연합에 반대한 사람들은 민중당이 화폐 문제 이외에 모든 문제에 대해서 민주당과 타협하는 것으로 믿었으며, 민중당의 독자적 조직을 영원히 약화시킬 것이라고 생각했다.

그러나 네브래스카 출신의 알렌(William V. Allen) 상원 의원, 아이오와의 위버, 캔자스의 심슨(Jerry Sympson), 민중당 집행 위원장인 토브넥(Herman Taubenek) 등은 브라이언의 후보 지명을 지지했다. 전당 대회에 참석하지 않았던 조지아의 왓슨(Tom Watson)은 연합에 반대했으나 브라이언의 러닝메이트로 부통령 후보 지명을 수락했다. 위버는 1896년 민중당 정강에서 은 화폐 문제를 최대의 쟁점으로 만들려고 했으나 이에 반대하는 사람들은 오마하 정강을 고수하기로 결정했다. 결국 민중당은 세인트루이스 회의에서 오마하 정강을 재확인했다.

민주당이 브라이언을 대통령 후보로 지명하자 민중당은 궁지에 빠졌

15 John D. Hicks, *The Populist Revolt: A History of the Farmers Alliance and the Peoples Party*, Minnesota: University of Minnesota Press, 1931, p.358.

다. 브라이언이 표방한 민주당의 정강이 민중당의 정강과 유사하기 때문이었다. 민중당이 개혁하고자 하는 모든 개혁의 보물을 민주당의 배에 실어놓으면, 그것을 가지고 도망쳐버리지 않겠는가 하는 두려움이 있었다. "민주당의 머리는 지금은 밀 · 면화밭에 있으나 그들의 다리는 뉴욕 은행에 묶여 있지 않은가?"라고 도넬리는 반문했다.[16] 그는 민주당 후보를 승인하는 것이 민중당의 종말이 될까봐 두려워했다. 로이드도 은화폐론자들이 민중당에서 떠나 민주당으로 갈 것이라고 걱정했다.

1896년 선거는 이전의 어느 선거보다 열기를 띠었고 그만큼 역사적으로 중요했다. 왜냐하면 그것은 그동안에 급속히 진행된 산업화 과정에서 이익을 얻은 세력과 손해를 입은 세력 간의 최대 결전이기 때문이었다. 그것은 주로 동 · 북부 기업가와 서 · 남부 농민의 싸움으로, 금과 은의 대결로 상징되고 있었다. 36세의 젊은 브라이언은 전국을 순회하며 600여 회의 연설을 통하여 500여만 명의 청중들에게 선풍적인 인기를 얻음으로써 보수 세력을 놀라게 했다.

그리하여 공화당의 막후 실력자인 한나(Mark Hanna)는 브라이언 당선 저지 운동을 강력하게 전개했다. 그는 브라이언을 당선시켰을 경우 많은 실업자가 속출할 것이며, 임금이 저하되고, 재정적 위기가 도래할 것이라고 주장하면서 은 화폐 문제에 대해서도 위협적인 면을 강조했다. 그는 브라이언의 정치 자금의 근원을 봉쇄하는 한편, 트러스트, 철도 회사, 은행으로부터 막대한 자금을 갹출하여 공화당 후보인 맥킨리(William Mckinly)에게 전달했다. 맥킨리에 대한 정치 헌금이 3,500만 달러인 데 비해, 브라이언에 대한 헌금은 겨우 30만 달러에 불과했다. 여기에 언론까지 합세하여 브라이언을 공격했는데, 필라델피아의 *Press*지는 브라이언 일파

16 *Representative*, July 15, 1896.

를 자코뱅(Jacobins)파라고 불렀다.

1896년 선거에서 민중당과 민주당의 연합 세력은 패배했다. 브라이언은 선거인단 투표 176표, 일반인 투표 1,400만 표 가운데 약 650만 표를 획득했는데, 이는 1892년 민주당과 민중당이 획득했던 표를 합한 것보다 훨씬 적은 것이었다. 전체적으로 브라이언-왓슨 표는 겨우 20만 표를 넘는 정도였다. 그러나 민주당은 이전에 의회 의원 선거와 대통령 선거에서 민중당이 두터운 지지를 받았던 주 가운데 사우스다코타, 네브래스카, 캔자스, 미주리를 손에 넣었다. 브라이언은 서부에서 다수표를 획득했으나, 맥킨리는 캘리포니아, 노스다코타, 켄터키를 장악한 동시에 북부에서 강력한 지지를 받았다. 결국 맥킨리는 메인에서 미네소타까지 모두 석권했다. 또한 공화당은 상·하 양원에서도 다수 의석을 차지했다. 1896년의 선거는 농민과 농촌의 급진주의가 자본주의적 산업주의에 대항해 벌인 마지막 싸움이었다.

도넬리는 오마하 정강을 민주당의 구미에 맞도록 모호하게 만든 민중당의 실수 때문에 선거에서 패배했다고 주장했다. 이것이 도시 급진파가 떨어져 나가고, 사기가 저하된 노동자들의 지지를 잃게 만들었다고 그는 생각했다. 전반적으로 노동자들은 산업 체제에 불만을 가지고 있었지만, 농민들과 손을 잡을 의사나 인식이 부족했던 것이다.

또 하나의 실수는 민중당이 민주당과 연합한 것이라고 지적했다. 남부 당원들 입장에서 보면 민중당과 민주당의 연합은 민중당의 철저한 배반이었다. 도넬리는 민중당이 독자적으로 후보를 내는 것이 해결책이었다고 결론지었다.

그러나 도넬리는 브라이언이 선거에서 패배했다는 사실이 민중당에 치명적이라고 생각해서는 안 된다고 강조했다. 그는 당이 붕괴해가고 있으며, 많은 당원들이 민주당의 '지체'가 되어가고 있다고 우려하면서 노스캐롤라이나 출신 상원 의원이며 민중당 전국 위원회 회장인 버틀러(Marion Butler)에게 전국 위원회를 소집할 것을 촉구했다. 그는 전국 위원회를 소집해서 민중당이 다른 정당과 협동하는 데 대하여 명백한 입장을 밝힐 것을 희망했다. 그는 민중당이 다른 정당의 부속물이 되어서는 안 된다는 사실을 거듭 강조했으나, 버틀러는 급진파들이 전국 위원회를 지배할 것을 우려해서 그의 제안을 거절했다.

도넬리는 민중당을 지지하는 신문 편집자들의 모임인 전국 개혁 신문 협회(National Reform Press Association)의 회장 반더버트(Paul Vandervoort)에게 당의 독립을 계속 인정해줄 것을 희망했다. 그는 민중당은 사멸하지 않으며 매장되어서도 안 된다고 호소했다. 그는 앞으로 연합을 인정하면 그것은 민중당의 종말을 의미하는 것이라고 거듭 강조했다. 1897년 테네시의 내쉬빌(Nashville)에서 회의를 개최한 전국 개혁 신문 협회는 궁지에 빠졌다. 이 협회가 연합주의자를 공격하면 민중당에 회복할 수 없는 치명적 손상을 줄 내부 갈등이 일어날 것이고, 연합을 인정하면 민중당의 종말을 의미하는 것이기 때문이었다. 참석자들이 매우 강경하게 연합에 반대했기 때문에, 이 회의는 민중당과 민주당의 '이혼 소송'으로 불리고 있다.

그러나 민중당 전국 위원회 회원들 사이의 의견 차이는 버틀러에 대한 불신임 정도로 끝났다. 도넬리는 이에 실망하여 민중당이 유일한 전국적 정당이라고 외치면서 민중당의 독자성을 강조했다. 그는 이 시점에서 가장 중요하고 직접적인 개혁은 주민 발의와 주민 투표라고 강조했다. 그는 이 제도가 부력의 정치적 지배를 막고 독점의 멍에를 끊어버릴 수 있다고 생각했다.

연합에 반대했던 중도 노선 지지자들은 민중당의 정체성과 생명력을 유지하기 위한 마지막 방법으로 각 주 대표 3명으로 전국 조직 위원회

(National Organization Committee)를 구성하여 회장을 선출하고, 5명으로 구성된 집행 위원회가 회장을 보좌할 것을 제안했다. 또한 당원을 증가시키기 위하여 클럽 제도를 운영할 것과 전국 조직 위원회가 정책을 제대로 추진하지 못할 때 집행 위원회가 전국 위원회를 감독하게 할 것을 제안했다. 이는 전국 위원회가 독립적 활동을 하지 못하게 함으로써 연합을 방해하려는 의도에서 나온 것이다. 도넬리는 이러한 제안을 지지하면서도 이 안이 민중당의 전국 조직을 무너뜨릴 위험성이 있고, 연합주의자들이 단독으로 회의를 소집할지 모른다는 우려에서 반대했다.

민중당 안에서 연합을 둘러싸고 대립하는 동안에 당의 쟁점은 중요성을 잃게 되었다. 민중당은 곤경 속에서 독점과 특권에 대항하는 민중의 소리가 커지고 빈곤과 경제적 불황이 심각해져갈 때 큰 힘을 얻을 수 있었다. 그러나 1896년 선거에서 패배함으로써 실제로 민중당의 종말이 시작되었다.

1896년 선거에서 민중당 출신 의원 후보들이 획득했던 전체 득표수도 1894년 득표수의 3분의 1밖에 안 되었다. 북 · 서부에서 지지를 잃었을 뿐 아니라 남부에서조차 득표수가 감소했다. 그러나 소수표로 분산되었기 때문에 하원 의원 수는 10명에서 22명으로 증가했다. 노스캐롤라이나와 캔자스에서 각각 10명, 아이다호와 워싱턴 주에서는 각각 1명이 당선되었다. 이외에 민중당의 지지를 받아 당선된 민주당과 공화당 후보도 소수 있었다. 민중당 출신 의원 수는 증가했으나 연합으로 말미암아 상당수의 은화폐 자유 주조를 주장하는 민주당과 공화당 의원 후보가 당선됨으로써 민중당의 세력은 실제로 강화되지 못했다. 또한 일부 남부 주에서는 대통령의 브라이언 지지에 반하여, 주와 지방 문제에 있어서 공화당과 손잡고 있었다. 이와 같은 결과에 대하여 왓슨은 "우리 당은 당으로서 더 이상 존재하지 않는다. 연합이 당을 죽였다"[17]고 강경하게 말했다.

1896년 선거에서 브라이언을 지지하지 않았던 중도 노선 지지자들은 1900년 브라이언을 지지하지 않고 단독 후보를 지명했으나 5만 표밖에 얻지 못했다. 1904년 민주당과 연합했던 민중주의자들이 돌아와 왓슨을 대통령 후보로 지명했으나 겨우 만5천 표를 획득했으며, 1908년 왓슨을 다시 대통령 후보로 지명했으나 2만9천 표를 얻었다. 이것이 민중당의 마지막 기회였다.

1896년부터 경제 불황이 회복되자 연방 의회와 주 의회에서도 민중당 후보가 급속히 줄어들었으며, 사우스다코타 출신의 키일(James H. Kyle) 상원 의원은 임기가 끝나기 전인 1903년 공화당으로 당적을 옮겼다. 1900년 선거에서 3명의 민중당 후보가 다른 당과 연합하여 당선되었으나 민중당 의원은 증가하지 않았다. 1904년 민중당 의원은 연방 의회에서 사라졌고 12명도 안 되는 주 의회 의원이 의석을 지키고 있을 뿐이었다.

민중당이 쇠퇴한 것은 첫째, 민중당이 민주당과의 연합을 둘러싸고 대립하는 동안 당의 쟁점이 중요성을 잃게 되면서 민중당이 주체성을 유지할 수 없었기 때문이었다.

둘째, 1896년 이후 특히 그리스 · 터키 전쟁(1897)과 동부 유럽의 홍수, 프랑스의 가뭄 때문에 미국의 밀 수출량이 크게 증가하면서 곡물 가격이 상승하기 시작하여, 1891년 이후 처음으로 금의 수입이 수출을 능가하게 되었다. 게다가 금광의 발견과 새로운 연금법의 등장으로 금 생산량이 증가함으로써 금값이 하락한 반면에 농산물 가격은 상승했다.

셋째, 1898년 미서 전쟁으로 경제적 호황이 찾아왔다. 이와 때를 같이 하여 민중당은 연방 의회와 주 의회에서 의석을 잃게 되었으며, 대통령 선거에서도 지지표가 감소했다.

17 John D. Hicks, *The Populist Revolt*, p.360.

민중당은 매우 짧은 기간 동안 활동하다가 사라져버렸고, 지도자도 많지 않았다. 그러나 민중주의적 교의가 놀랄 만큼 활기를 띠게 됨으로써, 결국 민중당이 요구했던 많은 개혁이 성공했다. 민중당이 표방했던 정강이 1900년에서 1914년 사이에 공화당 정부에 의하여 입법화된 것을 보면 민중주의 운동은 혁신주의 운동에 큰 자극을 준 혁신적 · 진보적 운동임에 틀림이 없다. 민중당이 많은 결점을 가지고 있다 하더라도 산업화 문제가 다른 나라만의 문제가 아니라 미국의 문제라는 것을 인식하여 대안을 제시했다는 것과 연방 정부가 대중의 복지에 책임을 져야 한다고 주장한 최초의 정당이라는 것은 높이 평가해야 한다.

제 4장

민중주의 운동과 사회 세력

1. 흑인 문제

흑인 문제는 미국의 자유, 평등, 정의에 대하여 말할 때 그것이 실제로 무엇을 의미하는가 하는 문제와 관련이 있다. 자유, 평등, 정의라는 원칙이 미국인 전체에 적용되는 것인가 아니면 일부 미국인에게만 적용되는 것인가 하는 것이다. 또한 이 문제는 원칙과 실제 사이에 큰 차이가 있는 문제일 뿐 아니라 특히 남부에서 민중주의자들의 투쟁 성격을 나타내는 가장 대표적인 문제이다. 민중주의자들의 흑인에 대한 입장은 사람마다 다르고 관점도 다양하기 때문에 일반화시키기 어렵다. 그러나 흑인 농민 동맹(Colored Farmers' Alliance)의 활동, 민중당의 정강, 도넬리와 왓슨 등 민중주의자들의 흑인에 대한 입장을 통해서 그들이 흑인 문제를 어떻게 해결하려 했는가를 파악할 수 있다.

민중주의자들이 흑인의 정치적 평등을 신장시키려고 노력했다면, 그것은 민중의 지지를 얻기 위한 단순한 방편에 불과했던 것인가 아니면 근본적으로 흑인에 대한 우의와 정의를 확장시키려는 순수한 욕망에 근거했던 것인가를 밝히는 작업도 필요하다. 이를 위하여 1877년 남·북부의 타협 이후부터 1895년 타협에 이르는 시기에 인종 차별이 어느 정도 심화되어갔는가, 실제로 흑인은 이에 대항하여 어떠한 방법으로 권익을 찾으려 했는가, 그리고 흑인이 민중주의에 어떻게 반응했는가를 살펴보기로 하겠다.

1.1 흑인 농민 동맹의 활동

흑인들은 남북 전쟁 이후 헌법 수정 조항 제12, 13, 14조에 의하여 법률 앞에 평등한 권리와 시민으로서 자유를 부여받았다. 이들 수정 조항의 목적은 법 앞에서 백인과 흑인의 절대적 평등을 이룩하려는 것이었다. 정치적으로, 시민으로서 백인과 흑인의 권리가 평등하다면 흑인이 백인보다 열등하지 않으며, 사회적으로 흑인이 백인보다 열등하다면 미국 헌법이 양 인종을 동일한 수준 위에 놓을 수 없다고 흑인들은 생각했다.

그러나 남부에서는 인종 차별과 편견이 대단히 심했고, 1877년 이후 1895년에 이르는 시기에 더욱 심해졌다. 남부에서 흑인들이 폭력, 협잡, 복잡한 투표 절차 때문에 선거권을 박탈당하는 사례가 증가해갔다. 미시시피는 1890년, 사우스캐롤라이나는 1895년에 흑인의 선거권을 박탈했다. 이처럼 남부에서 백인들이 흑인의 선거권 행사를 반대한 이유는 흑인에게 선거권을 주면 흑인이 백인과 경쟁적 위치에 서게 되고, 흑인에게 인종적 차별을 종식시킬 권리를 주게 될 것이라는 공포와 편견 때문이었다. 백인들은 단 한 명의 백인 선거권을 박탈하지 않으면서 합법적이고 합리적인 방법으로 흑인을 정치에서 제외시키려고 했다.

비단 선거권뿐 아니라 학교, 철도 등 공공시설을 이용하는 데도 인종 차별을 인정하는 법률이 제정되어가고 있었다. 흑인은 재판 과정에서도 불평등한 대우를 받았으며, 배심원으로 봉사할 권리가 있었으나 실제로는 제외되었다. 특히 흑인에게 가장 피해를 주었던 것은 부채를 청산하지 못했을 때 형사상 책임을 지는 임대차 유죄 선고 제도(Convict Lease System)였다. 이 제도가 확산되어감에 따라 흑인은 큰 희생자가 되었다. 게다가 1880년에서 1890년대 초에 이르는 시기에 남부에서 흑인에 대한 린치가 절정에 달했다. 이 기간에 1년간 평균 150건에 달하는 린치가 발생했고 1892년에는 무려 235건에 달했다.

남부 흑인은 문서상으로만 정치적 권리와 시민권을 가지고 있었을 뿐이었고, 북부의 여론도 흑인에 대하여 동정적이지만은 않았다. 북부에서도 1865년에 6개 주만이 흑인이 백인과 동등하게 투표권을 가지고 있었고, 헌법 수정 조항 제15조가 통과된 1870년에 이르러서야 겨우 4개 주가 첨가되었을 뿐이었다. 1880년경 북부에 거주하는 흑인들이 교육을 받을 권리를 인정받았으며, 1900년경 서류상으로 흑인이 공립학교에 입학할 수 있었다.

흑인의 지위가 변화해감에 따라 흑인의 경제 문제도 점차 커졌다. 흑인은 경제적으로 비숙련 노동, 비천한 직업에 종사하고 있었으며, 남부에서는 주로 소작인이거나 농업 노동자로 남아 있었다. 흑인의 90%가 거주하고 있던 남부에 흑인들은 산업화에 따른 곡가의 하락과 독점 자본주의의 병폐 때문에 가장 큰 타격을 받았다. 농민의 경제 상태가 계속 악화되어 1900년경에 이르면 남부 농민의 3분의 1이 소작인이 되었는데, 그 가운데 백인 농민이 25%, 흑인 농민이 무려 75%를 차지하고 있었다. 흑인 농민의 상태가 백인보다 더욱 심각했다는 것을 잘 알 수 있다. 켈시(Carl Kelsey)의 보고에 따르면 조지아의 경우 1898년에 271가구의 흑인 가정 가운데 완전히 파산하여 넘어간 가구가 3가구, 100달러 이상 빚진 가구가

6가구, 25달러 이상 빚진 가구가 54가구, 25달러 이하 빚진 가구가 47가구였다. 그중 저당을 해제하지 못한 가구가 53가구, 1~25달러의 부채를 갚지 못한 가구가 27가구, 25~100달러의 부채를 갚지 못한 가구가 21가구, 100달러 이상의 빚을 지고 갚지 못한 가구가 5가구로 나타났다.[1] 결국 고액의 부채를 짊어지고 있던 자들은 거의 부채를 갚지 못했다. 게다가 부채가 많았던 흑인 농민들은 금리의 상승으로 더욱 곤경에 빠지게 되었다. 공식적으로 연리 8%로 되어 있었으나 흑인은 이러한 이율로 돈을 빌릴 수 없었으며, 단기인 경우 주당 10%의 이자를 지불할 정도였다.

결국 흑인들의 처지는 정치적 · 경제적으로 예속인과 같았다. 1880~1890년대에 농민 봉기가 일어나는데 흑인 농민들이 중요한 역할을 담당했던 것은 결코 우연한 일이 아니었다. 1876년 이후 지지 세력인 공화당이 흑인에게서 등을 돌리자 흑인들은 정치적 · 경제적 곤경에 대항하여 투쟁했다. 곤경에 빠진 일부 흑인들은 공화당에서 계속 그들의 요구를 관철시키려고 했고, 일부는 북부로 이주했으며, 일부는 그린백 운동, 농민 동맹 운동, 민중주의 운동에 가담하여 곤경을 극복하려고 했다.

흑인 노동자들도 고용주와 노동조합이 그들을 차별 대우했기 때문에 최악의 일자리를 얻었다. 1880년대 중반 노동 기사단은 흑인을 받아들였으나 1890년대 노동 총동맹과 철도 노동조합은 흑인을 제외시켰다. 노동 총동맹의 지도자들은 인종 차별을 인정했으며, 19세기 말 노동조합은 배타주의와 인권 차별 정책을 수용했다. 백인들이 조직한 노동 단체가 흑인을 적대시한 것이 1890년 이후 흑인 숙련공이 수적으로 감소하는 중요한 원인이 되었다. 흑인 숙련공이 감소함으로써 흑인의 경제 상태는 더욱 악화되었다.

1 Carl Kelsey, *Negro Farmer*, Chicago, 1903, pp.46–52.

아울러 이민의 증가로 북부 흑인의 고용 상태도 더욱 악화되어, 19세기 말 흑인은 가사 노동력으로 대체되었다. 북부인들도 대부분이 인종 평등을 찬양하지 않았으며, 흑인에게 선거권을 부여해야 한다고 주장하는 남부에 거점을 두었던 공화당의 정치적 · 경제적 절박함도 사라져버렸다. 이에 따라 대부분의 흑인을 희생시키고 남 · 북부의 타협이 이루어졌다. 19세기 말에 이르면 북부 여론도 흑인은 열등한 존재이며, 선거권을 행사하는 데 적합하지 않다고 생각했기 때문에 백인의 지배를 정당한 것으로 받아들였다.

남부에서 산업이 발달함에 따라 남 · 북부의 타협이 이루어졌기 때문에 남부 정치는 산업적 이해관계에 좌우되었다. 또한 공화당도 북부의 산업적 · 금융적 이해관계에 따라 경제 계획을 수립해야 했기 때문에 흑인 투표에 의존할 필요성이 없어지게 되었다. 남부 산업가와 연합한 북부 자본가들은 흑인의 표가 필요하다고 생각하지 않았을 뿐 아니라 해방 노예와 그 자손들의 이익을 보호하기 위하여 사회 개혁을 추진하는 것보다는 오히려 남부의 자원을 개발하고 산업을 발전시키는 데 필요한 반숙련 노동력에 관심을 기울였다. 결국 흑인이 산업화에 따라 대두된 독점 금융자본주의의 첫 번째 희생자가 되었다. 이는 흑인이 남부 노동자와 소농 계급의 경제적 경쟁자가 됨에 따라 흑인에 대한 편견과 증오가 심해진 데서 비롯된 것이었다.

1887년부터 1891년 사이에 짐 크로우(Jim Crow)법의 여파가 밀어닥쳤다. 흑인을 총칭하는 '짐 크로우'라는 말의 기원은 명확하지 않으나, 1832년 라이스(Thomas D. Rice)가 〈Jim Crow〉라는 노래를 작곡했으며, 1838년경부터 흑인을 지칭하는 것으로 사용되었다. 1890년대 작가들도 이 말을 사용했다. 이 법은 공립학교, 철도, 음식점, 극장, 호텔, 공중목욕탕 등 공공시설을 이용하는 데 있어 흑인을 차별 대우하는 법이다. 또한 많은 주에서 흑인과 백인의 결혼을 금지했다. 이 법은 난폭하고 무지한 흑인에게만 적용된 것이 아니라 모든 흑인에게 적용되었다. 여기에서 백인들은 흑인들이 열등한 존재이기 때문에 자기들의 위치를 지켜야만 하며, 그들에게 교육의 기회를 주고 사회적 평등을 부여하면 결국에는 흑·백인이 서로 결혼하게 됨으로써 종족적으로 융합될 것이고 앵글로색슨족은 결코 이를 지지하지 않을 것이라는 입장을 밝혔다. 그리고 법원을 통하여 이와 같은 관행을 합법화했다.

1883년 공화당이 우세했던 대법원은 흑인의 시민권을 인정했던 헌법 수정 조항 제14조의 적용 대상이 개인이 아닌 주 정부라고 판결했다. 이로써 개인에 의한 흑인 차별을 사실상 허용했으며, 1875년에 제정된 민권법(Civil Rights Act)이 위헌임을 선언했다. 1890년 공화당은 흑인들의 법적 권리를 보호해주는 로지 연방 선거(Lodge Federal Election) 법안과 남부에서 백인과 동등하게 교육을 받을 기회를 부여하자는 블레어 연방 교육 보조(Blair Federal Aid to Education) 법안을 통과시키는 데 실패함으로써 선거 공약을 포기했다. 로지 법안은 'force bill(강제 법안)'이라고도 하는데 1877년 이래 남부인들을 가장 경악시켰던 법안이며, 흑인을 더욱 차별하고 백인의 결속을 공고히 하는 결과를 낳았다. 특히 남부 민주당이 인종 차별과 인종에 대한 편견이 심해지면서 흑인의 선거권을 박탈하는 사례가 빈번해지고, 공화당 또한 흑인에 대하여 무관심해졌기 때문에 흑인들은 환멸을 느끼게 되었다.

설상가상으로 미국 전통에 뿌리박고 있었던 기독교적·인간적·민주적 요소를 강조하지 않는 시대 흐름 속에서, 흑인들은 인종 차별과 인종적 편견에 대항했다. 흑인들이 그레인지 운동에 가담했다는 증거는 찾아볼 수 없고, 1870년대 그린백 운동에 흑인들이 얼마나 참여했는가도 명확하지 않다. 그러나 1875년 3월 오하이오 클리블랜드에서 개최된 그린백당 창립 위원회에 버지니아의 리치몬드 담배 노동조합의 흑인 지도자인 톰슨(C. W. Thompson)이 참가했으며, 1878년 텍사스의 오스틴에서 개최되었던 그린백당 대회에 참석했던 40명 가운데 8~10명이 흑인이었다는 것으로 보아 흑인들이 많은 관심을 가지고 있었음을 알 수 있다. 그린백당은 정강에서 빈부, 종족, 주의에 관계없이 개인의 권리를 보호받을 자격이 있음을 명시했다. 1870년대 말 그린백 운동이 쇠퇴하자 농민들은 농민 동맹을 조직하여 곤경을 극복하려고 했다.

그러나 1880년대 남부 농민 동맹이 흑인을 제외시켰기 때문에 농업에 종사하고 있던 남부인들의 거의 반이 무시당했다. 백인들이 조직한 농민 동맹이 지역적 · 인종적 편견을 가지고 있었기 때문에 농민들의 상호 협동이라는 농민 동맹의 본래 목적은 이루어질 수 없었다. 후에 농민 동맹에 통합된 Agricultural Wheel과 플로리다 농민 동맹만이 흑인을 받아들였으나, 통합될 때 농민 동맹의 인종 차별을 묵인했다. 심지어 백인 농민 동맹원들은 노동 기사단이 흑인 노동자를 받아들이는 것에 강력하게 반대하기까지 했다. 노동 기사단은 짧은 기간(1878~1894) 활동했지만 백인 농장주에 대항하는 흑인 농업 노동자를 옹호했을 뿐 아니라 흑인의 이익을 증진시키는 책임을 지고 있었다.[2]

백인 농민 동맹원들은 흑인이 농민 동맹에 가입하는 것을 반대했으나, 흑인 농민 동맹을 조직하는 것에 대하여 비동맹원처럼 철저하게 반대하지 않았다. 남부인들은 흑인이 같은 조직에 부원이 되는 것을 막았으나 흑인들이 독자적인 조직을 만드는 것을 허용했다. 그러나 중서부인들은 흑인들이 조직에 부원이 되는 것을 허락했다. 이와 같이 남부가 중서부에 비하여 인종 차별이 심했다.

2 *Mercury*, Dallas, November 26, 1886.

백인들이 조직한 농민 동맹과 같은 흑인 조직이 텍사스에서 결성되기 시작했다. 1886년 10월 카드웰(Caldwell)군의 흑인들은 텍사스 농민 동맹(Grand State Famers' Alliance)을 조직하여 백인 농민 동맹에 협조를 요청하는 결의안을 통과시켰다. 흑인들의 집회에 백인 연사들이 초청되었으며, 이들은 새로운 농민 동맹 설립에 협조했다. 이와 함께 리(Lee)군에 본부를 두었던 두 번째 흑인 조직인 통합 동맹(Consolidated Alliance)은 1889년 케로서(Andrew C. Carothers)가 조직했다. 이 동맹은 1887년경 다른 주에까지 조직원을 파견하여 루이지애나를 비롯한 남부에서 흑인 농민 동맹을 조직하기를 원하는 사람들에게 정보를 제공해주겠다고 약속했다. 이 동맹은 1890년 흑인 농민 동맹에 통합될 때까지 흑인들이 단독으로 유지해온 유일한 조직이었다. 세 번째 기관은 1886년 12월 휴스턴(Huston)군에서 창설되었는데, 의장인 서퍼(J. J. Shuffer)를 비롯한 16명 모두 흑인이었다. 그러나 그들은 백인 침례교 목사인 험프리(Richard Manning Humphrey)를 총감독관으로 선출했다. 이 조직은 텍사스에 살고 있던 흑인 농민과 노동자로 조직되었는데 곧 여러 주로 확산되었다.

1888년 3월 전국 흑인 농민 동맹 및 협동조합(Colored Farmers' National Alliance and Cooperative Union)이 창립되었다. 회장인 서퍼는 험프리에게 각 주에 지부 설립을 위임했다. 그들은 1888~1889년 사이에 남부에 거주하고 있던 흑인들에게 흑인 농민 동맹의 결성을 알렸고, 1890년에 통합 동맹과 연합한 후 한때 12개 주에 120만 명(성인 남자 75만 명, 성인 여자 30만 명, 청년 15만 명)의 회원을 갖게 되었다. 험프리, 캐로서를 비롯한 앨라배마, 켄터키, 노스캐롤라이나, 버지니아의 감독관은 백인이었으나 조지아, 루이지애나, 미시시피는 흑인 감독관이었다. 몇몇 백인 농민 동맹원이 조직자로 활약했으나 대부분이 흑인이었다. 백인들은 흑인들이 독자적으로 농민 동맹을 조직하는 것을 방관했는데, 이는 흑인 농민 동맹이 백인에게 대항하기 위한 조직이 아니라 백인을 위하여 조직해야 한다는 입장에서 방관한 것이었다.[3]

1890년 이전에는 흑인 농민 동맹과 백인 농민 동맹 사이에 공식적 접촉이 별로 없었다. 1888년 남부 흑인 동맹은 각 주에 농민 동맹이 흑인들에게 협동조합을 이용할 수 있게 해줄 것을 촉구했다. 앨라배마를 비롯한 루이지애나, 테네시 농민 동맹은 이를 수용했다. 흑인 농민 동맹이 백인의 정치적 · 사회적 지위를 위협하지 않을 것이라는 확신이 있었기 때문에 관대한 태도를 취했던 것이다. 때로는 흑인들에게 경제적으로 협조하기 위하여 농촌에 흑인 조직을 지지하기까지 했다.

흑인 농민과 노동자는 농민 동맹과 노동 기사단을 통하여 백인과 협동함으로써 경제 문제를 해결할 수 있을 것이라고 생각했다. 그러나 흑 · 백인 농민 동맹의 협동은 어디까지나 '백인 우위'라는 한계 안에서 이루어진 것이었다. *Southern Mercury*지는 "헌법과 법률 아래서 흑인의 모든 권리를 보장해주는 것에 찬성하며, 그 권리는 정치적 평등을 포함하는 것일 것이다. 그러나 흑인을 시민으로 만들었던 헌법 조항은 그들을 백인으로 만들지 못했다. 이 나라는 백인의 나라이며 백인의 우위 자체가 인정되는 한 흑 · 백인의 차별도 지속되어야만 한다"고 했다.[4] 이는 당시 흑인에 대한 백인들의 기본 입장을 명백히 알려준다.

일부 농민 동맹 지도자들이 흑 · 백인의 경제적 이익이 같다는 것을 공개적으로 주장하기도 했다. 그러나 이것은 이기적 목적에서 나온 것이다. 루이지애나 흑인 농민 동맹의 백인 지도자는 "우리는 노동 계급 안에 분열을 초래할 수 없다. 그리고 만약 흑인들이 농민 동맹과 조화를 이루어 조직되지 못하면 그들은 우리의 적에게 이용당할 것이라는 사실이 확실하

3 *Progressive Farmer*, Raleigh, December 18, 1888.
4 *Southern Mercury*, Dallas, September 26, 1889.

다"고 말했다.[5] 이 말은 이와 같은 입장을 뒷받침하는 것이다.

그러나 흑인 농민 동맹은 백인에게 부여한 정치적 권리와 시민권을 흑인에게도 동등하게 인정해야 한다는 것을 백인에게 확인시키려고 했다. 또한 이 동맹은 흑인이 열등하기 때문에 백인과 동등할 수 없다는 고정관념을 깨뜨리고, 흑인들에게 인간의 존엄성과 자존심을 고취시켜 흑인 조직의 단결을 공고히 하려고 했다.

1891년 1월경 흑인 농민 동맹원 수는 120여만 명에 이르렀으며, 12개 주 조직 아래 수많은 지부를 두었다. 흑인 농민 동맹이 백인 농민 동맹과 긴밀한 연락을 가지고 활약했으나 남부 농민 동맹의 부속물에 지나지 않았으며, 남부 농민 동맹이 선풍적으로 확장하는 데 공헌한 바가 적었다. 흑인 농민 동맹이 남부 농민 동맹의 지배를 받았다는 사실은 분명하다. 그러므로 흑인 농민 동맹과 백인 농민 동맹은 백인 우위라는 한계 안에서 서로 협동했다. 심지어 흑인들이 자기들의 적에게 이용될 것을 우려한 이기적인 목적에서 흑인 농민 동맹을 인정해주었다면, 흑인의 정치적 권리와 시민권을 요구했던 흑인 농민 동맹의 목표는 이루어질 수 없었다. 그럼에도 불구하고 흑인들이 스스로 권익을 찾기 위하여 흑인 농민 동맹을 조직했다는 사실 그 자체가 의의 있는 일이며, 흑인들이 농민 동맹 운동에 참여함으로써 스스로 정치적 무기를 가지게 되었다는 것을 간과해서는 안 된다.

1.2 민중당과 흑인

백인들은 흑인들이 열등한 존재라는 것을 인식시키기 위하여 흑인들

5 William Ivy Hair, *Bourbonism and Agrarian Protest: Louisiana Politics 1877–1900*, Baton Rouge: Louisiana State University Press, 1975, p.196.

은 야만적이고 천성적으로 우둔하며 신앙을 이해할 능력을 가지고 있지 않다는 것을 강조했다. 북부인들 모두가 흑인에게 동정적이었던 것은 아니었다. 인종에 대한 편견은 노예제가 아직 남아 있는 지역보다 철폐된 지역에서 더욱 심하고, 노예제가 알려지지 않았던 지역보다 편견이 심했던 곳은 없다고 우드워드(C. Van Woodward)는 주장했다.[6] 오히려 북부에서 인종적 편견이 강했다는 것이다. 그러나 일반적으로 남부가 더 강했음은 말할 것도 없다.

백인과 흑인의 관계는 1890년대에 급격히 변화되어갔다. 특히 남부 민주당은 '흑인 우위', '흑인 지배'를 경고하면서 인종 차별을 방관했다. 대부분의 흑인이 살고 있었던 남부의 경우 '백인 우위'라는 지금까지 공인되어왔던 백인의 지위에 근본적인 변화가 일어날 수 없다는 것은 명백한 사실이었다. 또한 인종 차별 문제는 중서부인들에게는 아카데믹한 문제였고, 북부에서는 인종 문제를 특별히 남부 문제로 간주했다. 따라서 그 문제는 국가적 문제가 아니라 지역적 문제라고 생각했다. 1886년 *Nation*지는 국가가 흑인 문제를 더 이상 해결하려고 하지 말아야 한다고 했다.[7] 심지어 남부인들은 인종 문제를 어떻게 처리할 것인가에 대하여 다른 지역 사람들이 언급하는 것조차 반대했다.

이러한 상황 속에서 흑인 농민 동맹의 활동이 더욱 활발해졌으며, 흑인들이 백인 우위에 대항하여 희생하는 것은 값진 일이라고 생각하여 흑인 농민 동맹을 조직했다고 왓슨은 주장했다. 또한 그는 흑인들이 그들을 위한 투쟁에 가담한 것만큼 정치적 무기를 갖게 되는 것이라는 사실도 강조했다. 흑인 농민 동맹은 1890년 2월 민중당 창당에 기반이 된 오칼라 회

6 C. Van Woodward, *The Strange Career of Jim Crow*, New York: Oxford University Press, 1957, p.20.

7 Josiah Strong, *Our Country*, New York: Baker Taylor Co., 1885, p.161.

의에 2명의 대표를 파견했으며, 남부 민주 정치와 백인 우위에 대하여 적대적 입장을 표명하면서 공화당과 민주당에 영향력을 행사하려고 했다.

흑인 농민 동맹은 제3당을 조직하는 일에 노력을 아끼지 않았으며, 상당수가 민중주의 운동에 가담했다. 이것은 결코 우연한 일이 아니었다. 왜냐하면 흑인 농민 동맹이 민중의 복지를 주도하겠다는 제3당에 참가할 준비가 되어 있었기 때문이다. 플로리다의 무어(J. L. Moore), 노스캐롤라이나의 리처드슨(E. A. Richardson), 미주리의 캐스덜(H. D. Cassdall), 루이지애나의 러니드(S. D. Larned), 버지니아의 워윅(W. H. Warwick), 캔자스의 캐벨(E. E. Cabel) 등 다수 흑인 농민 동맹원들이 포크(L .L. Polk)가 조직한 산업 조직 연합에서 활동했다. 1892년 흑인 농민 동맹은 오마하에서 열렸던 민중당 창당 대회에도 대표를 파견했다. 궁극적으로 민중주의 운동은 흑인들에게 공화당과 민주당에서 벗어날 수 있는 길을 제공했다. 애브라모위츠(Jack Abramowitz)는 흑인이 정치에 참여하고 양 인종이 정치 연맹을 만들어 활동하는 것 자체가 1877년에 끝났다는 가정은 잘못된 것이라고 지적하면서, 그런 의미에서 민주당에 도전한 가장 강력한 도전자로서 민중당이 1892년에 창당되었음을 강조했다.[8]

민중주의 운동은 주에 따라 성격과 활동이 다양했다. 캔자스의 경우 공화당이 흑인에 대해 무관심해지고 인종적 편견을 갖는 데 반항하면서 흑인들이 민중주의 운동에 관심을 갖게 되었다. 다수 흑인들은 과거에 공화당이 그들에게 베풀었던 것에 대한 감사함과 민중당과 공화당 가운데 하나를 선택해야 한다는 두려움 때문에 공화당에 그대로 남아 있었다. 공화당이 400만 명이나 되는 흑인을 묶어놓았던 족쇄와 사슬을 끊고 합중국을 구했으며, 재산에 불과했던 흑인들이 인간적인 생활을 영위할 수 있게

8 Jack Abramowitz, "The Negro in the Populist Movement," Hackney, Sheldon(ed.), *Populism: The Critical Issues*, Boston: Little Brown Co., 1971, p.89.

해주었다고 생각했기 때문에 그들은 공화당을 계속 지지했다. 그러나 흑인 공화당원들은 민주당이 민중당과 연합하면 어떻게 할까 하는 두려움을 가지고 있었다.

이러한 분위기 속에서 흑인 지도자들은 흑인들이 정당과 유대 관계를 갖지 않고 독립적으로 행동할 것을 강조했을 뿐 아니라 독일인이나 아일랜드인처럼 그들에게 더 큰 이익을 주겠다고 약속해주는 정당의 편에 서서 그들의 표를 저울추처럼 사용할 것을 강조했다.

민중당은 이러한 흑인 지도자의 말을 행동으로 옮길 기회를 제공해주었다. 캔자스 최초의 흑인 민중주의자인 포스터(Benjamin F. Foster)는 백인들이 흑인들의 사회적 지위 향상을 방해했음을 비난하면서 흑인을 배반했다고 주장했다. "흑인들이 싸워서 죽음으로 지켰던 그 국가가 흑인을 배척하고 팔아버렸다. 흑인에게 일어났던 유일한 좋은 일은 더 이상 공화당의 미사여구에 속을 수 없다는 것이다. 흑인들이 링컨은 이미 죽었고 백인은 역시 백인이라는 것을 알게 되었다"고 포스터는 말했다.[9] 그는 캔자스 토페카에서 발행되는 *Weekly Call*지에 "민중주의자들은 지지를 받을 가치가 있다. 왜냐하면 그들은 민중의 편에 서서 독점에 대항했기 때문이다. 민중당은 빈민의 당이며 흑인에게 살 기회와 현재의 비참한 상태를 개선시킬 기회를 줄 것"이라고 역설했다.[10]

민중당이 흑인에 대하여 관심을 가지고 있었다는 것을 명백히 알 수 있는 증거가 있다. 민중당이 포스터를 1890년 주 회계감사관으로 지명한 것이며, 민중주의자들이 발행하는 *National Economist*지 기사에서 제3당이 남부에서 인종 문제를 종식시킬 것이며, 모든 사람들의 공동 이익은 흑·백인이 함께 투표하는 것이라고 선언한 것이다.[11]

9 *American Citizen*, Kansas City, May 25, 1888.
10 *Weekly Call*, Topeka, August 9, 1891.

1892년 주 선거에서 민중당의 세력이 흑인들 사이에서 현저하게 확대되었다. *Weekly Call*지는 4,500명의 흑인 공화당원들이 자기 당을 버리고 민중주의자들에게 투표했다고 주장했다. 토페카에서 발행되는 *Kansas State Ledger*지의 편집자인 젤츠(Fred Jeltz)도 공화당에서 민중당으로 전환할 뜻을 비치면서 "민중주의자들이 1년 동안 흑인에게 준 것이 공화당이 30년 동안 주었던 것보다 많다. 우리는 민중당의 주장을 추진할 작정"이라고 말했다.[12] 캔자스의 흑인들은 법정에서 평등한 재판과 경찰의 동등한 보호를 받을 수 없다는 것을 목격하고 공화당이 흑인에게 관심이 없다는 것을 확인했다.

이와는 반대로 민중당은 흑인을 인정해주었을 뿐 아니라 안정을 찾으려는 흑인에게 희망을 안겨주었다. 포스터가 주 회계감사관에 지명된 후에 캔자스 흑인들 중 소수가 민중당으로 전향했으며, 다수는 1892년 민중당이 추종자들에게 보답을 해주었을 때, 민중당의 흑인에 대한 관심이 임기응변적인 것이 아니라는 사실이 증명되면서 민중당을 지지했다. 민중주의자들은 흑인을 선거 위원회 대표로 임명했으며 토페카에서는 등유감사관 대표로 임명했다. 이전에는 흑인이 이와 같은 직책을 맡은 일이 결코 없었다. 무엇보다 획기적인 일은 캔자스 주지사 르웰링(Lorenzo Lewelling)이 흑인들이 린치당하는 것을 막기 위하여 살리나스(Salinas)에 주 군대를 파견했다는 사실이다. 이러한 처사에 대하여 *Weekly Call*지는 "르웰링 지사는 그의 의무를 잘 알아서 실천했다"고 언급했다.[13] *Kansas State Ledger*지도 "민중주의자들은 항상 유색 인종을 지지하는 것 같다"고 논평했다.[14]

11 *National Economist*, Washington, February 21, 1891.
12 *Kansas State Ledger*, Topeka, August 11, 1893.
13 *Weekly Call*, April 22, 1893.
14 *Kansas State Ledger*, April 14, 1893.

그러나 체이프(William H. Chafe)는 흑인들이 민중주의 운동에 참여하는 것이 민중주의 이데올로기를 인정하는 것이라고 혼동해서는 안 된다고 반박했다.[15] 그는 흑인들이 민중주의 이데올로기에 반대했다는 중요한 근거로 흑인들이 조직 노동자에게는 적대적이었고 자본가에게는 호의적이었다는 사실을 지적했다. 민중주의는 이론적으로 자본가에게 대항하기 위하여 노동자와 제휴할 것을 요청했다. 그러나 노동 운동은 흑인들에게는 최악의 적이었다. 노동조합은 흑인이 기술자로 고용되는 것을 방해했으며 도제로 훈련받는 것조차 반대했다. 뿐만 아니라 노동조합에 가입하는 것을 막았으며 흑인들이 낮은 임금을 받고 일하는 것을 공격했다. "조직 노동자들과 관련된 자들이 흑인들의 목을 졸라 질식시켰다. 조직 노동자가 패배하는 것을 보는 것이 우리의 의무"라고 *Weekly Call*지는 보도했다.[16]

흑인들이 자본가를 도와주었다는 것은 그들이 파업 파괴자로 고용되어 노동자를 탄압했기 때문이다. 노동조합은 흑인 노동자를 괴롭혔고 이에 흑인들은 철도 회사와 같은 강력한 힘을 가진 자와 제휴했다고 체이프는 주장했다. 바로 이와 같은 태도에서 민중주의 이데올로기와 흑인의 태도가 상반된다는 것을 알 수 있다고 그는 강조했다. 흑인은 당에 대한 충성과 당의 발전보다는 종족에 대한 충성과 그들의 발전에 더욱 관심을 가지고 있었다고 체이프는 반박했다.[17]

흑인들은 이기심에 따라 선거에서 민중주의자들을 지지했다. 민중당을 지지한 것은 공화당이 흑인에 대하여 무관심해지고 적대감을 가진 데

15 William H. Chafe, "The Negro and Populism: A Kansas Case Study," *Journal of Southern History*, Vol. XXX, p.413.
16 *Weekly Call*, September 9, 1893.
17 Chafe, *Ibid.*, p.415.

반하여 민중당이 그들을 인정해주고 후원해주었기 때문이다. 민중당과 흑인은 이해관계에 따라 유대 관계가 맺어졌다. 백인과 흑인은 민중당 안에서 개인적 이기심이 서로 일치했다. 결국 흑인은 민중당의 울타리 안에서 어느 정도 인정을 받았을 뿐 아니라 안정을 찾았다는 것을 부인할 수 없다.

텍사스에서는 레그너(John B. Ragner)와 같은 흑인 민중주의자들이 활발하게 활동했는데, 그들은 회의에서 흑인에게 완전한 대표권을 인정했을 뿐 아니라 국적에 관계없이 모든 시민이 법률 아래서 공정한 정의와 보호를 받아야 한다는 입장을 밝혔다.

민중주의 운동이 활기를 띠자 조지아의 민주당은 민중주의자들의 승리는 흑인 우위, 혼혈과 앵글로색슨족 부녀자들의 아름다움을 파괴하는 것이라고 공격했다. 이에 대해 왓슨은 "나는 흑인 지배라는 공포 때문에, 피부색이 다르다는 이유로 그들의 법적 권리를 부인하는 그런 지독한 겁쟁이 앵글로색슨족을 경멸한다"고 비난했다.[18] 조지아 파이크(Pike) 읍의 경우 제3당 지지표의 5분의 3이 흑인 표였으며, 컬럼비아(Columbia) 워런(Warren) 읍의 경우에도 흑인들이 주민의 60% 이상을 차지하고 있었다. 흑인 표가 조지아의 정치를 좌우했다고 해도 과언이 아니다.

버지니아의 민중주의자들은 민주당에 도전하기 위하여 흑인들을 후원했다. 리치몬드 선거인 명부에 등록된 흑인은 3,421명, 백인은 1,333명으로 백인이 흑인의 3분의 1을 조금 넘었다. 어떤 경우에는 3,866명의 주민 가운데 백인이 겨우 229명으로, 흑인의 15분의 1 정도밖에 안 되는 실정이었다. 1892년 선거에서 앨라배마 민중주의자들은 흑인의 지지를 얻어 민주당의 세력을 위압할 정도였다. 여기에서 흑인은 세력 균형의 역할

18 Abramowitz, *Ibid.*, p.47.

을 했으며, 때로는 흑인 표가 백인 우위를 유지하는 데 사용되기도 했다.[19]

이러한 상황에서 민중주의자들이 흑인들을 절대 무시해서는 안 된다는 것을 알았기 때문에, 흑인의 지지를 얻으려고 했던 것은 명백하다. 이와 함께 공화, 민주 양 당도 흑인의 표를 획득할 수 있는 방법을 모색했을 것임은 분명하다. 결국 흑인의 향배가 선거의 성패를 좌우하게 되는 경우가 많았다. 민중당이 성공하는 길은 노동자와 연합하는 것보다 흑인과 연합하는 것이라고 남부의 민중주의자들이 생각했는데, 그 연합에는 몇 가지 어려움이 있었다. 첫째, 민중주의자들과 흑인의 연합은 양자를 조정할 수 있는 사람들이 없어졌다는 것과 공화당이 허약하다는 것을 결정적으로 노출시켰다. 결국 흑인의 표를 지배하는 데 가장 성공적인 사람들은 백인 우위의 정당이었다. 둘째, 백인이 생각하는 흑인에 대한 역사적 위치와 노예제가 있었던 시대부터 깊이 뿌리박힌 흑인에 대한 적대감에 있었다. 민중주의가 큰 호소력을 가지고 있었던 지역은 인종적 반감을 극복하는 데 가장 어려운 지역이었다. 셋째, 남부에서 흑 · 백인종 상호간의 결합뿐 아니라 남부와 서부가 재연합할 우려도 연합을 막는 원인 중 하나였다.

1894년 선거에서 흑인 투표권 문제가 쟁점이 되었다. 흑인들은 선거권을 박탈당하면 정부의 결정에 영향을 미칠 수 없기 때문에 투표권이 매우 중요한 문제라고 생각했다. 1892~1894년 사이에 흑인 선거권을 주장했던 민중주의자들은 조지아에서 100%의 지지를 받았고, 전국적으로 42%나 되는 지지표를 획득했다. 결국 남부 민중당은 많은 흑인들의 지지를 받게 되었다.

그 이유는 왓슨이 주장한 바와 같이 민중당이 인종적 증오, 선거권 박탈, 린치와 테러 대신에 관용을 조장하고 협동, 정의, 정치적 권리를 신장

19 William Warren Rogers, *The One-Gallused Rebellion: Agrarian in Alabama 1865-1896*, Baton Rouge: Louisiana State University Press, 1970, p.332.

시키려는 목표를 가지고 있었기 때문이다. 아칸소 민중당 정강에도 민중당의 목적은 종족, 인종에 상관없이 '짓밟힌 사람들'의 지위를 향상시키는 것이라고 명기되어 있다.

그렇다면 민중당은 인종 문제를 어떻게 해결하려고 했는가?

실제로 민중당은 비밀 투표 실시, 인종 차별로 빚어진 증오와 충돌을 극복하고 흑·백인이 연합할 수 있는 합치점과 흑·백인 모두에게 유익하고 양쪽에 해가 되지 않는 정강을 제시했다. 또한 민중당은 정강을 실천하기 위하여 흑·백인 모두가 함께 행동하여 이익을 얻게 함과 동시에 백인들이 남부의 복지를 위해서 쏟는 정열과 같은 열정을 가지고 흑인들의 이익을 도모함으로써 인종 문제를 해결하려고 했다.[20]

민중주의자들은 흑·백인의 물질적 이해관계는 같다고 전제하면서 독점에 반대하여 부의 균등한 분배를 요구했다. 그러므로 민중당은 토지, 철도, 화폐 등 독점 분야를 국가가 직접 소유하고 경영할 것을 주장했을 뿐 아니라 비밀 투표제 아래서 자유로운 투표를 서약했다. 또한 민중의 의사가 반영되는 정부를 만들기 위하여 주민 투표, 주민 발의, 상원 의원의 직선뿐 아니라 강압적인 압력을 받지 않도록 투표자를 분리시켜 선거권을 정당하게 행사할 것을 선언했다. 다시 말하면 민중당은 모든 사람이 법의 동등한 보호를 받고, 법에 따른 정당한 절차를 밟을 권리가 있다는 것을 강조하는 동시에 시민이 선거권을 자유롭게 행사할 수 있다는 헌법에 규정된 권리를 강력히 요구했다.

민중당은 노동자들의 권익을 옹호했으며, 복지 문제에 대해서도 모든 민중에게 유익하게 하자는 입장을 표명했다. 민중주의자들은 정치적 평등과 경제적 평등을 복구, 유지하며 시민의 복지를 증진시키는 일을 해야

20 George Brown Tindall(ed.), *A Populist Reader: Selections From the Works of American Populist Leaders*, New York: Harper Torch Books, 1966, pp.124–125.

한다고 주장하는 한편, 그들이 주장한 평등의 원칙은 필연적으로 인종 차별 문제의 평등한 해결로 나타난다. 궁극적으로 민중당은 동등한 권리와 동등한 특권을 누릴 것을 요구했다. 1896년 세인트루이스 회의에서 민중당은 사형법(私刑法, lynch law), 쿠클럭스클랜주의(kukluxism), 흑인에 대한 테러를 폐지하고 흑인을 공정하게 대우해줄 것을 요구하는 정강을 통과시켰으며, 흑인에게 가장 무거운 부담이 되었던 임대차 유죄 선고 제도의 철폐를 요구했다.

이와는 반대로 인종 문제를 해결할 수 없었던 백인들은 '인종 평등'과 '백인 우위' 둘 중 하나를 선택해야 할 입장에 놓이게 되었다. 결국 백인들은 백인의 우위를 강조했으나, 민중주의자들은 흑인과 백인이 연합하여 행동함으로써만 민중당이 표방한 목표를 달성할 수 있다고 믿었다. 이에 따라 민중당은 백인 농민과 흑인 농민의 이해관계가 같다는 전제하에서 모두에게 호소력이 있고, 양자에게 이익을 주는 정강을 제시했다. 궁극적으로 민중당이 승리함으로써 백인과 흑인의 생활에 큰 이익이 되는 경제적 · 사회적 · 정치적 변화가 올 것이라는 것을 강조했다.

1.3 민중주의자들과 흑인

1.3.1 도넬리의 입장

도넬리는 인종적 장벽은 해로울 뿐 아니라 인위적인 것이라고 생각했기 때문에 백인 우위는 철저하게 억압적인 제도라고 주장했다. 1865년 미네소타에는 흑인이 거의 없었으나, 당시 공화당 하원 의원이었던 그는 공화당 회의를 소집하여 흑인들에게 참정권을 부여할 것을 권유했다. 그는 흑인이 열등한 종족에 속하며, 살기 위한 절망적인 투쟁 속에서 백인과 경쟁하는 것은 적당하지 않다는 것을 세계 역사가 보여주고 있다고 주장하는 사람들의 견해가 사실이라면, 흑인들은 더욱 동등한 법의 보호를 받아야 한다고 주장함으로써 흑인의 권리 문제에 대하여 확고한 입장을 밝혔다.

그는 흑인의 정치적 평등은 물론이고 종족이나 피부색에 관계없이 모든 시민에게 동등한 교육의 기회를 보장해주기 위하여 1865년 교육부(Nation Bureau of Education)의 설립을 제안했다. 이러한 그의 주장은 부분적으로는 해방 노예에 대한 관심에서 비롯된 것으로 도넬리의 고귀하고 독창적인 생각이었다. *New York Tribune*지는 이 법안이 도넬리라고 하는 미네소타인에 의하여 제안되었다는 기사를 실으면서 "최연소 하원 의원으로서, 적갈색의 머리를 가진 부드러운 용모의 젊은이가 교육부 설립 법안에 대해서 한 연설은 진지하고 지적이었다"고 평했다.[21] *Chicago Tribune*지, 필라델피아의 *City Item*지도 호의적으로 언급했다. 그의 교육부 설립 법안은 113 대 32로 하원에서 통과되었다. 그 후 일리노이, 인디애나, 미시간에서 개최되었던 전문적 교육자들의 모임인 교육 연합회에서도 도넬리의 제안을 승인했다. 그는 해방된 흑인에게 교육의 기회를 보장하기 위하여 위원회를 설치하자는 수정안을 제출하면서 '무지의 시궁창'으로 남부를 고발할 것을 강력하게 주장했다. 도넬리는 "만약 남부의 백인과 해방된 흑인이 적당한 교육의 기회를 보장받지 못하고 방치된다면 무지가 투표함을 통하여 승리할 것이다. 훌륭한 법률과 헌법도 그것을 이해할 수 없는 사람들을 구제할 수 없다. 남부에서 재교육이 인종 문제를 해결하는 유일한 해결책이다"라고 말하면서 흑인에 대한 평등한 교육의 중요성을 강조했다.[22]

교육부 설립 법안에 대한 도넬리의 연설은 계속해서 화제가 되었다.

21 *Independent*, Hastings, June 28, 1866.
22 Martin Ridge, *Ignatius Donnelly: The Portrait of a Politician*, Chicago: Chicago University Press, 1962, p.102.

흑인 선거권에 찬성했던 도넬리에 대항하여, 흑인 선거권 부여에 반대한 적대적인 하원 의원들은 흑인이 교육 받을 기회도 인정받지 못한 상태에서 어떻게 흑인 선거권을 인정할 수 있느냐고 반박했다. 이에 대하여 도넬리는 방법을 무시하고 권리를 영원히 부정하기보다는 오히려 선거권을 보장해주고 진실을 얻는 방법을 마련하는 데 찬성하다고 응수했다.

또한 그는 미네소타에서 흑인에게 선거권을 부여하는 투표를 할 것인가 하는 질문에 "나는 흑인 선거권을 보장해주기 위하여 투표할 뿐 아니라 흑인에게 선거권을 부여하자는 결의안을 작성했으며, 통과를 위해서 주의 3분의 2나 되는 지역에 유세를 다녔다는 것을 자랑스럽게 말한다. 그리고 하나님께 감사한다. 나는 내일 또다시 그렇게 할 준비가 되어 있다" 라고 자신 있게 대답했다.[23]

그러나 세인트폴에서 발행되는 *Pioneer*지는 흑인 교육에 대한 도넬리의 제안을 '도넬리 흑인국(nigger bureau)', '흑인 학교(nigger school)', '300불의 흑인 보조'라고 공격하면서 흑인과 가난한 백인 건달들을 교육시키기 위하여 미네소타 납세자들을 파산시킨다고 도넬리를 비난했다.[24]

1891년에 발간된 도넬리의 『*Doctor Huguet*』라는 작품을 통하여 그의 흑인에 대한 기본 입장을 파악할 수 있다. 이 작품은 인종 문제를 다루고 있는 공상 소설로, 그는 이 소설에서 미국 백인들에게 흑인이 무엇을 의미하는가를 대담하게 설명하려고 했다. 주인공인 휴거트는 시대착오적인 생각을 가지고 있는 남부 귀족이다. 그는 신의 벌을 받아 갑자기 이웃에 사는 가난한 흑인으로 변신한다. 그에게 나타난 첫 번째 변화는 지위가 격하되고 고통스럽게 되었다는 것을 깨닫는 것이었다. "이전에 나는 백인으로서 나의 생활이 영광스럽다고 결코 느끼지 못했다", "이전에 나는 미국

23 *Ibid.*, p.102.
24 *Pioneer*, St, Paul, September 28, 1866.

의 흑인으로 태어남으로써 갖는 무자격과 무능력의 무서운 짐을 이해해본 적이 결코 없었다"고 휴거트는 회고했다.[25]

휴거트는 인간으로서 그의 자질을 아무도 인정하지 않는 데 격분했다. 다른 사람들이 보는 것은 피부 색깔이다. 그는 외친다. "오 나의 백인 형제들아! 네가 지배 계급에 속하고 있다는 것이 얼마나 영광스러운 일인가를 거의 인정하지 않는다. 피지배 계급으로 떨어져버리는 것이 얼마나 비참한 것인가를 거의 알지 못한다!" 그의 피부색이 변한 것에 대하여 휴거트는 웹스터(Daniel Webster)의 웅변이나 글래드스턴(William E. Gladston)의 학식이 검은 가죽으로 감싸이면 아무 데도 쓸모가 없는 것처럼 보인다고 말한다. 그리고 그는 "세계는 아래에서 보면 가엾어 보이는 물건이다. 그러나 위에서 그것을 숙고할 수 있는 사람에게는 크고 번쩍번쩍 빛나는 무대"라고 덧붙인다.[26]

도넬리는 이 책에서 어느 정도까지 평등을 확장시켜야만 하는가에 대해서는 명백하게 표현하지 않았다. 그러나 책 전체 분위기로 보아 흑인의 완전 평등을 주장했던 것은 의심할 여지가 없다. 예를 들면 "만약 백인이 단지 표백된 흑인이라면 그의 흑인 조상을 조소할 권리를 가졌는가"라고 반문했다. 휴거트가 흑인으로 변신하기 전에는 흑인의 사회적 평등을 부정하기도 했으나 변신 이후에는 정치적 평등을 보장하기 위하여 사회적 평등을 인정했다.

휴거트에게 '백인 우위'는 철저하게 억압적인 제도였다. "우수한 계급이 하위 계급의 이익을 위하여 통치한다는 생각은 완전히 역설이다. 우수한 계급이 추구하는 것은 백인 지배가 아니라 흑인 지위 격하이다. 그들은 흑인을 지배하는 데 만족하지 않고 흑인을 파멸시켜야만 한다. 흑인들

25 Ignatius Donnelly, *Doctor Huguet*, Chicago: F. J. Schulte and Company, 1891, p.163.
26 *Ibid.*, p.166, pp.200–201.

의 지도권을 부정하는 데 만족하지 않고 동물로 격하시킬 것이다." 이 내용은 휴거트가 변신하기 전에 말한 것이다.

책 끝부분에서 도넬리는 미국인들이 당면하고 있는 공통적인 경제 문제를 해결하기 위하여 흑인과 가난한 백인이 유대 관계를 돈독히 해야 한다는 것을 강조했다. 남부에서 민중당의 세력이 강해지기 전에 이 책이 발행되었기 때문에 예언적일 뿐 아니라 흑인과 백인의 정치적 유대를 강화시키는 민중주의 운동을 고취시켰다. 그러나 휴거트는 커다란 경제 문제는 인종 문제와 관계없이 발생한다고 선언하면서, 흑인이 단독으로 정치에 뛰어들지 않기를 간청했다. 그는 인종 관계에서 새로운 시대로 이끌어갈 1890년대를 기대했다. "정의, 번영, 약탈자로부터 해방, 각자의 행복을 갖기 위한 매우 강렬한 울부짖음과 격동이 고조되어 남부 백인들의 마음과 머리를 휩쓸고 지나간다"고 묘사했다.[27]

주인공 휴거트는 남부 백인들에게 호소한다. "흑인의 이해관계는 백인의 이해관계와 같다. 흑인은 번영, 성장, 기회, 행복을 요구하고 백인도 마찬가지이다." 계속해서 휴거트는 "나는 정신을 계몽시키기 위하여, 영혼을 불타오르게 하기 위하여, 편견과 불관용의 구렁텅이로부터 양 인종을 끌어올리기 위하여 일할 것"이라고 말한다. 도넬리는 "형제애의 위대한 복음이 종족적인 증오와 계급 사이의 분쟁을 영구히 불식시키는 진정한 해결책"이라고 하면서 소설을 끝맺는다. 그는 인종 문제에 대한 궁극적인 해결책으로 형제애를 강조했다. 또한 도넬리는 수백만의 흑인들에게 인종적으로 공평하게 대우할 것은 물론, 그들의 정치적 · 사회적 · 경제적 · 교육적 평등을 주장했다.

27 *Ibid.*, p.289.

1.3.2 왓슨의 입장

'흑인 우위', '흑인 지배'를 경고하면서 흑인 차별을 인정하고 있던 당시 정치인들, 특히 민주당은 '백인 우위', '백인 지배'를 외쳤다. 민주당은 '백인 우위'가 흑인을 정치 무대에서 제외시키는 것이라고 주장하면서 당의 단결이 남부에서 백인 우위를 이룩하는 데 필수적임을 강조했다.

이에 대항하여 왓슨은 유색 인종이 의지력, 용기, 지성에 있어서 백인보다 우수하다는 것을 인정하지 않는다면 이 나라에서 지금까지 흑인 지배의 기회란 없었다고 주장했다. 그는 지금까지 미국의 권력 구조를 지배해왔던 사람들이 흑인이 아닌 백인임을 상기시키면서 흑인 지배를 반박했다. 그는 흑인이 무엇을, 어떻게, 누구를 지배했는가 반문하면서 흑인 지배를 조소했다. 그들이 흑인 지배를 강조하는 근본적인 이유는 가난한 백인과 흑인의 결합을 막기 위한 것이며, 백인 사회 안에서 흑인과 같은 처지에 놓여 있던 하층 계급과 상층 계급 간의 갈등을 조장하는 것 이외에 아무것도 아니라고 강조했다. 이어서 그는 백인들이 흑인 지배를 두려워한다는 근거에서 무식하고 가난에 쪼들린 무력한 흑인에게 '평등하고 공정한 정의'를 부정하고 있다고 비판했다. 그는 근본적으로 증오심을 불러일으키는 인종 차별을 비판하면서 상・하 계급 사이의 이해관계는 인종 차별을 초월한다는 견해를 계속 강조했다. 이러한 그의 입장은 흑인과 백인의 물질적 이해관계는 같고 양자가 서로 협조하지 않으면 각자가 이익을 얻을 수 없기 때문에 공동 보조를 취해야만 한다는 것으로 요약될 수 있다.

그는 개혁이란 부정에 대항하여 미래에 평등과 권리를 향유하기 위한 것이라고 전제하면서, 모든 사람들에게 평등하고 공정한 정의를 목표로 하는 정부를 수립해야 한다고 주장했다. 다시 말해서 그는 흑인과 백인을 막론하고 하층 계급을 자유롭게 하기 위한 방법으로 정치적 평등을 주장했다. 따라서 그는 흑인의 투표권과 관직 취임권을 옹호했다. 1895년 사우스캐롤라이나의 틸만(Ben Tillman)이 흑인의 선거권 박탈 운동을 전개할 때 이에 반대하여, 나라를 위하여 싸우고 정부에 세금을 바치는 사람들은 통치자를 선출하고 법률을 제정하기 위하여 투표를 해야 한다고 구 민주 정치는 가르쳤다고 비난했다.[28] 민중당이 비밀 투표를 통해 선거에 참여할 것을 주장한 것은 특별히 흑인의 권리를 옹호하기 위해서가 아니다. 다시 말하면 한 계급에만 자유를 보장해주자는 것이 아니라 모든 민중의 평등을 강조한 것이었다. 민중주의자인 로이드(Henry Demarest Lloyd)도 민중당은 특별히 흑인을 자유롭게 하는 것이 아니라 모든 인간을 해방시키는 것이라고 말했다.[29]

계속해서 왓슨은 흑인 소작인과 백인 소작인, 백인 노동자와 흑인 노동자는 모두 같은 배에 타고 있으며, 피부색이 다르다는 이유로 흑인 소작인, 흑인 노동자의 이익에 차이를 인정할 수 없다고 강력히 주장하면서 흑인들에게 약속했다. "만약 너희가 너희의 권리와 인간임을 주장한다면, 만약 너희가 이 싸움에서 우리와 어깨를 나란히 하여 우리를 지지한다면, 민중당은 피부색을 무시하고 인종에 관계없이 모든 사람들에게 시민권을 부여할 것" 이라고 역설했다.[30] 왓슨은 흑인을 민중당의 협조자로 만들기를 원했다.

왓슨의 흑인에 대한 기본 입장은 흑인은 시민이며 법적 · 정치적으로 완전한 평등을 부여받았다는 것이다. 그리고 그는 사회적 평등은 모든 시민이 스스로 자기의 일을 결정하여 처리하는 것으로, 법률이 결코 그것을 간섭해서는 안 된다는 입장을 밝혔다. 민중주의자들이 발행하던 *Augusta Chronicle*지도 인종 차별을 일소하고 피부색에 관계없이 모든 사람들에게

28 *Peoples Party Paper*, Atlanta, November 8, 1895.
29 Woodward, *The Strange Career of Jim Crow*, p.64.
30 *Ibid.*, p.63.

시민권을 부여하자고 역설했다.[31] 또한 노스캐롤라이나의 버틀러(Marion Butler)도 흑인은 인간으로서 존엄성과 시민으로서 명예를 부여받았다고 말했다.[32] 결국 민중주의자들은 피부색에 관계없이 모든 인간을 인간과 시민으로서 공정하게 대우해주고 인정할 것을 요구했다. 다시 말하면 흑인은 인간이며 시민이기 때문에 짐승이 아닌 인간으로 취급받을 권리를 보장하기 위하여 평등하고 공정한 정의를 이룩해야 한다는 것이다.

그런데 평등하고 공정한 정의를 이룩하려면 법이 흑인과 백인 모두에게 유익해야 하며, 누구에게도 부당하게 집행되어서는 안 된다는 것을 강조함으로써 왓슨은 정치적 평등을 강력하게 요구했다. 또한 제퍼슨이 주장했던 바와 같이, 그는 법 아래 평등은 어떠한 사람에게도 투표권을 제한해서는 이룩될 수 없음을 역설했다. 아울러 그는 민중의 의사가 정직하게 표현되도록 하기 위하여, 누구도 투표에 간섭해서는 안 되며, 민중의 의사가 반영되는 정부를 만들어야 한다는 것을 강조했다. 이어서 그는 양 인종의 궁극적인 행복은 그들을 분리시켰던 정치적 동기가 제거된 후에야 비로소 성취될 수 있음을 예견했다. 그는 칼훈(John Calhoun)을 상기하면서 "순수한 민주 정치의 악은 소수가 다수로부터 보호를 받지 못하는 것"이라고 분명히 말했다.[33]

그는 물질적 이익에 대해서도 흑인과 백인이 평등하게 분배받아야 한다는 경제적 평등을 주장했다. 민중당이 주장한 평등주의는 빈곤과 결핍에 있어서도 평등하며, 공통의 억압자를 가지고 있다는 의미에서 평등주의라고 하겠다. 특별히 소작인의 경제 상태에 대하여 지대한 관심을 가지

31 C. Van Woodward, *Tom Watson: Agrarian Rebel*, New York: Oxford University Press, 1979, p.231.
32 Saunders, "Southern Populists and the Negro," Sheldon Hackney(ed.), *Populism*, p.61.
33 *Jeffersonian*, April 2, May 3, 1908.

고 있었던 그는 흑인과 가난한 백인 등 하층 계급을 효과적으로 권력 구조에 도전할 수 있도록 단결시킴으로써만 경제적인 면에서의 균등 분배가 이루어질 수 있다고 생각했다. 그는 흑인과 백인의 단결을 강조했다. 바로 민주당이 그와 같은 흑인과 백인의 단결을 무너뜨리기 위하여 '백인 우위'를 모든 재정 계획보다 중요하게 생각했으며, 인종적 편견을 교묘하게 조장한 것이다. '백인 우위'는 민주당 단결에 필수적인 것이었다고 왓슨은 지적했다. 이에 남부 지배 계급이 흑인과 가난한 백인이 결합해서 현존 정치 제도에 도전하는 것을 막기 위하여 인종적 적대감을 고취시켰다는 것이 민중주의자들이 흑인에 대하여 가지고 있었던 기본 입장이라고 왓슨은 강조했다.

그는 당시에 확산되어가던 흑인에 대한 린치, 테러, 선거권 박탈, 인종 차별, 임대차 유죄 선고 제도를 비난하면서, 흑인에 대하여 관용과 우의를 베풀고 서로 협동할 것을 요구했다. 샌더스(Robert Saunders)는 왓슨이 흑인의 린치를 가장 집요하게 공격했음을 강조하면서, 임대차 유죄 선고 제도에 대한 그의 비난은 흑인에게는 더욱 구체적이고 직접적인 문제였다고 지적했다.[34] 실제로 조지아의 민중당은 린치, 쿠클럭스클랜주의, 테러리즘을 폐지하고 흑인에 대한 공정한 대우를 요구하는 강령을 통과시켰으며, 흑인에게 가장 무거운 부담이 되었던 임대차 유죄 선고 제도의 폐지를 강력히 주장했다.

"8백만 명의 흑인들이 정치, 사업, 노동 기관에서 우리와 만난다. 그들은 우리의 관습, 신앙, 문명에 동화되고, 언제나 야외, 상점, 광산에서 우리와 만난다. 그들도 우리 제도의 일부요, 우리와 함께 살고 있다"[35]고 한 왓슨의 글에서 그의 흑인에 대한 기본 입장을 분명히 알 수 있다.

34 Saunders, *Ibid.*, p.55.
35 Tindall(ed.), *A Populist Reader*, p.120.

그는 피부색에 관계없이 평화와 번영 속에서 사회생활을 하고, 정치적으로 차별하지 않고 함께 살 수 있는 해결책을 제시했다. 그의 해결책은 흑·백인 모두에게 유익하고 정당하게 하는 것이며, 흑·백인 사이에 적대적인 차별을 제거해주는 정치적 동기를 마련하는 것이다. 남부 백인은 공화당을, 남부 흑인은 민주당을 지지하지 않기 때문에 새로운 정당이 필요하지만, 그것은 흑·백인 모두에게 유익한 새로운 법률이 필요하다는 신념에 기반을 둔 새로운 제휴가 이루어질 때까지 어려울 것이라고 왓슨은 주장했다.

그는 신당의 정강이 흑인 노동자들에게 "어떠한 정당보다도 정치적 독립을 잘 보장해줄 것이라는 것을 인식시키자. 흑인들이 노동에 대한 정당한 대가를 받고, 자기 집을 소유하고, 자녀를 교육시키고, 보다 많은 고용의 기회를 가질 수 있을 것이라는 것을 인식시키자. 모든 시민이 인종차별에서 벗어나 공공 생활을 영위할 수 있는 좋은 기회와, 법률을 제정하거나 승인하며, 피부색에 관계없이 시민으로 인정받는 좋은 기회를 보장해줄 것이라는 것을 인식시키자"라고 역설했다. 실제로 민중당이 노동에 대한 대가를 높여주고 생산물값을 올림으로써 흑·백인 모두가 빈곤에서 벗어나 품위 있는 생활을 영위해나가기를 희망했다. 또한 자녀를 교육시킬 학교와 가계를 꾸려나갈 기회를 요구했다. 구체적인 방안으로 인종, 피부색, 생활 형편에 관계없이 아이들에게 동등한 혜택을 주기 위하여 적어도 4개월간의 의무 교육을 실시할 것을 제안했다. 이러한 제안은 흑인들이 요구했던 것과 일치하는 것으로 민중당이 흑인의 지지를 받았던 것은 당연하다.

왓슨은 흑인이 백인과 마찬가지로 교육을 받고, 민중당이 그들에게 번영의 몫을 나누어줄 것이라는 것을 그들에게 제시하면, 흑인들은 백인과 같은 반응을 보일 것이고 민중당에 동참할 것이라고 믿었다. 그런데 그는 흑인과 백인의 연합된 행동은 이상주의적 말이 아닌 경제적 현실주의에 입각해야 한다고 주장했다. 감사, 우정, 관용, 애국심은 사라질지 모르나 이기심은 항상 오랫동안 지속된다고 주장하면서 민중당이 흑인의 이익을 만족시킬 것을 강조했다. 그는 민중당의 목적이 정부 문제에 대하여 민중을 교육시키고, 관료의 부패를 공격하고, 계급적 지배와 법적 불공평함에 반대하며, 공화당과 민주당에 집중하는 것에 반대하는 것이라고 밝히고 있다. 또한 그는 민중당이 최선을 다해서 흑인의 권리를 보장하기 위하여 계속 투쟁할 것을 천명했으며, 자신이 살아 있는 동안 결코 그것을 포기하지 않을 것이라는 신념을 토로했다.

흑인들은 왓슨을 열렬히 지지했다. 백인 우위가 인정되어왔던 당시 사회에서 왓슨이 흑인을 열등하고 무능한 존재가 아닌 경제력을 가진 남부 사회에서 절대 필요한 존재로 간주한 것은 높이 평가할 만하다. 왓슨의 보호 아래 남부 백인들은 흑인을 백인 우위에 상처를 낸 미덥지 않은 지지자라기보다 오히려 경제적 유대와 공동 운명으로 묶여진 정치적 동맹자로 인식하기 시작했다. 왓슨만큼 흑인 지배를 조소한 사람은 없다. 그리고 그만큼 아리안족의 우월성과 흑인 지배라고 하는 무시무시하고 불길한 국가적인 위험에 대항한 사람은 없다. 흑인들의 열망을 인간의 노력에 상응하는 것으로 진지하게 취급한 첫 번째 지도자라고 우드워드는 평가했다.[36] 데브즈(Eugene V. Debs)도 "왓슨은 정치가이며 민중의 사람이다. 그는 민중의 이익을 위하여 오랫동안 투쟁한 위대한 사람이다. 왓슨과 흑인들은 상호 협조 관계에 있었다" 고 말했다.[37]

왓슨은 분명히 흑인을 하나의 인간으로 인정하고 그들의 정치적 · 사회적 평등을 주장한 첫 번째 인물이다. 그가 흑인의 표를 획득하는 단순한

36 Woodward, *Tom Watson*, p.221.
37 *Ibid.*, p.407.

방편으로 '평등하고 공평한 정의'를 주장한 것이 아님은 명백한 것 같다. 그러나 크로에는 왓슨이 1892~1896년까지 5년간이라는 아주 짧은 기간 동안만 친흑인적인 입장을 취했을 뿐 그 이후에는 믿기지 않을 정도로 극단적인 인종주의자로 전향했다고 주장했다.[38] 반면에 우드워드는 왓슨이 극단적인 인종주의자들에게 굴복했지만 흑인의 선거권 박탈은 보수적인 남부와 연합한 것이라기보다 오히려 그것을 분쇄하는 길이라고 믿은 것이었다고 반박했다. 종족적 편견과 경제력 때문에 왓슨의 운동은 실패로 끝났지만 왓슨은 용감한 인물이었다.

1.3.3 틸만의 입장

모든 민중주의자들이 흑인들에게 우의를 가지고 있었던 것은 아니다. 사우스캐롤라이나의 틸만은 흑인에 대하여 보수·반동적 입장을 가지고 있었다.

민중주의자들이 흑인들에게 호소하여 지지를 받게 되었을 때, 이에 당황한 보수주의자들은 '흑인 지배'에 대항하여 '백인 우위'를 외치면서 흑인에 대한 증오감을 더욱 고취시켰다. 민중당은 남부의 극단적 보수주의자에 대항하여 투쟁하는 데 두 가지 방법이 있다는 것을 알고 있었다. 하나는 흑인 표를 끌어들이는 것이고, 다른 하나는 완전히 흑인 표를 제외하는 것인데, 그중에서 양자택일을 해야만 했다.

틸만(Ben Tillman) 일파는 후자의 방법을 택했다. 그는 1890년대 흑인이 상대적으로 열등하기 때문에 하층 계급에 머물러 있어야 하며, 이론적으로나 실제로나 백인과 동등한 경제적·사회적·정치적 기회가 부여되어서는 안 된다고 주장했다. 흑인 지위가 논의되고 있던 당시에 흑인에 대

38 Crowe, "Tom Watson, Populists and Blacks Reconsidered," p.101.

한 문제는 논의할 필요조차 없다고 반박했다. 심지어 그는 유색 인종은 전능한 신이 흑인으로 만들고 백인으로 만들지 않았다는 간단한 이유 때문에 백인과 동등하게 취급해서는 안 된다고 말했다. 그는 인간의 보편적 형제애 안에서 계급 감정과 종족적 반감이 사라질 수 있는가 반문하면서, 백인들이 혐오감을 느낄 것이라고 단언했다. 그의 인종적 편견은 남부를 널리 여행해본 경험이 없어 흑인의 실상을 제대로 파악하지 못한 데서 비롯된 것이었다. 그가 흑인 거주 지역을 방문했더라면 입장이 확실히 달라졌을 것이라고 심킨스(Francis B. Simkins)는 말했다.[39]

틸만은 흑인과 백인의 종족적 결합이라는 최대의 불행을 막기 위하여 인종적 편견을 정당화했다. 그는 흑인에게 시민적 · 사회적 기회를 부여하자는 사람들의 목적은 남부를 혼혈로 만드는 것이라고 주장하면서 흑인의 추행에 대한 린치를 정당화시켰다. 심지어 그는 노예 해방이 흑인을 퇴보시켰을 뿐 진보시키지 못했다고 신랄하게 비판했다. 그러므로 남북 전쟁 이후 재건 시대는 미국 역사상 가장 혹독한 경험을 한 시대였다는 신념을 가지고 있었다. 그는 재건이 흑인을 타락시켰기 때문에 흑인이 노예로서 지니고 있었던 미덕을 회복할 수 없다고 주장했다.

또한 그는 흑인을 교육시켜야 한다는 민중주의자들의 주장에 특별히 강경한 태도를 취했다. 흑인 학교를 설립하기 위하여 투자한 수백만 명의 북부인들이 흑인과 가난한 백인 사이에 적대감을 불러일으켰다고 했다. 흑인이 받은 겉핥기식 지식은 흑인이 천성적으로 지니고 있던 복종하는 미덕을 파괴했으며, 흑인에 대한 지나친 교육은 이룩할 수 없는 흑인의 야망을 자극시켜 결국 범죄를 저지르는 결과를 야기할 것이라고 주장했다. 궁극적으로 흑인이 다수를 차지하는 지역에서 그들은 정치적 지배권을 장

39 Francis Butler Simkins, "Ben Tillmans View of the Negro," *The Journal of Southern History*, Vol. 111, May, 1937, No. 2, p.163.

악하려고 할 것이고, 이것이 성취될 수 없을 때 인종 간의 전쟁이 발발할 것이라고 그는 경고했다.

틸만은 인종 문제를 해결하는 방안을 제시했다기보다 적극적으로 비판했다. 그는 인종 문제를 어떻게 해야 할지 모르겠으며, 그 문제는 끝이 없다고 말했다. 그가 제시한 해결책은 막연하고 일관성이 없었다. 어떤 때는 남부로부터 흑인을 이주시키거나 축출하자고 했고, 또 어떤 때는 흑인을 추방시키자는 의견에 반대했다. 흑인 축출은 잔인하고 현실적이지 못하다고 자신의 심경을 피력하기도 했다. 흑인들이 남부를 떠나려고 하지 않았을 뿐 아니라 흑인을 강제로 축출할 수 없었다. 실제로 남부인들은 흑인을 남부에서 축출하는 것은 남부 경제에 또 다른 병폐를 낳기 때문에, 백인들이 흑인이 떠나는 것을 원하지 않는다고 생각했다.

틸만은 흑인 투표권을 인정했던 헌법 수정 조항 제14, 15조를 철폐하려고까지 했다. 틸만보다 흑인의 열등한 지위를 인정했던 사람은 없었다. 이러한 그의 반동적 견해는 당시 미국인들이 일반적으로 흑인에 대해 가졌던 견해인 동시에, 그가 사우스캐롤라이나에서 지지를 받을 수 있었던 이유이기도 하다.

그러나 많은 민중주의자들은 공화당 소수파와 연합하든가 아니면 흑인 농민에게 호소할 수 있는 광범한 문제를 제시함으로써 흑인 표를 획득하는 방법 중 후자를 택했다. 1892년 앨라배마 민중당은 정강에서 다음과 같이 선언했다.

> 우리는 흑인의 권리를 보호하는 데 찬성한다. 그리고 더 높은 문화와 시민권을 획득하도록 하기 위하여 그들을 고무시키고 도와주어야 한다. 그들에게 친절하고 정당한 대우를 해주며, 공정하게 대우해줌으로써 서로를 더 잘 이해하여 두 인종 사이에 더욱 만족한 상태가 유지될 수 있다.[40]

이것을 보면 민중당이 남부에서 흑인의 지지를 가장 많이 받았던 이유를 잘 알 수 있다.

이와 같이 민중주의자들의 흑인에 대한 입장은 주마다 다르고 개인에 따라 큰 차이가 있었다. 그러나 그들이 흑인에게 정치적 정의를 확대시켜 주고, 흑인과 백인 모두에게 유익한 정책을 수립하기 위하여 노력했다는 것은 부인할 수 없다. 민중당의 정강을 통하여 알 수 있는 바와 같이, 민중주의자들이 도달하려 했던 최고 목표는 평등이었다. 민중당은 특별히 흑인을 자유롭게 하는 것이 아니라 모든 인간을 해방시키려고 했다. 민중당은 민중의 정치적 · 경제적 · 사회적 평등을 강조했다. 이러한 면에서 민중주의 운동은 확실히 남부에서 상당히 진보적인 사회 운동이었으며, 민중주의자들은 당시 남부에서 활동하던 정치적 세력 가운데 가장 선진적 세력이라고 하겠다.

샌더스(Rebert Sanders)가 민중당의 목표를 이루기 위하여 인종 문제를 이용할 수밖에 없었다는 것을 강조했으나,[41] 민중주의자들이 흑인의 지지를 얻기 위한 방편으로 흑인의 권익을 옹호했는지 혹은 그와 같은 흑인의 권익 옹호가 흑인에 대한 우의와 정의를 확장시키려는 순수한 욕망에 의한 것인지의 여부를 명백히 밝혀줄 만한 충분한 증거를 찾을 수 없다. 그러나 남부 어디에서나 민중주의자들이 흑인의 권익을 옹호한 것이 하나의 원칙이라기보다 방편에 불과하다는 것을 암시하는 경우는 거의 없다.

민중주의자들이 흑인 투표권을 옹호했을 뿐 아니라 공직 취임권, 즉 배심원으로 봉사할 권리와 법정에서 정당한 대우를 해줄 것과 린치에 대항하여 방어할 권리, 임대차 유죄 선고 제도의 철폐, 교육의 기회 등을 주장함으로써 인종차별주의에 대항했다. 이와 같은 민중주의자들의 주장은

40 Rochester, *Ibid.*, p.59.
41 Robert Saunders, "Southern Populists and the Negro," p.61.

이루어지지 못했으나 그들의 노력으로 인종적인 면에서 공정한 대우와 여러 가지 권리를 획득하는 데 기여했다. 그들은 흑인들에게 그들의 구세주였던 공화당으로부터 결코 받아본 적이 없는 우의를 베풀었다. 흑인들은 확실히 급진적 공화당의 정치에 환멸을 느낀 후 어떤 다른 개혁 운동보다 더욱 열정적으로 희망을 가지고 민중주의 운동에 참여했다. 1890년대 민중주의자들이 활약했던 짧은 기간만큼 흑인과 백인이 정신적으로 두터운 우의와 조화를 이룩했던 시기는 없었다.

그러나 민중당과 같은 독립적 정당과 흑인의 연합은 민중당이 정치적으로 성공하지 못함으로써 흑인이 잠시 동안 정치 무대에서 사라지는 것을 막을 수 있었다. 따라서 흑인의 민중주의에 대한 기대도 민중당의 붕괴로 무너져버렸다. 또한 지역적으로 민중주의 운동이 실패함으로써 흑인은 남부에서 정치적으로 망각되었다.

민중주의자들은 흑인을 독립적 존재로 간주하여 새로운 관계를 찾으려고 노력했는데, 이는 중요한 미국의 전통이며, 그들이 이룩한 일을 과소평가해서는 안 될 것이다. 민중주의 운동은 1890년대 인종 차별에 대항하는 마지막 항거였다. 이러한 면에서 민중주의 운동의 진보적 · 민주적 성격을 찾아볼 수 있다.

2. 노동자 문제

민중당은 1892년 오마하 정강에서 친노동자적 입장을 표명했을 뿐 아니라 도넬리를 비롯한 민중주의자들이 노동자들과 연합 전선을 만들어 그들의 목적을 달성하려고 했다. 민중주의자들이 노동자의 편에 섰던 진정한 이유가 무엇인가, 그리고 당시 노동 운동을 주도했던 노동 총동맹

(American Federation of Labor, AFL)의 곰퍼스(Samuel Gompers)와 사회주의 노동당(Socialist Labor Party)의 드리온(Daniel De Leon)은 이에 대하여 어떠한 입장을 가지고 있었는가를 살펴봄으로써 민중주의 운동의 역사적 의미를 파악해보기로 하겠다.

2.1 민중주의자들의 노동자에 대한 입장

2.1.1 도넬리의 입장

도넬리는 1870년대 그레인지 운동이 확산되던 그때부터 농민과 도시 노동자가 연합할 수 있는 길을 모색했다. 그는 세인트폴에서 개최되었던 노동자 협회(Workingmen's Association)에서 대기업은 물론 철도는 민중의 종이어야 한다고 주장했다. 또한 그는 당시 공화당의 고율의 관세 정책이 미국 산업의 이익을 보호할 뿐 노동자의 이익은 보호하지 못한다고 비난하면서, 대기업과 관세라는 두 개의 악폐를 무너뜨리기 위하여 조직 노동자들과 농민이 연합하여 정치적 활동을 전개할 것을 역설했다.[42] 그는 세인트폴 회의 이후 계속해서 노동자와 농민의 연합을 강조했다.

특히 은 화폐를 폐지한 '1873년 죄악' 이후 통화팽창론자들은 그린백당을 조직하여 생산자가 화폐를 보유할 수 있게 할 것을 주장했다. 또한 노동자들도 현행 화폐 제도 아래서 적절하게 보상받지 못했다고 생각했기 때문에 화폐 제도의 변화가 불가피하다고 생각했다. 그들은 현행 화폐 제도는 급속한 자본의 집중을 초래함으로써 노동자의 권익을 보호해주지 못했다고 믿고 있었다. 곧 부의 분배가 다수 민중에게는 계속 불리하게 이루어졌다고 생각했다. 따라서 노동자들은 정부가 정확한 가치 기준을 수립

42 *ST. Paul Pioneer*, August 27, 1873.

하여 노동의 열매를 공정하게 나누어 갖도록 해야 한다고 주장했다. 그들은 정부가 통화량을 팽창시킴으로써 큰 이익을 얻을 수 있다고 믿었다. 아울러 그들은 정부가 통화량의 팽창은 물론 낮은 금리로 지폐를 공급함으로써 국민의 재산에 대하여 막대한 권력을 가질 수 있다고 생각했다. 이와 동일한 입장을 가지고 있었던 농민들도 지폐는 법으로 규제가 가능하기 때문에, 의회가 그들에게 유익한 법을 제정할 것을 기대했다.

바로 이와 같은 생각에서 도넬리는 노동 계급으로 구성된 정당을 조직할 것을 주장했다. "그들의 조건을 좀더 낫게 개선해주는 정당을 만들자…… 펜실베이니아 광산에서, 뉴잉글랜드 제분소에서 수고하는 가장 가난한 사람들을 인정해주고 진심으로 생각해주는 정당은 굴드(Jay Gould)와 밴더빌트(Cornelius Vandervilt)보다 중요하고 가치 있다고 생각한다. 이것은 민중의 당이다. 우리는 민중의 당을 원한다. 오늘 우리가 그것을 만들지 않는다면 시대의 전조를 놓칠 것이다"라고 역설했다.[43]

그 후 1877년 파업이 시작되어 300만 명의 실업자가 발생하면서 노동자들의 방화와 폭동이 발생했다. 이와 같은 사태에 대하여 보수적인 신문에서는 그들을 공산주의자로 몰아붙였다. 이에 대하여 도넬리는 *Anti-Monopolist*지에서 기아선상에서 허덕이는 대중이 일자리와 먹을 것을 강력하게 요구하고 있을 때 그들을 공산주의자로 몰아세웠다고 비난했다. 계속해서 그는 유럽의 공산주의자들은 공통으로 원하는 것을 충분히 가지고 있는데, 미국의 공산주의자들은 공통적으로 아무것도 향유하지 못하고 있다고 통렬하게 비난했다. 그는 생계 임금을 요구하는 노동자들과 정당한 이익을 요구하는 농민들을 호되게 꾸짖지 말라고 경고하면서, 생산자는 그들이 얻을 수 있는 모든 것을 얻을 권리가 있다고 외쳤다. 그리고 정

43 *Anti-Monopolist*, May 25, 1876.

부는 그것을 얻도록 도와주는 것이라고 했다.[44]

당시 농민들은 그들이 당면하고 있는 절박한 곤경을 해결하기 위하여 정치적 압력 단체인 농민 동맹을 조직했다. 이때 도넬리는 이 나라 안에는 실제로 약탈자와 약탈당한 자의 두 개의 정당이 있다고 주장하면서 새로 조직된 농민 동맹은 사회 정의를 구현하기 위하여 모든 노동자를 지지해야 한다고 역설했다.[45]

노동자들도 농민들의 지지를 받아 새롭고 강력한 제3당을 조직하려는 생각을 강도 높게 추진하고 있었다. 그들은 이미 1887년 신시내티에서 12개 이상의 개혁 단체들이 모여 연합 노동당(Union Labor Party)을 결성하는 데 관심을 모으고 있었다. 그때 도넬리는 노동자들에게 "주위를 보라. 상황을 연구하라. 그러나 제발 방심하지 말라. 어떠한 법률, 관습, 계급이 당신들의 권리를 간섭할 때마다 투표함을 소유하도록 하라. 그리고 불의의 마지막 자취가 지워질 때까지 계속해서 폐단을 개혁하라"고 충고했다.[46]

조지아의 왓슨도 노동절 강연에서 자본이 아닌 노동이 부를 만들어낸다는 입장을 피력했다. 그는 노동가치설에 대해 말하면서 전 역사를 통하여 자본가들이 노동자들이 생산한 것을 공정하게 분배하는 것을 결사적으로 반대했다고 비난했다. 그는 두 계급의 완전한 조화를 원했다. 즉 자본가들이 그들의 이익을 지배하거나 노동 계급의 생활을 좌우할 수 없게 조화를 이루어야 한다는 것이다. 계속해서 그는 "노동과 자본은 원인과 결과와 같은 것이다. 자본은 노동의 산물이다. 생산 과정은 노동이고 생산된

44 *Anti-Monopolist*, August 23, 1877.

45 Martin Ridge, *Ignatius Donnelly: The Portrait of a Politician*, Chicago: University of Chicago, 1962, p.247.

46 Donnelly to C. Moeller, April 9, 1887.

것은 자본이다. 노동은 부를 만들고 그것이 곧 자본이 되는 것이다. 노동의 자연적 대가는 그것이 생산한 것이다"라고 역설했다.[47] 그는 사실이 이러한데도, 대부분 국가에서는 실제로 노동자에게 부당한 비인간적인 법을 제정했다고 비난하면서, 진정으로 번영하는 사회는 자본가와 노동자가 완전한 조화를 이룬 사회이고 서로는 적이 아닌 동맹자임을 거듭 강조했다. 그는 현행 경제 제도의 폐단을 치유하기 위하여 농민들과 협력하여 노동자를 조직하고, 선동하고, 교육하는 것이 급선무라고 주장했다.

실제로 조직 노동자들과 민중주의자들은 힘을 합하여 민중당 창당에 힘썼다. 1891년 민중당 창당을 위하여 매퀸(C. W. Macune)이 조직한 산업 조직 연합에 노동 기사단(Noble Orders of Knights of Labor)이 참가했으며, 그 후 개최된 신시내티 회의에서 텍사스 주 노동 동맹(Texas State Federation of Labor)의 지도자인 램(William Lamb)이 집행 위원이 되었다. 또한 1892년 2월 22일 세인트루이스 회의에 모든 노동 단체, 노동 기사단, 오하이오 연합 광산 노조 및 일부 노동조합의 대표들이 참석했다.

뿐만 아니라 1892년 2월 국유화론자인 벨라미(Edward Bellamy)도 *New Nation*지 기사에서 "국유화론자, 사회주의자, 노동 기사단, 노동 총동맹, 진보적 개혁 기관이 의견 일치를 볼 것을 충고한다. 찬성하지 않은 안건에 대하여 개인의 판단을 보류면서, 찬성한 안건에 대해서는 일치단결하여 행동하자"고 주장했다.[48] 실제로 벨라미를 비롯한 국유화론자들도 민중당의 창당을 환영했다.

1893년 경제적 불황으로 위기가 닥쳐오자 노동자들의 파업이 격화되면서 사회적 불안이 확산되었다. 이때 도넬리는 노동자들에게서 일할 권리를 박탈하고 구제를 거절했던 대기업을 비난했으며, 노동자들은 이를

47 *People's Party Paper*, Atlanta, November, 1891.
48 *New Nation*, New York, February 14, 1891.

열광적으로 지지했다. 그러나 그는 불황의 치료책을 폭력에서 찾을 수 없고 문제를 평화적으로 해결해야 한다고 주장하면서, 대안으로 은 화폐를 사용하여 통화량을 증가시키며 정부가 공공 사업 계획을 수립할 것을 촉구했다. 계속해서 그는 투표함을 통하여 평화적으로 개혁할 것을 강조했다. 그는 세인트폴에서 개최된 실업자들의 군중 집회에서 치료책을 폭력에서 찾아서는 안 되며, 사람들은 폭력을 쓰는 노동자들을 싫어한다고 말했다. 또한 그는 몬타나의 애나콘다(Annaconda)에서 개최된 노동절 강연에서도 투표함이 있고, 다수가 다스리는 이 나라 안에서, 민중이 자유를 박탈당하여 농노의 신분으로 떨어진다면 그들 자신이 비난받아야 한다고 말하면서, 활동하고 있는 다수가 투표함을 통하여 그들의 자유를 간직할 수 없을 때 무력 혁명에 대하여 언급하게 될 것이라고 노동자들이 폭발 직전의 상태에 있음을 계속해서 경고했다.[49] 그는 어떠한 변화가 일어나지 않는다면 정치적 혁명은 물론 물리적 혁명이 일어날 것이라는 믿음을 갖게 했다고 말했다. 심지어 그는 광산 지대와 공업 지대에 살고 있는 많은 사람들이 오늘날 라이플 총과 개틀링(gatling) 기관포에 대한 공포와 무자비한 압력 때문에 공포를 참을 수밖에 없다고 주장하면서 노동자와 농민의 연합을 거듭 강조했다.

아울러 그는 노동자들이 기아 상태에서 벗어나는 것이 가장 시급한 문제라고 지적하면서, 노동자들이 노동조합에 가입하는 것을 방해하는 고용주들을 강도 높게 비난했다. 그는 노동조합에 가입하지 않는 조건하의 고용 계약인 황견 계약(Yellow Dog's Contract) 을 위법으로 해야 한다고 주장하면서, 그것을 맺으려는 노동자들도 비난했다.

1894년 클리블랜드 대통령이 풀만 철도 파업을 진압하기 위하여 파업

49 *Standard*, Annaconda, September 6, 1893.

금지 명령을 발표하자 도넬리는 이에 반대했다. 그는 *Representative*지에서 노동자에게 오래 참고 견디라고 권고했으며 모든 불만에 대한 실제적인 치료책은 투표함을 통하여 함께 뭉치고 정부를 점유하는 것이라고 노동자들을 독려했다. 계속해서 그는 파업으로 인하여 전 국민에게 폐를 끼친 데 대하여 유감을 표명하면서 이 세상에는 어느 누구도 방해하지 않고 성취되었던 개혁은 없었다는 것을 기억하라고 말했다. 프랑스인이 말한 것처럼 "오믈렛을 만들려면 달걀을 깨뜨려야 한다"고 역설했다. 이어서 그는 노예 문제에 대한 해결은 많은 사람들에게 불편을 주었다고 간결하게 결론을 맺었다.[50]

그는 미국 철도 노동조합의 파업이 일어난 것은 풀만(George M. Pullman)에게 전적으로 책임이 있다고 주장했다. "나는 노동자들이 불합리하고, 부당하고, 불의한 것을 요구하고 있다고 믿지 않는다. 나는 파업 참가자들에게 시키고 건물에 불을 지르고 재산을 파괴하라고 했다고 믿지 않는다. 그들의 위대한 지도자들은 노동자들에게 폭력을 삼갈 것을 호소했다"고 그는 반박했다.[51]

그는 풀만 철도 파업이 절정에 이르렀을 때 미니애폴리스에서 개최되었던 민중당 회의에서, 당의 새로운 단합을 촉구하면서 국가 안에 매우 불안한 기운이 감돌고 있음을 역설했다. "리(Robert Lee) 장군의 군단이 국회의사당이 보이는 곳에 있었을 때인 1861년의 위험이 오늘날의 위험만큼 크다고 믿지 않는다. 그때 그 싸움은 뭉칠 가능성이 있었던 두 지역 간의 싸움이었다. 오늘날의 싸움은 치명적인 싸움이다. 그 싸움은 지역의 분리를 위한 싸움이 아니라 정부가 수립된 바로 그 원칙을 타도하기 위한 싸움"[52]이라고 경고하면서 노동자의 단합을 강조하고 파업의 중요성을 평

50 *Ibid.*, July 4, 1894.
51 *Representative*, St. Paul, July 18, 1894.

가했다. 그리고 그는 개혁은 횃불과 총을 사용하는 것이 아니라 투표함을 통한 것이라고 믿고 있다고 덧붙여 말했다. 그는 시카고에서 개최되었던 노동자 회의에서도 철도 노동조합의 유일한 희망은 투표함이고 그들이 민중당을 지지하기로 결의했다는 것을 상기시켰다. 궁극적으로 도넬리는 민중당을 통하여 농민과 노동자가 함께 현안 문제를 해결할 것을 강조했다.

그는 노동자들에게 7가지 권리를 부여할 것을 주장했다. 즉 노동에 대한 온전한 대가를 누릴 권리, 교육과 계몽에 참여할 권리, 향상하고 진보할 권리, 재산을 획득할 권리, 세상에 있는 축복, 이익, 아름다운 것들을 얻을 권리, 그들이 일하는 동안일지라도 신사로 대우받을 권리, 이와 같은 목적을 이룩하기 위하여 연합할 권리이다. 그리고 그는 이러한 권리를 폭력이 아닌 투표함을 통하여 획득할 것을 역설했다. 당시 노동자들의 모든 요구를 포괄하고 있던 도넬리의 주장은 특권에 대항하는 민중의 소리가 커지고 빈곤과 불황이 심각해졌을 때 큰 지지를 받게 되었다.

2.1.2 일리노이 노동자 · 민중주의자 동맹

1891~1892년 홈스테드 철강 파업을 비롯한 노동자들의 파업 실패와 1893년 공황으로 인한 임금 삭감, 실업과 빈곤 확산 등으로 야기된 경제적 궁핍으로 말미암아 노동조합의 활동은 소강 상태에 들어서게 되었다. 게다가 1894년 연방 정부에 구호를 요구하기 위해 콕시(Jacob S. Coxy)가 주도한 실직자들의 조직인 '콕시(Coxy) 군대'의 워싱턴 행진 실패, 시카고에서의 풀만 철도 파업과 이에 대한 연방 정부의 탄압, 미국 철도 노동조합의 데브즈(Engene V. Debs)의 투옥 등 일련의 사태가 발생하자 노동자

52 Martin Ridge, *Ignatius Donnelly*, p.335.

들은 대기업의 독점을 분쇄하고 부의 공정한 분배를 통하여 모두에게 동등한 권리를 부여할 것을 주장한 민중당과 관련을 가지고 노동자 · 민중주의자 동맹을 모색하게 되었다.

이와 같은 작업은 중서부에서 시작되어 1893년 공황 이후에는 위스콘신, 오하이오, 일리노이 등지로 확산되었다. 그 가운데서도 시카고는 급진적 노동 운동가들과 민중주의자들이 연합하기에 가장 이상적인 곳이었다. 1886년 '헤이 마켓(Hay Market) 광장' 사건 이후 시카고에는 300개의 노동조합에 6,000여 명의 조합원이 있었던 것으로 추정된다. 민중주의자들과 노동자의 연합은 노사 회의(Trades and Labor Assembly), 건축업 협회(Building Trades Council), 중앙 노동조합(Central Labor Union)에 의하여 촉진되었으며, 스프링필드를 비롯하여 이스트 세인트루이스와 탄광 지역에까지 퍼져갔다. 특히 일리노이주 노동 동맹은 분산되어 있었던 산하 노동조합에 공동 행동 지침을 전달하기도 했다.

그러나 일리노이 주 내의 조직 노동자의 힘은 강했지만, 서로 적대적이었기 때문에 단합된 힘을 발휘할 수 없었다. 당시 쇠퇴의 길을 걷고 있던 노동 기사단을 제외하고 사회주의자, 무정부주의자, 단일세론자, 철저하게 보수적인 노동조합주의자, 그리고 신산업 노동조합, 연합 광산 노동자, 미국 철도 노동조합 등으로 나뉘어 있었다. 또한 시카고는 일리노이 사회주의 노동당의 근거지이기도 했다. 이들 가운데 사회주의자들과 단일세론자들은 계속해서 충돌했으며, 일리노이 노동 동맹과 노사 회의도 이와 사정이 같았다.

이러한 상황에서 시카고에서는 1891~1892년 사이에 독립적인 정치 활동에 대한 관심이 다시 커지기 시작했다. 미국 경제가 산업적 정의를 이룩하는 데 실패했다고 생각하고 있던 저널리스트인 로이드(Henry Demarest Lloyd)가 이러한 경향을 고무시켰다. 민중당을 산업 자본주의의 악폐를 교정하기 위한 가장 위대한 조직으로 생각하고 있었던 그는 산업에서 발생한 이익 분배가 불공평한 데 반대하면서 도래할 혁명에 대하여 언급했다. 그는 혁명이 이미 도래했다고 전제하면서 정부가 소수를 부유하게 만들었던 그 길이 곧 혁명이었다고 주장했다. 그는 민중당을 통하여 반동 혁명이 조직되어가고 있음을 알리면서 시카고가 이와 같은 위대한 진보적 운동에 앞장섰다고 자랑스럽게 말했다. 그는 민중들이 곤경을 극복하기 위하여 양대 정당을 기대하지 않는다고 전제하면서, 그러나 희망이 있다고 말했다. "민중들이 신임할 수 있는 정당이 있다. 이 정당이 탁월한 지도자, 돈, 직업, 명성도 없는 불평등한 민중을 구하려는 기치를 높이 들었기 때문"이라고 외쳤다. 그리고 그는 "민중당이 불만을 가진 민중의 조직이 아니다. 그것은 모든 부류의 인간들이 더욱 부유하고, 더욱 안락한 생활을 이룩하기 위한 희망을 조직화한 것이다. 그들에게 민중주의는 인간 존엄성의 완성을 민중의 생활에 실현하고 구체화시키려는 희망"이라고 주장했다.[53] 그는 민중당만이 독점 자본주의와 정부의 특권을 무너뜨리고 산업적 자유를 수립할 수 있다고 생각했다.

그 후 1893년 8월경 시카고의 실업자들은 임금 노예제, 법률가, 백만장자에 의한 정부를 폐기할 것을 결의했으며, 정치적 활동에 대한 기대가 점점 커지면서 10월 갤스버그(Galsberg)에서 개최되었던 일리노이 노동동맹 회의에서 이 문제가 구체화되었다. 이 회의에서 생산자들의 독립적인 정치 활동에 필요성을 강조했으며, 6개월 이내에 '행동 통일과 목표의 단일화'를 확실히 하기 위해서 일리노이에 모든 노동자와 농민 조직의 회의를 소집할 것을 집행부에 지시했다.

결국 사설탐정에 의한 파업 실패, 법원의 불리한 판결, 임금 삭감, 실

53 Pollack, *The Populist Response to Industrial America*, p.13.

업, 빈곤 확산 등으로 일리노이 노동 동맹은 파업을 주저하게 되었다. 이러한 상황에서 1893년 12월 14일 노동 총동맹의 시카고 지부는 노동자의 정치 활동을 승인했다.

그러나 당시 일리노이에는 민중당의 세력이 미약했다. 민중당은 총득표수의 2.5%를 차지했는데, 이는 1870년대 그린백당보다도 지지율이 낮았을 뿐 아니라 금주당(Prohibition Party) 득표수의 3분의 1도 안 되었다.

그럼에도 불구하고 농민 지도자들이 정치 활동에 노동자를 끌어들이려는 욕망은 그린백당 운동만큼 오래되었다. 1888년 연합 노동당(Union Labor Party)을 창립하려는 시도가 실패로 끝난 후 *Illinois Party Press*지가 노동자와 농민 동맹을 모색했으며, *Farmers' Voice*지의 편집자인 허버드(Lester C. Hubbard)도 그 문제를 계속해서 선동했다. 허버드는 로이드에게 보낸 편지에서 "한쪽에는 꽉 짜인 금권 계급이, 다른 쪽에는 비조직 노동자가 있는데 양자 사이에 싸움이 벌어지고 있다. 농민과 생산자들이 도덕적 단결을 이룩할 때가 왔다"고 말했다.[54] 그러나 그의 노력은 무산되었다. 왜냐하면 일리노이 민중당 안에는 그린백당이 우세했고 노동자들이 1892년 오마하 정강을 탐탁치 않게 생각했기 때문이다. 1892년 선거에서 민중주의자들은 일리노이 도시 중심부에서 0.5%도 안 되는 지지를 받았을 뿐이었다. 미시시피 강 동쪽의 주 가운데 일리노이 민중주의자들은 도시 노동자와 중산 계급의 지지를 얻는 데 실패했다.

그러나 1893년 공황 이후 시카고의 민중주의자들은 공화국(Commonweal)의 켈리(Kelly) 군대를 돕고, 로이드와 연합을 도모했을 뿐 아니라 실업자들을 동정함으로써 시카고에서 민중당에 대한 생각을 바꾸려고 노력했다. 당시 일리노이의 경제 상황은 노동자와 민중주의자와의 연합에 낙

54 *Alliance*, Lincoln, Nebraska, August 21, 1889.

관적인 기대를 갖게 했다. 노동자들의 정치 성향이 커지고 임금 노동자들이 정당과 연합하기 시작했기 때문에 민중주의 지도자들은 노동자들의 표를 끌어들이려고 했다. 이러한 가운데 1894년 4월 노동 기사단, 독일인 중심의 노동조합과 사회주의 노동당이 일련의 회합을 가졌다. 이어 쿡크 카운티 농민 동맹, 민중주의자, 중앙 노동조합, 사회주의자, 국유화론자, 단일세론자, 은 화폐 자유 주조 조직, 금주 운동가와 노동당을 대표하는 일부 지도자들의 회의가 5월 19일에 막을 내렸다. 이 회의에 참석했던 사람들은 일리노이 민중당 대회에 파견할 대표를 선출했으며, 농민과 도시 노동자들이 연합하는 것이 회의 목적이라는 것을 밝혔다.

1894년 5월 28일 스프링필드에서 개최된 민중당 대회에 5개 농민 조직, 노동 기사단, 주 노동 동맹, 사회주의 노동당, 단일세론자 등 수백 명의 대표들이 모여 '통일된 하나의 정당 아래 도시의 산업 노동자와 파업 노동자의 통일'을 내용으로 하는 결의안과 민중당의 정강을 채택했다. 그들은 연합하여 독립적인 정치 활동을 결의하는 동시에 오마하 정강을 승인했다. 5월 29일 노동 동맹은 회의에 정치적 정강을 제기했는데 그중 사회주의자인 모건(Thomas J. Morgan)이 제시한 제10항은 많은 논란을 불러일으켰다. 모든 생산 · 분배 수단의 집단 소유를 인정한다는 제10항을 승인하면 이는 사회주의를 인정하는 것이 되기 때문이었다.

시카고 민중주의자들은 노동자들의 지지를 얻어 연합 전선을 구축하려고 했다. 그러나 민중당 지도자들은 이를 지지할 경우 농업 급진주의와 프롤레타리아 급진주의 사이에서 생기는 이념적 차이로 말미암아 노동자와 농민 연합은 더욱 어려워질 것이라고 우려했다.

민중당 전국 집행 위원장인 토브넥(Herman E. Taubeneck)은 모건에게 "제10항을 통과시키기 위해서 민중당 회의에 참석했다면 우리는 당신을 원하지 않는다. 만일 그렇다면 사회주의를 가지고 왔던 곳으로 되돌아가라" 고 말했다.[55] 그는 사회주의자들의 주도 아래 민중당 안에서 노동자와 농민이 연합하는 것에 반대했다. 또한 조직 노동자들 가운데 보수적 노동조합과 단일세론자들도 제10항에 반대하여, 제10항은 76:16으로 부결되었다. 결국 스프링필드 회의에서 제10항을 제외한 노동자와 관련된 모든 정강이 승인을 받았다.

7월 일리노이 노동 동맹의 주도 하에 정치적 정강과 독립적인 정치 활동 및 농민과 노동자 연합에 따르는 제반 문제를 협의하기 위하여 다시 스프링필드에서 회의를 개최했다. 이 회의에서 농민, 사회주의자, 단일세론자, 노조주의자, 지식인 등이 농민과 노동자 동맹을 만들기 위한 정강을 의결했다. 모건이 다시 제10항을 제기했으나 59:49로 부결되었다. 이를 계기로 사회주의자들이 퇴장하여 회의가 결렬될 위기에 이르자 로이드는 농민의 곤경은 바로 도시 노동자의 곤경이며, 산업 자본주의 하에서 무자비하게 이익을 짓밟히고 있는 모든 사람들의 곤경이라고 역설하면서 분열을 막으려고 했다. 그는 타협안을 만들어 가능한 한 사회주의자들을 민중주의 운동에 끌어들여 도시 노동자와 농민의 동맹을 조직하려고 했다. 그 타협안의 내용은 스프링필드 회의에 참가한 노동조합의 독립적인 정치 활동 권장, 전국적 규모의 회의 소집, 새로운 당의 창립 유보, 다음 선거에서 생산 · 분배 수단의 집단 소유를 주장하는 민중당 후보에 투표할 것 등을 담고 있다.

로이드는 사회주의자들이 생산 및 경제 활동의 모든 수단을 국가에 의해 사회주의적으로 통제하자는 집산주의자들이기 때문에 민중주의자들의 주장을 희생시키는 것이 아니라고 확신했다. 그리고 그는 일리노이 농민 · 노동자 동맹을 전국적인 동맹으로 확대시키려고 했다. 결국 타협

55 *Illinois State Register*, May 30, 1894.

안이 51:50으로 채택됨으로써 일리노이 노동자 · 민중주의자 동맹이 결성되었으며, 광산 국유화, 철도 · 전기 · 가스의 시영화, 상해와 질병은 고용주 책임, 노동 착취 폐지, 의무 교육, 8시간 노동제, 토지 투기세 징수, 투표자가 찬성하는 한 제10항을 실시할 것 등을 정강으로 채택했다. 당시 일리노이 석탄 파업의 실패와 스프링필드 회의 전야에 일어난 풀만 철도 파업이 도시와 농촌의 급진파들을 제3당으로 통합시키는 자극제 역할을 했던 것이다. 이때 민중당 내의 급진주의자들은 사회주의자들과 연합하여 노동자 · 농민 동맹을 결성할 것을 강조했다.

그러나 민중당 내의 보수주의자들은 사회주의 세력이 민중당에 침투하는 것을 원하지 않았다. 그들은 민중당 안에 농업 노조를 포함한 조직 노조의 세력이 크면 클수록 높은 임금과 노동 시간의 단축을 받아들여야 할 위험이 크다고 주장하면서 민중당 내의 사회주의 세력을 일소하고 은화폐 문제에만 관심을 집중했다.

1894년 12월 세인트루이스에서 개최된 민중당 대회에서 이들간의 의견 대립이 표면화되었다. 로이드는 사회주의자들도 집산주의자들이기 때문에 민중당에 피해를 입히지 않을 것이라고 거듭 강조했다. 그는 지금까지 당 활동에 적극적이었던 사람들이 사회주의자들이었음을 지적하면서 이들을 포용할 것을 역설했다. 이 대회에서 타협안을 재확인하는 결의안이 다시 채택됨으로써 급진주의자들의 입장이 받아들여지게 되었다.

1894년 스프링필드 타협 이후 일리노이 노동 동맹에 가입한 노조 가운데 상당수의 노동조합과 주 노동 동맹이 정치적 정강을 지지했다. 메인, 로드아일랜드, 뉴욕, 오하이오, 미시간, 위스콘신, 일리노이, 미주리, 캔자스, 네브래스카, 몬타나 등의 주 노동 동맹과, 볼티모어, 뉴헤이븐, 클리블랜드, 톨레도, 랜싱, 밀워키 등의 시 중앙 노동조합들이 각각 이를 지지했다. 이러한 상황에서 로이드는 가능한 모든 수단을 동원해서 노동자 · 농민 동맹을 공고히 하려고 했다.

로이드는 곰퍼스에게 노동자 · 민중주의자 동맹을 전국적으로 확장시키는 데 앞장서줄 것을 간청했다. 그는 노동 총동맹의 도움을 받아야만 노동자 · 농민 운동이 전국적인 규모로 확대될 수 있다고 믿었으나, 곰퍼스는 이를 냉담하게 거절했다. 곰퍼스는 노동자가 노동자 · 민중주의자 동맹에 가담하여 정치 활동을 전개하는 것은 노동조합의 활동을 무너뜨리는 결과를 초래할 것이라고 믿었기 때문에 반대했다. 그는 노동조합이 노동자 · 농민 동맹의 부분으로서보다 압력 집단으로서 효과적으로 영향을 미칠 수 있다고 생각했다. 노동 총동맹이 취한 입장 때문에 노동자와 농민 동맹은 심각한 타격을 받았다.

그러나 로이드는 이에 개의치 않고 일리노이 연방 의회 의원 선거에서 노조주의자, 단일세론자, 사회주의자, 민중주의자들과 공동 전선을 이룩하기 위하여 대표자 회의를 소집할 것을 권유했다.

로이드는 자본주의 틀 안에서 노동자와 농민이 연합하여 자본주의의 병폐를 개혁하려고 했다. 결국 그가 원했던 것은 미국 경제의 근본적인 개혁이었다. 그는 국유화론자들과 사회주의자들의 주장을 민중주의자들이 주장했던 독점 기반을 국유화하자는 제한적 집산주의와 조화시키려고 했다. 그러나 그는 이러한 목표를 달성하기 위하여 마르크스 이론을 받아들이지 않았다. 대신에 그는 특권과 독점적인 기업 세력에 대한 미국 민주정치의 전통적인 적대와 자유, 평등권, 형제애라는 기초 개념에 호소했다.

그는 민중주의자들과 노동자들이 연합하는 궁극적인 목표는 민중이 원하는 바와 같이 대부분의 생산 · 분배 수단을 집단적으로 소유, 경영함으로써 '협동 국가'를 수립하는 것이라고 생각했다. 따라서 그가 역설한 협동 국가는 노동자 · 민중주의자 동맹을 전국적으로 확산시키는 데 관념적 기초를 제공했다.

시카고에 있던 모건의 추종자들은 민중주의자들의 활동에 만족했기 때문에 사회주의 노동당 지부로서의 활동을 중지했으며 1894년 말 시카고 사회주의자들은 이미 민중당에 가담했다. 미국에서 호소력이 없었던 프롤레타리아 운동을 포기하고, 그들은 주민 투표, 주민 발의권을 주장하는 민중주의 운동 안에서 무제한적 집산주의(모든 생산 · 분배 수단의 집단 소유)를 선동할 권리를 얻으려고 했다. 이에 대하여 드리온은 사회주의 노동당의 명령에 따르지 않고 민중당에 가입한 중서부 지역 사회주의자들을 비난하면서 모건에게 민중주의 운동에 관여하지 말 것을 요청했다. 당시 드리온은 민중당의 성공은 민중당을 더욱 보수적으로 만들어 사회 노동당이 목표로 하고 있는 부르주아 계급의 청산을 지연시킬 것이라는 입장에서 반대했다.

단일세론자들도 민중주의 운동에 가담하지 말라는 조지(Henry George)의 충고를 무시했다. 그들은 드리온에게서 떨어져 나온 사회주의자, 정치 활동에 가담하지 말라는 곰퍼스의 주장을 무시하는 노동 총동맹 조합원들과 함께 활동했다. 결국 이들은 민중주의의 반독점적 · 제한적 집산주의를 철저하게 확장하자는 것을 기반으로 하여 연합하게 되었다.

1894년 7월 4일 위스콘신 주 노동 동맹이 민중주의자들에게 동조할 것을 선포했으며, 위스콘신 민중당 대회에서는 오마하 정강에 첨가하여 모건이 제안했던 제10항을 포함하는 모든 정강을 채택했다. 미니애폴리스, 세인트폴에서도 노동조합원들과 사회주의자들이 민중주의 운동에 합세했다.

이러한 가운데 로이드는 1894년 선거 유세에서 산업 노동자와 선진적인 농민이 더욱 친밀하게 연합할 필요가 있다고 생각한다고 말하면서 노동자와 농민의 긴밀한 연합을 촉구했다. 계속해서 그는 장래에 노동조합은 농민 계급에게 보다 많은 관심을 가져야 하며, 그들을 공동 행동의 장으로 끌어들이기 위해 가능한 모든 방법을 강구해야 한다고 주장하면서, 불행하게도 이것이 드리온의 신조에 빠져 있었다고 지적했다.[56]

그러나 1894년 주 관리를 선출하는 선거에서 일리노이 노동자 · 민중주의자 동맹은 7%의 지지도 받지 못했다. 이는 미국에서 농민, 노동자, 급진파의 동맹에 대한 전망이 밝지 못함을 제시해주었다. 또한 1894년 선거에서 패배와 노동 총동맹의 정치 정강의 부결로 인하여 민중당 내에 급진주의자들이 불리한 처지에 놓이게 되었다.

결국 일리노이 노동자 · 민중주의자 동맹은 난관에 부딪히게 되었다. 이 동맹은 경제적 · 사회적 개혁 프로그램을 통하여 이루어질 수 있었던 노동자 · 농민 동맹을 연합 정당으로 만들 만큼 강하지 못했을 뿐 아니라 강하게 결합되지도 못했다. 왜냐하면 제한적인 집산주의를 주장하는 민중주의자들이 임금 노동자들에게 이익을 줄 수 있도록 산업 및 도시 공공시설을 확장시킬 수 있을 것인가, 당 기구에 가담할 만큼 노동자의 수가 많은가, 그리고 민중당 강령이 얼마만큼 도시 노동자들의 열망에 부응할 수 있는가 하는 문제가 남아 있었기 때문이다.

궁극적으로 1896년 선거에서 민중당이 패함으로써 이를 계기로 일리노이 노동자 · 민중주의자 동맹은 와해되었으며 전국적인 노동자 · 농민 동맹도 결코 실현되지 못했다.

2.2 민중주의에 대한 노동자들의 입장

2.2.1 곰퍼스의 입장

곰퍼스가 중심이 된 노동 총동맹(AFL)은 정치 운동에 연루되지 않고

56 Carl Reeve, *The Life and Times of Daniel De Leon*, pp.103–104.

경제적인 면에서만 노동자의 권익을 확대시키려는 조직이다. 즉 노동 총동맹은 임금 인상, 노동 시간 단축, 노동 조건 개선 등 '먹고 사는 운동(bread and butter)'을 표방했다. 따라서 노동 총동맹은 독자적으로 정치세력을 만들지 않고, 노동자의 친구는 당선시키고 노동자의 적은 낙선시킨다는 입장에서 공화, 민주 양 당 가운데 그들의 권익을 보장해주는 정당을 지지할 것을 밝혔다. 그는 민중당이 창당된 1892년 7월 대통령 선거를 앞두고 *North American Review*지에 공화당, 민주당, 민중당 가운데 어느 당 출신이 대통령에 당선되든지 노동자와 임금 노동자의 노동 조건 개선에는 어떠한 영향도 미치지 못할 것이라고 썼다. 그는 당파나 인물을 떠나 노동자에 대한 각 정당의 정책에 따라 노동자의 편을 드는 정당에 투표해야 한다는 입장을 밝혔다.[57]

그러면 곰퍼스가 민중당과의 연합에 반대하고 순수한 노동조합주의(trade unionism)에 충실하여 그들의 현실적 목표를 달성하려고 했던 이유는 무엇인가? 곰퍼스는 노동 총동맹이 당이나 선거 운동으로부터 자유로울 때 각 정당의 정강을 올바르게 판단할 수 있는 동시에 노동자에게 약속을 지키지 않은 정당에게 책임을 물을 수 있다고 생각했기 때문이다. 다시 말해서 그는 숙련공만으로 조직된 직능 노조인 노동 총동맹을 통해서만 노동자들의 목표를 달성하려고 했다. 그는 노동 총동맹을 통하여 임금 노동자들의 경제적 조건이 개선될 때마다 그것은 반드시 임금 노동자나 민중들에게 정치적으로나 사회적으로 영향을 끼칠 것이라고 생각했다. 그래서 그는 노동 계급이 조직한 정당보다는 기존의 정당 안에서 노동 계급의 권익을 보장하도록 압력을 가하려고 했다. 그래서 그는 노동자들이 민중당과 연합하는 것에 반대했던 것이다.

57 Samuel Gompers, "Organized Labor in the Campaign," *North American Review*, CIV, July, 1892, pp.91–96.

또한 곰퍼스는 독점에 대하여 민중주의자들과 다른 생각을 가지고 있었다. 독점은 산업화에 따라 불가피하게 나타나는 것으로 트러스트는 산업의 보다 더 과학적인 조직이기 때문에 본질적으로 노동자의 이익과 대립되는 것은 아니라고 그는 생각했다.[58] 다만 그 폐단이 문제인데 그것은 정치 활동을 통해서가 아니라 노동조합에 의해서만 제거될 수 있다고 주장했다. 왜냐하면 독점으로 인해서 부를 축적한 자본가 계급의 권력이 증대되어 국가의 정치가 금권 계급의 수중에 들어갈 정도로 부패했기 때문에, 그러한 국가에게 독점의 규제를 기대할 수 없다고 그는 생각했다.

심지어 그는 정부가 노동자의 권익을 보장하는 노동 입법조차 반대했다. 자본가들이 그 법을 자기들에게 유리하게 적용하게 되기 때문에 노동자들에게는 오히려 불리할 것이라고 생각했기 때문이다. 결국 그것은 정부에게 특권을 부여하는 결과가 될 것이고, 그렇게 되면 노동자들은 더욱 정부의 규제를 받게 될 것이라고 생각했다. 뿐만 아니라 노동 총동맹에 가입한 숙련공들도 다른 노동자들에게 유리한 노동 입법에 무관심했는데, 이는 그들이 이미 얻은 것조차 잃어버릴지도 모른다고 생각했기 때문이다.

그러나 1894년 7월 노동자 · 농민의 스프링필드 타협 이후 일리노이 노동자 · 민중주의자 동맹이 결성되자 노동 총동맹에 가입한 노동조합 가운데 상당수가 정치적 정강을 지지했다. 그해 주 의회 선거에서 로이드, 모건, 데브즈를 비롯한 지부 지도자 중 약 300명이 일리노이 노동자 · 민중주의자 동맹의 후보로 출마했다. 그러나 단지 6명만이 당선됨으로써 그 결과는 실망스러웠다. 이는 노동조합의 정치 활동이 현실적이지 못하다는 것을 드러낸 것이었다. 또한 이러한 결과는 그해 12월 덴버에서 개최된

58 Bernard Mandel, *Samuel Gompers: A Biography*, Ohio, 1963, p.138.

노동 총동맹 총회에서 정치 정강을 부결시키는 데 결정적으로 작용했다.

이때 로이드가 노동자 · 농민 동맹을 확산시키는 데 곰퍼스의 도움을 요청했으나 그는 거절했다. 곰퍼스는 노동조합이 노동자 · 농민 동맹에 가담하는 것은 노동 운동을 붕괴시키는 결과를 초래할 것이라 생각했다. 그는 독립적인 노동 정당 운동과 노동 운동의 성장은 반비례한다고 생각했으며 노동자가 경제적 자유를 얻었을 때 정치적 자유를 향유할 수 있고 그 자유가 가장 소중한 자유라고 주장했다.

곰퍼스가 민중당과의 연합에 반대한 또 다른 이유는 민중당이 노동자의 당이 아니라 노동자를 고용한 자들의 당이라는 입장 때문이었다. "민중당이 노동자의 정당이라는 생각에서 민중당을 지지하는 것은 옳지 못한 생각이요 행동이다. 민중당은 구성에 있어서 노동자의 당이 아니며 또한 그럴 수도 없다. 왜냐하면 현재의 민중당은 농촌의 피고용 농민 혹은 도시 노동자의 이익을 전혀 고려하지 않는 고용 농민으로 구성되었기 때문이다. 그러므로 양자 간에는 목적이나 방법, 관심이 다를 수밖에 없다"라고 그는 말했다.[59] 그는 사회악을 개선하여 공화국의 정체를 보존하려는 민중당의 노력에 대해서는 동조하지만 과거의 경험에 비추어볼 때 민중당과의 연합 또는 합의는 자연스럽지 못하다고 했다. 즉 그는 농장과 공장, 작업장에서 임금을 주는 자가 어떻게 노동자와 연합할 수 있겠는가, 라고 반문했다.

뿐만 아니라 민중당을 통하여 노동자의 요구가 관철되면 노동자들이 노동조합에 충실하지 못할 것이라고 생각했다. 따라서 그는 노동조합을 통하여 임금 노동자의 권익을 향상시켜야 한다는 그의 기본 입장을 바꾸지 않았다.

59 Samuel Gompers, *Ibid.*, pp.91–96.

궁극적으로 곰퍼스는 당파와 선거 운동에서 벗어나 현재 노동자가 당면한 문제를 가능한 한 신속하게 해결해야 한다고 생각했다. 그는 "우리가 해야 할 일은 어제보다 오늘을, 오늘보다 내일을 더욱 낫게 만드는 것이며, 혁명주의적이기보다는 개혁주의적인 기초에 토대를 두고 점진적으로 노동 조건을 개선함으로써 노동 계급의 해방을 성취하는 것"이라고 주장했다. 뿐만 아니라 그는 노동조합 운동이 노동자들의 목표를 이룩하는데 있어 인간이 만든 것 가운데 가장 신속하고 안정된 최선의 것이라고 말했다.[60]

그는 경제 활동을 통해서만 노동자들의 현안 문제를 해결하려 했기 때문에 정당이나 정부에 의존하려 하지 않았으며, 파업을 통해서보다는 단체 교섭을 통해서 그들의 목표를 달성하려 했다. 따라서 1894년 풀만 철도 파업 때 노동 총동맹의 집행 위원회가 곰퍼스에게 동정 파업을 요구했으나 거절했다. 왜냐하면 그는 노동 총동맹의 조직을 강화시키는 것이 더욱 시급하다고 생각했기 때문이었다. 그는 노동자들의 경제적인 이익을 강조하면서 작업장을 민주화시킴으로써 빈곤의 수렁에서 노동자들을 건져내고, 권리와 의무를 제대로 인정받지 못하는 자들을 일으켜 세우는 것이 가장 확실한 방법이라고 생각했다. 이 임무가 "가치 있는 우리의 최선의 노력이고, 우리의 최고의 열망이며, 우리의 가장 고결한 충동"이라고 추종자들에게 말했다.[61]

그렇다면 일반 노동자들은 민중당에 대해 실제로 어떠한 입장을 가지고 있었는가? 앞에서 언급했던 바와 같이 1892년 선거를 앞두고 노동자와 사회주의자들의 민중당에 참여가 현저하게 증가했다. 특히 이 당시 파업

60 Samuel Gompers, *Labor and the Common Welfare*, New York, 1919, p.128.
61 Will, Chasan, *Samuel Gompers: Leader of American Labor*, New York: Praeger Publishers, 1971, p.92.

의 실패, 불황 등은 노동자들로 하여금 민중당에 참여를 촉진했다. 오하이오 광산 노동자 연합(Ohio United Mine Workers Union)이 민중당과 연합하고 국제 기계공 노조(International Association Machanists), 가구공 노조 등도 잇달아 노동 총동맹의 비당파적인 입장에 반기를 들고 민중당에 지지를 표명했다.

이처럼 민중당의 세력이 확장되어감에 따라 1892년 12월 노동 총동맹 총회에서 일부 노조 지도자들이 민중당과의 연합을 주장했다. 또한 총회는 민중당의 강령 가운데 주민 발의권, 주민 투표, 전신 · 전화의 정부 소유를 지지하는 결의안을 채택했다. 특히 1893년 공황과 이에 따른 장기간의 경기 침체에 '순수하고 소박한 노조주의'가 잘 대처하지 못하자 이를 계기로 사회주의자들과 노동자들은 독립적인 정치 활동을 전개할 것을 거듭 주장했다.

그러나 노동조합의 정치 활동에 대한 곰퍼스의 부정적 태도에는 변함이 없었다. 순수하고 소박한 노동조합만이 임금 노동자의 자연스러운 조직이며 동시에 그것만이 현재의 물질적이고 실질적인 개선을 도모하여 노동자의 최후 해방을 달성할 수 있다는 생각에는 변함이 없다고 했다.[62] 그는 1892년 선거 때도 지역 노조들의 민중당 후보 지지 압력에도 불구하고 적극적으로 저지했을 뿐 아니라 노동 총동맹이 민중당을 지지할 것을 요구하는 소리가 커지자 더욱 정치에 직접 참여하는 것을 피하도록 결정했다.

그럼에도 불구하고 민중당과의 연합을 주장하는 자들은 연합이 정치적인 것이기 때문에 경제적 조직인 노동 총동맹에게는 손실이 없다고 응수했다. 이에 대하여 곰퍼스는 노동조합만이 독점 자본이나 금력에 대항

62 Samuel Gompers, *Labor and The Common Welfare*, p.3.

할 수 있으며, 인위적으로 빠른 시일 안에 정치 활동을 통해서 노동 조직을 팽창시키려고 하는 것은 오히려 노동조합을 분열시키는 결과를 초래할 것이라 하여 민중당과의 연합에 반대했다.

이와 같은 곰퍼스의 민중당에 대한 비우호적인 태도는 민중당이 은 화폐 자유 주조 문제에 기울어지면 질수록 더욱 강해졌다. 그는 은 화폐 자유 주조는 비현실적인 만병통치약으로서, 노동자들의 관심을 노동자들이 당면한 실제 문제로부터 다른 곳으로 돌림으로써 중요한 노동 문제를 외면케 했다고 지적했다.

노동자들이 1896년 대통령 선거에서 브라이언(William Jennings Bryan)을 지지할 것을 요구하자 정치적 중립을 표방하면서, 그는 정치적 당파라는 바이러스에 감염되어 노동 조직을 분열시키고 파괴하는 병에 걸리지 않도록 노동자들을 설득했다. 그는 노동 총동맹이 브라이언을 지지하는 것이 사회주의자들이 노동자 세력을 정치에 이용할 수 있는 예로 만들어주는 것이라고 생각했다. 그는 정치에 열정을 가지고 있었으나 어떠한 정당과도 연합할 마음이 없었으며, 정당과 연합하는 것은 노동 총동맹의 몰락을 초래할 것이라는 생각에는 변함이 없었다.

일부 노동 총동맹 지부는 곰퍼스의 권유에도 불구하고 그의 처사는 자치 원칙에 위배되는 것이라 주장하면서 브라이언을 지지했다. 그러나 선거에서 브라이언이 패배함으로써 곰퍼스의 주장이 옳았음이 입증되었으며, 실제로 노동 총동맹도 선거에 영향을 줄 만큼 성장하지 못했다는 것이 밝혀지게 되었다.

선거 이후 곰퍼스는 노동조합이 일체의 정치적 권력을 가지는 것에 반대했을 뿐 아니라 반독점주의, 사회주의, 개혁주의, 새로운 노조주의 사이에는 공통점이 없다고 주장했다. 오직 그는 '순수하고 소박한' 노조주의를 통하여 노동자의 현실적 목표를 달성하려 했다.

결국 노동 총동맹은 1896년 경기가 호전되면서 기존의 계급 관계 안에서 노동자의 이익을 보호하고 확대하는 데 전념했다. 따라서 노동 총동맹은 숙련 노동자를 대표하는 노동 조직으로서 기반을 확고히 했다. 1904년에 미국에 전체 노조 가입자 207만 명 가운데 167만 명의 회원을 가질 정도로 성장했다.

2.2.2 드리온의 입장

민중당 창당 이전에도 사회주의 노동당은 불만을 가진 농민과 노동자가 각각 동일한 것을 원하는 것은 잘못된 생각이며, 이는 농민의 요구를 이해하게 되면 쉽게 밝혀질 수 있는 문제라 하여 농민과 노동자의 이해관계가 다르다는 것을 암시했다. 뿐만 아니라 드리온도 서부 농민 운동과 동부 프롤레타리아 운동의 결합은 사회주의 노동당에 불운을 초래할 것이라고 하면서 민중당은 노동자에게 전혀 소용이 없을 뿐 아니라 농민과 민중당의 본질은 똑같이 보수 · 반동적이라고 했다.[63]

그는 "정부는 민중 전체의 것이며, 민중이 지배해야 하고, 생산 제도는 민중이 공동으로 소유해야 한다. 모든 임금 노동자는 사회주의 노동당의 기치 아래 계급의식적인 집단으로 조직되어 계급투쟁에 의해 노동자가 권력을 장악해야 한다. 따라서 계급은 폐지되어야 하고, 토지, 생산, 분배. 수송 등 모든 수단은 민중에게 반환되어야 하며, 모든 노동자들이 자유롭게 일하고 능력에 따라 보상을 받는 협동 국가가 수립되어야 한다"고 역설했다.

그가 경제적 집산주의를 주장했다는 점에서 민중주의와 유사성을 찾을 수 있다. 그러나 민중당은 개혁을 통해 자본주의의 병폐를 개선하려 한

63 *The People*, New York, June 7, 1892.

데에 반해, 사회주의 노동당은 자유 기업 제도를 전복하고 이와는 다른 사회주의적 집산주의를 주장했기 때문에 사회주의자들이 민중당에 참여하는 것을 반대했던 것이다.

뿐만 아니라 드리온은 사회주의 혁명을 통해 자본주의와 임금 노예 제도를 무조건 전복하고 계급 지배를 완전히 폐지하는 것을 궁극적인 목표로 생각하고 있었기 때문에 민중당을 '중산 계급의 부패한 정당'으로 간주했다. 그는 민중주의의 목적은 근대의 진보가 처하게 된 계급을 영속시키는 것이고, 유일한 결과는 노동자들이 완전히 해방될 날을 지연시킴으로써 가난한 자들의 고민을 연장시키는 것이라고 했다. 따라서 그는 자본주의의 병폐를 해결하기 위한 구체적인 해결책을 제시한 민중당과 연합하는 것은 사회주의 혁명을 위태롭게 할 뿐이며, 궁극적으로 승리하는 것이 사회 혁명의 목적이어야 하고, 사회주의 그 자체가 목표이어야 한다고 강조했다.[64]

그러므로 그는 민중당이 추구하는 개혁이 임시방편적이고 사회주의 실현에 장애물이 된다고 생각했다. 그는 민중주의 운동이 민중의 판단을 혼란시키고 용기를 빼앗아가기 때문에 유럽과 비교할 때 미국의 사회주의 운동이 낙후되었다는 입장을 밝혔다. 따라서 민중주의자들이 사회주의 노동당과의 협동을 제안했을 때 단호히 거절했다. 그는 우리 혁명가들은 노동 계급의 해방과 모든 착취의 폐지를 추구하지만 민중주의는 프롤레타리아에게 임금 노예의 사슬을 보다 더 단단하게 채우려고 한다고 말하면서 중산 계급의 착취보다 더한 착취는 없다고 했다.[65] 계속해서 그는 혁명적 계획이 없는 정치적 개혁은 실패하기 마련이라는 전제 아래 이제 민중

64 *The People*, New York, September 6, 1891.

65 Sarah E. E. Emery, "Seven Financial Conspiracies Which have Enslaved the American People," Ghita Ionescu and Earnest Geller(ed.), *Populism: Its Meaning and National Charateristics*, Macmillan Co., 1969, p.222.

당은 중산 계급 운동임이 백일하에 드러났고, 사회주의 가면을 벗게 된 민중당은 더 이상 서부 주에서 우리 당의 진로와 성장을 방해하지 못할 것이라고 사회주의자들을 고무시켰다. 민중주의는 기회주의의 산물에 불과하며 노동자들을 잘못 인도했다고 그는 생각했다. 노동자들의 판단력을 흐리게 하고, 노동자의 희망을 꺾고, 노동자의 용기를 잃게 만드는 것이 민중주의자들의 본연의 모습이라고 민중주의를 비난했다. 바로 1896년 선거에서 민주당과 연합한 사실이 자신의 입장을 여실히 증명해주는 것이라고 그는 주장했다.

뿐만 아니라 1896년 사회주의 노동당 대회에서 집행 위원 회의는 민중주의가 중산 계급 운동으로서 특성을 강화시킬 수 있는 힘을 가지게 되었을 때 민중주의는 홀로서기를 끝낼 것이며, 많은 노동자들이 민중주의에 유혹되어 추종하게 됨으로써 서부 주에서 사회주의 노동당의 성장을 방해하게 될 때, 사회주의적 주장을 제거할 것이라고 보고했다.

그는 노동조합의 목표도 자본주의를 무너뜨리고 사회주의를 이룩하는 데 있음을 강조했다. 그는 정치적 혁명과 경제적 혁명을 동시에 이룩하여 사회주의 정부가 생산 및 행정을 담당할 때 임금 노예 제도가 무너지고 사회주의의 실현이 가능하게 될 것이라고 주장했다. 따라서 노동조합은 노동 계급을 전국적으로 단결케 하여 사회주의를 이룩하기 위하여 존재하는 것이라고 그는 말했다. 이러한 면에서 드리온은 순수하고 소박한 노동조합을 통하여 노동자들의 현실적 목표를 달성하려 했던 곰퍼스와는 근본적으로 다르다고 하겠다. 드리온에게 있어서 자본주의 제도 안에서 개혁을 추구하는 노동 기사단과 노동 총동맹은 일시적이며 혁명할 수 있는 힘을 분산시켜 노동자를 실망시키는 조직으로 간주되었다. 노동 운동을 노동자와 자본가의 생존을 위한 투쟁으로 인식했던 드리온에게는 노동 총동맹이 반동 조직에 지나지 않았다.

1892년 경기가 침체되고 홈스테드 철강 파업을 비롯한 버펄로, 아이다호 등지에서의 파업이 실패로 끝난 바로 그때에 민중당이 창당되어 독점주의와 부의 집중을 공격하고 철도, 토지 등 독점 분야에 대하여 경제적 집산주의를 표방했다. 뿐만 아니라 1892~1893년의 불황, 실업 증가, 임금 감소, 감원 조치 등으로 인한 노동 조건의 악화와 파업의 실패로 노동자들은 노동조합을 통하여 그들의 요구를 실현하는 데 회의를 품게 되었다. 여기에서 사회주의자들은 노동 총동맹의 기본적인 노동 정책을 수정할 것을 요구했다. 이때 드리온은 노동조합을 무용지물로 간주하고 노동자가 취할 수 있는 방법은 사회주의 노동당을 지지하는 것뿐이라고 했다. 또한 노동 총동맹 안의 사회주의자들과 급진적 지도자들도 노동조합의 정치적 활동을 강조했다.

그러나 드리온은 자본주의 하에서는 노동 계급이 자기들의 목적을 이룰 수 없다는 것을 강조하면서 자본주의와 적극적인 투쟁을 통하여 사회주의를 실현하고 노동자들의 복지를 추진하기 위하여 사회주의 노동당을 지지하는 것이 노동자들이 할 수 있는 유일한 방법임을 역설했다.

드리온의 이러한 주장에도 불구하고 1892년 12월 노동 총동맹 총회에서 일부 노조 지도자들이 민중당과의 연합을 주장했으며, 총회도 민중당 강령에 있는 주민 발의권, 주민 투표, 전신 · 전화의 정부 소유 등을 지지하는 결의안을 채택했다. 노동자들의 이러한 경향은 1893년 경제 공황과 장기간의 경기 침체로 인한 빈곤, 실업 등 사회적 문제가 야기되자 순수하고 소박한 노조주의가 이에 대응하기에는 약하다고 생각했을 때 더욱 강해졌다. 이에 노동조합의 가입자 수는 줄어들었고 사회주의자들과 노동자들은 정치적 활동에 기대를 걸게 되었다.

이러한 때에 1893년 12월 모건이 시카고에서 개최된 노동 총동맹 총회에서 정치 강령을 제안하여 사회주의적인 정치 활동을 모색했다. 그 당시 드리온은 그의 제안을 통과시킬 것을 주장하면서 *People*지에서 자본주의가 존재하는 한 풍요로운 생활은 불가능하며 노동 조건이 더욱 악화되기 때문에 임금 노예 제도와 자본주의 제도를 폐지하고 사회주의 정부로 대체할 것과 투표에 의하여 공권력을 장악할 것 등을 역설했다.[66]

반대로 곰퍼스는 노동 총동맹이 정치 강령을 채택한다면 직능별 조합주의에 따라 가입한 많은 노동자들을 잃을 것이라고 했다. 뿐만 아니라 강령이 채택되면 노동자들은 여론에서 소외될 것이고 노동조합은 사회주의로 말미암아 분열될 것이라고 주장했다.

모건의 제안이 부결되자 드리온은 "순수하고 소박한 노조주의가 정체를 드러냈다. 이를 추종하는 자들은 무지하고 부패하여 노동 운동을 지도할 자격이 없다. 이들을 계몽하고 통일하는 것은 불가능하다" 고 역설했다. 또한 곰퍼스를 '노동 성자', '월 스트리트의 매끄러운 도구' 라고 비난하면서[67] 사회주의자들이 노동 총동맹에서 탈퇴할 것을 종용했다. 나아가 그는 노동 총동맹과 노동 기사단이 자본주의의 앞잡이로 노동자들의 해방을 막았다고 주장하면서 무장 혁명을 통해서 지배 계급과 임금 제도를 철폐해야 한다고 강조했다.

그 후 드리온은 민중당 안에서 은 화폐 자유 주조 문제가 거론되자 은 화폐 자유 주조자들의 주장을 공격하면서 민중주의자들과 연합을 금하고 이를 위반한 지부에 대하여 정권 처분을 내렸다.

그는 은 화폐 자유 주조는 원료와 식량 가격의 인상을 초래할 것이고 이에 따라 노동자의 실질 임금이 저하되기 때문에 노동자에게는 슬픔만을 안겨줄 뿐이라고 주장했다. 만일 민중주의자들이 노동자들의 지지를 받아 승리한다면 그 이익을 어떻게 분배하겠는가, 라고 반문하면서 그는 은

66 *The People*, New York, July 4, 1894.
67 Will Chasan, *Samuel Gompers: Leader of American Labor*, p.81.

화폐 자유 주조는 노동자들을 임금 노예 제도에 묶어두는 술책에 지나지 않을 뿐 아니라 자본가 계급의 경제적 지배를 종식시키지도 못할 것이라고 비판했다.

나아가 은 화폐 자유 주조를 주장하는 민중당은 노동자를 억압하는 악의 뿌리를 근절시키는 것이 아니라 오히려 노동자를 희생시켜 소농민의 이익을 위하는 정당에 지나지 않는다고 그는 생각했다. 민중주의자들에 대한 그의 태도는 근본적으로 적대적이었다. 그가 발행했던 *People*지에 자본가에 반대하는 기사보다 민중주의자들에게 반대하는 입장을 표명한 것이 더 많았다는 사실이 이를 입증해준다고 하겠다.

드리온은 개혁을 통하여 사회주의를 실현시키려고 하는 것은 노동 계급의 혁명에 대한 열정을 식게 만들고 노동 계급을 기만하는 것이라고 생각했다. 따라서 노동자들이 민중당에 가담하는 것에 반대했을 뿐 아니라 순수하고 소박한 노조주의는 철저히 배제해야 한다고 주장했다. 이처럼 그는 곰퍼스의 순수하고 소박한 노조주의에도 반대했다. 그는 곰퍼스와 노동 총동맹을 자본가의 도구라고 혹평하고 노동자들에게 독자적인 정치 운동에 가담할 것을 촉구했다. 이어 그는 모든 계급투쟁의 원인이 되고 있으며, 자본주의의 소수에 의한 다수의 착취의 근원인 이윤과 임금 제도의 폐지를 목적으로 하고 있는 사회주의 노동당을 지지할 것을 호소했다.

그러나 이러한 호소는 노동자들에게 큰 반응을 얻지 못했다. 사회주의 노동당은 1896년 대통령 선거에서 겨우 3만 6천 표를 획득했다. 이는 드리온의 주장이 그들의 현실적인 목표를 신속하게 이룩하려는 노동자들의 요구를 만족시켜줄 수 없었다는 것을 나타내는 것이다.

민중주의자들은 자본주의 체제 자체를 부정하지 않았다. 그들은 자본주의의 병폐인 부의 집중에 반대하여 반독점주의와 평등주의의 기치를 높이 들었고, 노동자와 농민의 연합을 통하여 민중당의 개혁 원칙을 실현하려는 개혁주의자들이었다. 따라서 민중주의자들은 자본주의를 '폐지' 또는 '대치'되어야 하는 것이 아니라 '개혁되어야 하는 것'으로 생각했다. 그렇기 때문에 그들은 자본주의 제도를 무너뜨리려는 사회주의자들이 아니라 자본주의의 병폐를 개혁하려는 개혁가들이었다. 그들은 부의 공정한 분배는 근본적으로 사회를 재편성하지 않고서도 이루어질 수 있다고 믿었다.

그러나 노동 운동의 지도자인 곰퍼스와 드리온은 이러한 민중당의 개혁 사상을 받아들일 수 없었다. 왜냐하면 곰퍼스는 '순수하고 소박한' 노동조합주의에 입각하여 임금 인상, 노동 시간 단축, 노동 조건 개선 등 노동자들의 현실적인 목적을 신속하게 이루려고 했기 때문이다. 뿐만 아니라 노동 총동맹은 숙련 노동자들만의 조직으로 이들은 미숙련 노동자들을 같은 계급으로 간주하지 않은 배타적 성격을 지니고 있었기 때문에 모든 노동자와 농민의 연합을 주장한 민중당에 동조할 수 없었다. 노동 총동맹은 모든 노동 계급의 복지보다는 외국인과 흑인을 제외한 숙련 노동자의 복지와 이익을 우선적으로 추구했다는 점과 그들의 현실적 목표를 노동조합을 통하여 이룩하려 했다는 점에서 보수적이다. 따라서 반독점주의와 평등주의를 내세우고 노동자와 농민의 연합을 통하여 민중당의 개혁 원칙을 실현시키려고 했던 민중주의자들의 주장은 곰퍼스에게는 급진적으로 받아들여졌다.

드리온도 민중당과의 연합에 반대했다는 면에서는 곰퍼스와 같다. 그러나 민중당에 반대한 입장이 다르다. 민중당은 독점을 초래한 자본주의의 병폐를 개혁하려 한 데 비하여 드리온은 자본주의 체제를 부정하고 혁명을 통하여 사회주의적 집산주의를 실현하려고 했다. 따라서 드리온은 민중주의자들이 사회 구조의 근본적 변화를 원하지 않고 부르주아지의 지위를 그대로 유지하기를 원하기 때문에 아무것도 얻을 것이 없다고 생각했다. 사회주의 혁명을 통해 자본주의와 임금 노예 제도를 무너뜨리려는 드리온에게 민중당은 부패한 중산 계급 정당에 불과했기 때문에 민중당에 가담하는 것은 사회주의 혁명을 위태롭게 할 뿐이라고 확신했다.

뿐만 아니라 드리온은 노동 총동맹도 자본주의 제도 안에서 임금 인상, 노동 시간 단축, 노동 조건의 개선 등 현실적인 목표를 신속하게 실현시키려 했기 때문에 반동적이라 생각했다. 드리온은 노동 총동맹을 '부패하고 퇴폐적인 조직'이라고 비판했다.

궁극적으로 민중주의 운동은 곰퍼스에게는 급진적이었고, 드리온에게는 보수적이라고 생각되었기 때문에 그들 모두 농민과 노동자의 연합에 반대했다.

3. 유태인 문제

미국에서 민중주의와 20세기 권위주의 운동이 서로 관련이 있다고 주장하는 역사가들은 실제로 도넬리를 중심 인물로 보았다. 1951년 핸들린(Oscar Handlin)이 민중주의가 미국 내 반유태주의의 기원이라는 견해를 제기했을 때, 그는 단지 도넬리가 쓴 『*Caesar's Column*』이라는 소설을 근거로 민중주의가 반유태적이라고 주장했던 것이다. 핸들린은 민중주의의 반유태적 성격을 설명하는 전체 내용 속에서 『*Caesar's Column*』을 취급한 것이 아니라, 그 책에 등장하는 주인공이 유태인이라는 사실을 지적했다.[68]

이렇게 시작된 반유태주의에 대한 책임은 문학에서도 문제가 되었다.

68 Oscar Handlin, "American View of the Jew Opening on the Twentieth Century," *Publications of the American Jewish Historical Society*, XL, June 1951, pp.323–344.

1955년 홉스태터가 핸들린이 제기했던 견해를 발전시켰다. 홉스태터는 『*Caesar's Column*』의 내용을 더 이상 거론하지 않고 민중주의는 사람들이 현대 반유태주의에 관해 가졌던 대부분의 생각을 활성화시켰을 뿐 아니라, 민중주의가 반유태적이기 때문에 민중주의 운동은 토착적이고 배타적이라고 결론지었다.[69] 이때부터 민중주의에 대하여 뿐 아니라 '민중주의적'인 모든 것에 대하여 반유태적이라는 비판이 가중되었다. 이렇게 민중주의 운동의 반유태적 성격은 『*Caesar's Column*』의 몇몇 행에 따라 결정되었다.

그러나 폴락(Norman Pollack)과 뉴젠트(Walter T. K. Nugent) 등의 학자들은 이와 상반된 견해를 가지고 있었다. 그러므로 민중주의의 유태인에 대한 입장을 파악하기 위하여 민중당 강령을 비롯한 여러 민중주의자들의 금권 계급에 대한 입장과 도넬리의 작품인 『*Caesar's Column*』과 『*Golden Bottle*』을 분석해보자.

3.1 금권 계급에 대한 민중주의자들의 입장

민중주의자들은 화폐 문제를 모든 악의 근원이라고 생각했다. 그들은 통화량에 신축성이 없어 발생되는 저렴한 농산물 가격과 가중되는 금리의 압박으로 국가 금융과 재정이 소수 이익 집단에 의해 좌우되는 것에 반대했다. 그들은 이에 대한 해결책으로 법화인 지폐 발행, 은 화폐 자유 주조(무제한 주조) 등을 주장했다. 1865년부터 1879년까지 미국은 통화 수축 정책을 추진했다. 1878년 재무장관이 매달 200만 달러에서 400만 달러까지 은을 매입할 것을 요구하는 블랜드-앨리슨법(Bland-Allison Act)과

69 Richard Hofstadter, *The Age of Reform: Form Bryan to F. D. R.*, New York: Vintage, 1955, p.80.

1890년 재무부 증권의 법적 채무 지불을 위하여 재무부가 시장 가격으로 매달 450만 온스의 은을 매입하고 그것을 금으로 지불해줄 것을 규정한 셔먼 은 매입법(Sherman Silver Purchase Act)에도 불구하고 통화 수축 정책은 크게 달라지지 않았다.

이러한 정책은 채무자인 농민에게 심각한 영향을 끼쳤다. 화폐량이 감소했는데도 불구하고 인구와 상공업은 계속 증가했으며, 부가 소수에게 집중되었다. 그럼에도 불구하고 셔먼(John Sherman), 맥킨리(William Mckinley), 클리블랜드(Grover Cleveland) 등 유능한 정치가들이 부의 집중을 가속화시키는 법과 정책을 내놓았다. 이러한 정치가들의 비호 아래 일차적으로 혜택을 받은 것이 월 스트리트 재정 위원회(Wall Street Financial Community)였다. 이 위원회는 많은 소규모 은행 자산과 주식뿐 아니라 주식회사, 저당 대리점 등을 지배하고 있었다. 그런데 채무국이라는 미국의 위치 때문에 월 스트리트는 부유하고 규모가 큰 런던의 롬바르드, 트레드니들 스트리트에 있는 재정 위원회에 경제적으로 종속적인 위치에 있었다. 로스차일드家(Rothchilds)가 그 재정 위원회에서 큰 영향력을 가지고 있었다.

민중주의자들은 화폐 문제에 대하여 네 가지 점을 지적했다. 그들은 통화 수축으로 인한 절박한 재정난, 부의 조작자에 대한 비난, 통화 수축 정책을 시행한 자와 동부의 재정가와 런던 중심의 세계적으로 유력한 재정가들 사이에 연관이 있음을 지적했으며, 은 화폐 자유 주조, 지폐 발행, 전국 금융 제도 철폐가 재정난을 해결하는 길이라고 생각했다.

금리 문제 또한 농민을 곤경으로 몰아넣었다. 동부 고리대금업자로부터 높은 금리로 돈을 빌릴 수밖에 없었던 농민들의 농지 저당이 심각할 정도로 증가하여, 1900년에 이르면 남부 전 농토의 3분의 1이 저당 잡혀 있었다. 결국 저당 부채액의 증가로 농민은 저당을 유실하거나 파산하는 경우가 빈번했다. 이러한 상태에서 민중주의자들은 고리대금업자들을 비난하면서 농민들에게 토지와 농작물을 담보로 하여 저금리로 대부해줄 것을 강력하게 주장했다. 그들은 오마하 정강 전문에서 농민들이 신축성 없는 통화와 금본위 제도 때문에 곤경에 봉착한 반면에 고리대금업자와 독점 자본가 등은 통화 긴축과 높은 금리로 막대한 이득을 획득했음을 비난했다.

더불어 독점의 시대가 도래했기 때문에 농민은 제조업자, 상인과도 경쟁이 되지 못했을 뿐 아니라 대기업, 트러스트, 기업 연합, 기업 합동 등의 독점과 제조업자의 음모 때문에 부가 소수에 집중되었음을 밝혔다. 그리고 민중주의자들은 음모를 분쇄하지 않으면 심각한 사회 위협, 문명 파괴와 압제가 이룩될 것을 예고했다. 민중주의 운동은 정의와 평등에 입각하고 있다는 현 제도 아래서 민중이 공정하게 대우받지 못하고 있다는 음모의 개념에서 시작되었다.

민중주의자들이 음모의 분쇄를 주장한 데 대하여, 홉스태터는 민중주의의 이데올로기를 논하면서 역사의 음모설을 주장했다. 그는 남북 전쟁 이후의 미국사를 국제적 금력의 지속적인 음모로 볼 수 있다는 민중주의자들의 생각은 농민과 노동자들이 철저하게 억압당했다는 느낌 때문이라고 설명하면서, 음모라고 생각한 것은 잘못이라고 지적했다. 홉스태터는 역사가 음모라는 것과 때때로 일어나는 음모 행위와는 큰 차이가 있다고 비판했다. 그리고 그는 음모설이 일종의 수사적인 반유태주의와 관계가 있다고 민중주의의 토착주의적 성격을 비판했다. 1890년대 이전에 반유태주의는 미온적이었으며, 화폐 · 신용 대부 문제와 관련되어 있었는데 19세기 말에 이르러 이러한 경향이 강화되었다고 그는 주장했다. 그는 민중주의자들이 유태인과 '국제적 금력 조직'이 같다는 생각에 사로잡혀 있었다고 말하면서, 은화폐론자들에게 있어 유태인은 역사 음모의 장본인이라고 지적했다. 브라이언과 은화폐론자들이 "종족에 대한 공격이 아니다. 우리는 종족이나 종교를 불문하고 욕심과 탐욕을 공격하고 있다"고 한 말을 인용하면서 민중주의자들의 반유태주의는 수사적이라고 홉스태터는 주장했다. 또한 그들의 반유태주의는 배외 사상과 함께 성장했다고 강조했다.[70] 결국 그는 민중주의가 반유태적 · 토착주의적 성격을 가지고 있음을 지적함으로써 민중주의의 보수적 성격을 강조했다.

그러나 뉴젠트는 민중주의 운동이 민족주의 성격을 지니고 있다는 수정주의자들의 보수적 입장에 반대하여 민중주의를 재평가했다. 민중주의자들은 배외 사상이 강하다는 비판을 받았으나 당시 정적들보다 외국인과 외국 제도에 더욱 수용적인 태도를 보였으며, 우호적이었다고 주장했다.

민중주의자들이 반유태적이라는 비난을 받았으나, 그들은 유태인 이웃들과 사이좋게 지냈으며 유태인 금융가를 혐오하는 것을 억제했다고 그는 반박했다. 다수 민중주의자들의 주장을 민족주의의 일부로 간주하고 있으나 그것은 20세기 우익 민족주의자들의 배외적 · 반유태적 특성을 가지고 있지 않은 19세기 민족주의였음을 강조했다.[71] 민중당의 오마하 정강을 살펴보면 그들의 민족주의는 미국 사회는 이전의 다른 사회와 다르기 때문에 유지할 가치가 있다는 정도의 민족주의였다. 민중주의자들은 미국이 민중이 다스리며, 피치자가 치자에게 동의하고 생명, 자유, 재산이 보호되는 사회, 즉 민주적 공화주의가 실현된 국가라고 생각했다. 다시 말하면 그들의 민족주의는 자원이 정직한 노력에 의하여 풍요로 바뀌고, 기회의 평등과 균등한 국가 부의 분배가 이루어지는 경제적 민주주의의 표현이었다.

미국은 유럽과 같은 쇠퇴, 기생적 상층 계급, 정체와 정치적 · 경제적

70 Richard Hofstadter, "The Folklore of Populism," Raymond J. Cunningham, *The Populist in Historical Perspective*, Boston: D. C. Heath and Co., 1968, p.37.

71 Walter T. K. Nugent, *The Tolerant Populists: Kansas Populism and Nativism*, Chicago: University of Chicago Press, 1963, p.231.

억압이 없는 사회였으며, 자기들의 자연권을 보호하기 위한 곳이라고 생각하는 의미의 민족주의였다고 뉴젠트는 수정주의자들의 입장을 반박했다.

폴락도 민중주의자들이 반유태주의자라는 결론을 얻기 위해 홉스태터가 역사 음모설을 강조했다고 비판했다. 다시 말하면 민중주의는 경제적 불만에 대한 반항이 아니었으며, 더 높은 지위와 더 많은 몫을 차지하기 위한 욕구에서 비롯되었다는 홉스태터의 입장은 날조된 것이라고 반박했다. 그는 민주 정치 자체도 원초적 파시스트(proto-fascist)의 씨를 잉태하고 있다고 주장하면서 개혁 전통 자체가 양면적이라고 주장했다. 음모설 이면에 있는 재정에 대한 민중주의자들의 주장은 고리대금업자와 독점기업을 억제하기 위하여 지폐를 발행해야 한다는 그린백당 당원들의 입장과 같은 것이었다.

민중주의자들이 비난을 받은 이유의 하나가 반유태주의였다. 급진적 민중주의자들보다는 은화폐론자들과 1890년대 민중주의자들이 강조했던 화폐 문제에 대하여 씌어진 많은 저술에서 금권적인 적으로 묘사되었던 것의 하나가 월 스트리트였다. 월 스트리트는 민중주의 전통이 강했던 정치가들 사이에서 계속 관심의 대상이 되었다. 또 하나는 종족적인 것으로 영국과 유태인 금융가에 관한 것이었다. 민중주의자들은 영국인과 유태인을 종족적 상징으로 사용했다. 그러나 그들은 유태인 금융가의 사악함을 싫어했을 뿐 유태인 자체를 증오하지 않았다. 민중주의자들이 금권 계급을 경멸했던 것처럼 귀족에 속하는 애덤스(Henry Adams), 롯지(Henry Cabot Lodge) 등에게서도 금권 계급에 대한 경멸과 수사적인 반유태주의를 발견할 수 있다.

하이엠(John Higham)이 지적한 바와 같이 오히려 1890년대 도시 중심에서 살고 있던 빈민 계급이 유태인에 대해 강한 반감을 가지고 있었다. 그들의 종족적 편견은 단순히 수사적이거나 말뿐이라고 할 수 없었다.

1899년 14개 유태인 협회가 유태인들이 매를 맞으면 어떻게 할까 하는 공포 때문에 거리를 활보할 수 없다고 항의할 정도였으며, 1902년 브루클린에서 발생한 폭동으로 약 200명에 달하는 유태인 사상자가 발생했다. 물론 민중주의자들에게는 이러한 사태에 대한 책임이 없었다. 민중주의자들은 유태인 자체를 배척한 것이 아니라 그들의 금융적 지배에 반대한 것이다. 오마하 정강 전문에서 민중주의자들이 대기업의 독점과 고리대금업자의 부당한 이익을 집중적으로 공격했다는 사실 또한 이를 입증해준다.

다수 민중주의자들이 화폐 문제에 대하여 언급했으나 영국인이나 유태인에 대해서는 언급하지 않았다. 소수 민중주의자들만이 화폐 문제에 대해 말하면서 영국인이나 유태인을 언급했다. 이들은 월 스트리트와 자본가들이 의회와 결탁한 것을 통렬하게 비난했다. 민중주의자들은 월 스트리트, 롬바르드 스트리트(Rombard Street), 클리블랜드(Grover Cleveland), 셔먼(John Sherman), 굴드(Jay Gould), 밴더빌트(Cornelius Vandervilt), 밸몬家(Belmonts), 로스차일드家(Rothchilds) 등을 금력(money power)을 지배하는 세력으로 비난했다. 그런데 민중주의자들은 두 외국인 집단에 대하여 적대감을 가지고 있었는데, 하나는 유태인 금융가에 대한 것이고, 또 하나는 화폐와 더불어 토지를 임대해준 영국 금융가와 영국인 지주에 대한 것이다.

민중당은 오마하 정강에서 "부는 그것을 생산한 자의 것이다. 노력하지 않고 벌어들인 부는 강탈이다. 일하지 않으면 먹지도 말라"고 했다. 이것은 민중주의 경제 사상의 토대가 되는 것이다. 민중주의자들은 중산 계급, 재정가, 철도 사업가, 은행가, 고리대금업자, 저당 설정가 등을 비생산자로 규정짓고 있다. 그들은 유태인을 비생산자, 화폐 조작자, 기생충이며 국가 재정을 장악하여 재난을 초래한 자라고 생각했다. 도넬리는 악법이 만들어진 나쁜 상황에서 유태인만이 부자가 되었다고 말했다. "유태인들만이 돈을 취급한다. 그들은 농사를 짓고, 제조업에는 종사할 생각을 하지 않는다. 그들은 단순한 화폐상이다. 모든 것이 하락했으나 화폐 가치는 상승했다. 그리고 그것을 지배하는 사람들이 세계의 우두머리가 되었다"고 비난했다. 민중주의자들은 반독점주의, 노동가치설과 "일하지 않으면 먹지도 말라"는 3대 경제 사상을 가지고 있었다.

민중주의자들은 "오늘날 이 나라 안에서 벌어지고 있는 투쟁에 양면이 있을 뿐이다. 한쪽에는 자기들에게 유익한 법을 제정함으로써 민중을 가난하게 만든 많은 독점 기업, 금력, 트러스트와 철도 회사가 있다. 또 다른 쪽에는 부를 만들어내고 세금을 짊어지고 있는 농민, 노동자, 모든 다른 사람이 있다. 양자 사이에는 중립 지대가 없다"고 했다.[72]

또한 1892년 선거전에서 민중당 대통령 후보인 위버(James Baird Weaver)도 "금권 계급에 대항하는 민중, 금력에 대항하는 노동자들"과 같은 말을 사용했는데 여기에 금권 계급에 대한 적대감이 잘 나타나 있다. 민중주의자들이 유태인을 비난한 것은 그들이 금권 계급이기 때문이라는 것을 알 수 있다. 민중당은 민중의 대변 기관인 정부가 독점 기반을 소유, 경영함으로써 금권 계급을 분쇄해야 한다는 입장을 밝혔다.

3.2 도넬리의 유태인에 대한 입장

1874년 미네소타 상원 의원에 당선되었을 때부터 도넬리는 농민과 채무자를 구제하기 위하여 투쟁하기로 결심했다. 그는 무려 연 12%의 금리를 2%로 인하하는 고리대금 금지 법안을 제출했으나 실현하지 못했다. 그 후 그는 *Anti-Monopolist*지를 발행하여 금권 계급과 그들의 옹호자들에게

72 Hicks, *The Populist Revolt*, p.212.

끊임없이 대항하면서 농민의 입장을 대변했다.

1876년 그는 전 회기에 성공하지 못했던 고리대금 금지 법안을 다시 통과시키려고 했다. 그는 연 12%가 넘는 금리는 위법이라고 주장하면서, 범법자에게서 원금과 이자를 몰수하는 엄한 벌을 부과할 것을 제의했다. 그는 이 법안이 샤일록의 횡포를 제거할 수 있을 것이라고 생각했다. 왜냐하면 이 법안은 채권자가 공식적인 유실 저당의 절차를 밟지 않고 채무자의 재산을 압수하는 것을 인정했던 저당법을 폐지했기 때문이다. 그의 법안에 따르면 유실 저당은 법정에서 처리하고, 보안관이 매매하기 전 60일 동안 통고하도록 규정했다. 이 법안이 제출되자 *Pioneer Press*지는 미네소타 자본가들이 자본 투자를 두려워하게 만들었다고 공격했다. 그러나 이 법안 역시 부결되었다. 고리대금 금지법을 제정하려는 도넬리의 노력은 수포로 돌아갔으나, 1889년 그가 미네소타 농민 동맹 회장으로 활약할 때 금리를 8%까지 낮출 것을 다시 제안했다.

이와 같이 도넬리는 사이록의 횡포를 제거하는 데 심혈을 기울였다. 농민과 채무자들을 위한 입법 운동이 실패로 돌아간 후, 그는 잡지와 소설 작품을 통하여 계속해서 금권 계급에 대항했다.

도넬리가 1890년에 간행한 『*Caesar's Column*』이 대표적인 작품이다. 이 소설은 1880년대 산업화 문제가 행복한 해결로 끝난다는 벨라미의 『지난날을 뒤돌아보면서』와는 달리 미래를 비관적으로 묘사했다. 미래 산업 세계는 무자비한 최악의 상태를 초래하고 모든 부를 소유한 악한들의 과두 지배 아래서 대부분이 노예 상태로 떨어진다. 이때 비밀 결사적 혁명 집단이 서서히 일어나, 제트 공군력의 도움을 받아 유혈 숙청을 감행해서 과두 지배를 무너뜨리고 민중 독재 정치를 수립한다는 내용이다.

이 작품에서 세 가지 반유태적인 면을 발견할 수 있다. 이 작품에 등장하는 주인공인 악덕 고리대금업자 이삭(Jacob Isaacs)과 과두 지배자의 다수가 유태인이라는 사실과, 유태인 나라가 혁명적 대동란의 무질서 속에서 태어난다는 사실이다. 그러나 도넬리는 이 작품에서 무자비한 산업 체제 아래 놓여 있는 인간 상태를 묘사하면서, 인간은 자신의 운명을 지배할 수 있다는 민주적 원칙에 대한 신념을 가지고 인간적인 내용을 다루고 있다. 즉 그는 미국인의 미래 생활과 농민, 노동자의 공포와 불안에 대해 언급하면서 정부가 권력을 가지고 민주적 노선에 따라 사회를 개혁해야 한다는 것을 강조했다. 그가 사회를 개혁하려는 인간의 능력을 인정하고 있음에도 불구하고 홉스태터는 이 점을 무시하고 반유태적 면만을 강조했다. 그는 유태인 자체를 비난한 것이 아니라 금권 계급이기 때문에 비난한 것이다. "우리는 금권 계급이 유태인이거나 기독교인이기 때문에 대항하고 있는 것이 아니라 금권 계급이기 때문에 싸우고 있다. 그들은 세상을 파괴하고 결국 금권 계급 자체도 자멸하기 때문에 싸우고 있다" 고 도넬리는 주장했다.[73]

그는 『*Caesar's Column*』에서 유토피아를 묘사하고 있다. 그가 생각한 유토피아는 어떠한 것인가? 도넬리는 세계 재난의 근원인 고리대금을 금지해야 한다는 것을 제일 먼저 강조했다. 그 이유는 첫째, 고리대금은 채권자를 더욱 안락한 지위에, 채무자를 더욱 불안한 지위에 놓이게 함으로써 인간 사회 안에 근본적 차이를 만들어내기 때문이다. 화폐는 그 자체로는 가치가 없고, 사용함으로써만 가치가 생기는 것이라는 사실을 강조했다. 둘째, 수고의 대가로 얻어진 부가 아니기 때문이며, 셋째, 소수는 부유해지고, 다수는 빈곤해지기 때문에 반대했다. 또한 그는 고리대금이 귀족 계급을 만들어낸다고 신랄하게 비판했다.

고리대금이 없어지면 가난한 농민들이 곡식을 추수하기 전에 기아선

73 *Representative*, St. Paul, September 12, 1894.

상에서 허덕이게 될 것이라고 걱정하지만 그렇지 않다. 국가의 신용과 권력을 보증으로 국가가 지폐를 발행하여 농민에게 이자를 받지 않고 대부해주었다가 토지에 대한 세금으로 납부할 것이기 때문이다. 인간이 행복을 추구하는 것은 단순히 인간의 계획이다. 모든 것의 목적은 인간의 이익이며 인간 이외에는 지상에서 신성한 것은 없다. 왜냐하면 인간이 신의 양심을 나누어 가졌기 때문이라고 도넬리는 인간의 중요성을 강조했다.

고리대금을 없앤 다음 유토피아에서 할 일은 법 목록을 작성한 후 소수의 수중에 부가 집중되도록 도와준 법, 관습 등을 철폐하는 것이라고 했다. 이는 금권 계급이 법의 비호를 받고 있는 부당함을 시정하려는 것이었다.

도넬리는 부자가 되려는 것을 막으려 한 것이 아니다. 그들의 부를 자선 사업에 사용해야 한다는 것이다. 도넬리의 유토피아는 금권 계급, 즉 특권적 소수에 의해 지배되는 사회가 아니라 지성에 의해 지배되는 사회이다. 지성이란 사랑과 친절이다. 사회에는 소수의 백만장자와 다수의 빈민이 살고 있는데 백만장자는 다수 빈민보다 무역, 상업에서 가치가 없다. 그러나 다수 빈민들은 납세자들의 지원을 받아야 하며, 제조업자의 물품을 구입할 수 없기 때문에 사업가는 몰락하게 된다. 이 나라 안에 성장해가고 있는 가장 쓸모없고, 가장 파괴적이며, 가장 해로운 작물이 백만장자라고 했다. 그는 인간이 그 자체로 가치 있는 존재임을 강조하면서 한곳에 부가 축적되면 다른 곳에는 헐벗는 현상이 나타난다고 했다. 이와 같이 그는 부가 소수에게 집중되는 것을 비판했다.

궁극적으로 도넬리는 부의 균등 분배, 경제적 평등을 이룩하려고 했기 때문에 금권 계급에 대항했다. 그가 생각한 이상 사회는 인간 자체로 가치 있는 평등 사회였다. 그는 평등, 평화, 인간 행복이 보장되는 사회를 이룩하려고 했다. 이러한 의미에서 유태인 자체, 즉 종족에 대하여 반대한 것이 아니라 금권적인 유태인에 대하여 비판적인 입장을 취했던 것이다.

그가 유태인 금융가를 비판한 사실은 이미 1873년 은 화폐 폐지법 이후에도 찾아볼 수 있다. 그는 이 법의 폐지에 음모가 있었음을 강조하면서 "은으로 뭉쳐야 한다. 그렇지 않으면 금권 계급이 승리할 것"이라고 말했다. 그는 은 화폐를 폐지한 '73년 죄악'이 미국 채권을 소유하는 데 관심이 있었던 로스차일드家를 비롯한 영국 은행가의 음모에 의하여 이루어진 것이라고 주장했다. 다시 말하면 금으로 상환되는 미국 채권에 관심을 가지고 있었던 유태인 금융가들이 큰 이익을 얻기 위하여 미국 의회를 부패시켜 은 화폐 폐지를 보장받았다는 것이다. 도넬리가 로스차일드家 같은 유태인들의 음모 때문에 고통받았음을 강조했던 것은 사실이다.

그러나 도넬리가 언급한 로스차일드家는 실제로 세계적 은행가의 하나였던 특정한 사람을 지칭하는 것이었다. 로스차일드에 관한 경우도 당시 자주 언급되었던 철도 사업가, 굴드, 모건, 밴더빌트 등과 마찬가지로 하나의 인간이었다. 그가 이기적 금융 세력으로 상징되었지 세계적 유태인 세력의 상징은 아니었다. 로스차일드는 유태인이라는 사실보다 오히려 영국인이라는 사실이 더 큰 의미를 가지고 있었다. 민중주의자들이 로스차일드를 비난한 것은 실제로 세계적 은행가였던 특정한 사람에 대한 것이다. 그가 의미하는 것이 있다면 세계적인 유태인 세력이 아니라 이기적 금권 계급인 것이다. 로스차일드는 유태인이다. 그러나 중요한 사실은 그가 유태계 영국 은행가이며, 그의 이익은 다른 은행가를 대표한다는 사실이다. 은행가인 동시에 유태인이기 때문이지 일반적으로 유태인이기 때문에 반대하지 않았다. 모든 적대감은 실제 상황에 근거한 것이었다. 로스차일드家를 비롯한 영국 은행가들이 부채를 짊어지고 있던 농민들에게 몰인정하고, 이기적이며, 강압적이었던 것은 부정할 수 없는 사실이다.

도넬리 작품인 『*Caesar's Column*』의 몇몇 행과 서신, 논설, 일기장을 살펴보면 금권적인 유태인을 비난하는 내용이 있다. 그러나 그는 유태인 전체에 대하여 일반화시킨 것이 아니며, 그는 어떠한 박해에도 반대한다는 입장을 밝혔다. 유태인에 대한 공격은 종족에 대한 것이 아니라 유태인 상업 행위에 대한 것이었다. 도넬리가 유태인을 고리대금 집단으로 지목했을 때 그는 샤일록의 전형으로 유태인 고리대금업자를 고발하려 했던 것이다. 샤일록의 전형으로 유태인을 택했다는 그 자체가 반유태주의 증거가 될 수 없다.

민중주의자들이 비난한 샤일록과 로스차일드는 유태인을 상징하거나 유태인을 집단적으로 일컫는 것이 아니라 오히려 월 스트리트와 영국의 고리대금업자를 상징하고 지칭하는 말로 쓰였다. 그가 샤일록이라 일컬었던 사람들은 유태인만이 아닌 모건, 밴더빌트, 굴드, 헌팅턴 등 일반적인 독점 기업가들이었다. 미국에서 샤일록은 적대감이나 부정적 비판을 받지 않았다. 특별히 그 말이 동부의 벼락출세자들을 지칭할 때까지 샤일록은 사악하지 않았다. 이를 뒷받침하는 증거는 많다.

일보 양보하여 도넬리가 반유태적이라고 할지라도 이것을 민중주의 전체에 일반화시키기는 어렵다. 미네소타 민중주의 운동의 지도자인 도넬리가 전국적으로 알려진 인물이라고 할지라도 일개인이 민중주의 운동 전체를 대변할 수 없다. 위버, 로이드, 토브넥, 왓슨, 버틀러, 알렌, 포크 등 다른 민중주의 운동 지도자들뿐 아니라 그 밖의 민중주의자들의 글도 분석해보아야 할 것이다. 민중주의자들이 반유태주의에 책임을 지기 전에 이를 뒷받침하는 모든 자료가 검토, 제시되어야 한다. 도넬리의 경우도 그의 모든 작품을 살펴보아야 한다.

도넬리는 1892년에 간행된 『*Golden Bottle*』이란 소설에서 기독교인의 가치를 강조했다. 그는 신앙이란 편협한 교리에 대항하여 윤리를 강조하면서, 관용과 형제애를 촉진하는 동시에 형식에 얽매이지 않는 자유주의자라고 했다. 기독교는 편협한 증오의 신앙이 아니라 그가 기독교라고 정의하는 모토는 "진심을 다하여 신을 사랑하고 네 이웃을 네 몸처럼 사랑하라"는 것이다. 신앙의 목표는 사람들 사이에서 사랑을 촉진시키는 것이다. "세상 사람들의 권리와 이익을 정당하게 분배하는 일 이외에 좀더 광범위하고 광대하며 심오한 것이 있음에 틀림이 없는데 그것은 동료에 대한 인간애, 즉 마음을 다하여 사랑하라"는 것이다. 그러므로 도넬리는 반유태주의의 기초를 마련했다고 보기 어렵다. "사람은 그의 동료를 도와줌으로써 신을 숭배했다"고 그는 말했다.[74]

『*Golden Bottle*』의 주제는 인간에 대한 어떠한 편견에도 반대한다는 것이다. 도넬리는 인류 전체를 포용하려고 했으며 그의 생각의 핵심은 인간이었다. 그러므로 도넬리에게 있어서 법령, 조례, 관습법, 금융, 채권, 화폐, 신념, 학설, 철학, 윤리, 교의는 인간의 행복을 유지하는 데만 가치가 있다. 그것들이 인간의 행복과 상충될 때 폐지되어야 한다고까지 주장했다. 계속해서 그는 "인간은 위대한 세계 속에서 생각할 가치가 있는 유일한 존재이다. 인간은 창조력의 절정일 뿐 아니라 유성이 만들어진 궁극적인 목적이며, 위대한 신의 목적에서 만들어진 일하는 조그만 신"이라고 말했다.[75] 이러한 그의 생각은 인간에 바탕을 두고 있으며 곧 인간적이다.

『*Golden Bottle*』은 처음에 인간에 대한 내용으로 시작해서 구체적인 주제로 넘어간다. 정부가 필요한 이유는 인간의 능력을 촉진하기 위해서이며, 피치자의 이익을 위하여 정부의 권력을 사용하라고 말한다. 도넬리는 풍자적 어투로 "현재는 사람이 약품이고 화폐는 신이다. 그것을 반대로 만들자. 화폐가 약품이고 인간을 신으로 만들자"고 주장했다. 그리고 도넬리는 다음의 질문을 통해서 자신의 입장을 확실하게 밝혔다. "왜 정

74 Ignatius Donnelly, *The Golden Bottle*, New York and St. Paul, 1892, p.269, p.271, p.291.
75 *Ibid.*, p.125.

부가 소수의 필요에 따라 정부의 권력을 확장하지 말아야 하는가, 정부가 인간의 재산을 보호하는 것보다 더 높은 기능을 가지고 있는가, 정부가 인간을 더욱 향상시키려 하고, 인간을 만족하게 하고, 고결하게 하고, 행복하게 만들 때 정부 권력은 지구상에서 신의 힘과 신의 권력에 유사하지 않은가?"[76]

결국 그는 인간이 목적을 달성하기 위하여 정부를 지배할 수 있다고 선언했다. "정부는 인간을 위하여 만든 것이다. 인간이 정부를 위하여 만들어진 것이 아니다. 정부의 목적은 인간의 행복이다. 모든 백성의 행복이다. 정부의 반은 공화국이고 반은 전제 정치일 수 없다…… 모두 전제 정치이든지 모두 공화국이어야 한다"고 역설했다.[77] 나아가 그는 출생, 부, 교육, 지적 능력에 관계없이 정부의 모든 구성원이 절대적으로 평등하다고 주장했다. 이러한 도넬리의 입장을 보면 그를 반유태주의자라고 할 수 없다.

『*Golden Bottle*』 안에는 유태인에 대한 경멸적인 표현도 있다. "사람들은 당시 옷을 가장 잘 입었다. 그들은 높은 모자를 쓰고 다녔으며 솔로몬 시대보다 옷을 더 잘 입었다"라든지 값을 깎는다는 말을 'jewed down'으로 표현하였다. 이러한 정도로 유태인을 묘사했을 뿐이다. 그러나 비유태계 제조업자를 낮추어 'Old Browning'이라고 표현하기도 했다.

반대로 여기에는 친유태적 표현도 있다. 『*Golden Bottle*』의 주인공 베네제트(Beneget)는 화폐를 제조할 수 있는 마술병을 가지고 백성의 필요에 따라 화폐를 제조한다. 베네제트는 미국에 민주 정치를 수립한 후 해방군을 이끌고 유럽으로 건너가 그곳에 세계 공화국을 건설한다. 베네제트가 유럽을 떠나기 직전 유태인들에게 옛날 그들의 땅이었던 팔레스타인에

76 *Ibid.*, p.128, p.171.
77 *Congressional Globe*, 39th Cong. 2d sess., pp.559-561.

민족 국가를 세울 것을 촉구한다. "우리의 종교가 파생되었던, 그리고 우리의 많은 문학 작품을 낳게 한 이 위대한 민족인 이스라엘 민족이 세계를 각성시키는 역할을 해야 한다고 생각한다"고 말한다. 그리고 베네제트는 유태인들에게 세계 무역에서 이익을 얻기 위하여 고대 무역에서 차지했던 그들의 위치를 회복할 것을 촉구하면서, 새로운 유태인 국가를 건설할 계획을 세운다. 그는 성지에 이주해간 모든 유태인들에게 그들의 정부가 철도를 자유롭게 운영할 것을 명령한다. 또한 그는 토지를 유태인들에게 분배해서 그곳에 집을 짓고, 철도와 배를 만들며, 국민 회의가 예루살렘에서 거행되며, 재정적 협조를 받아 즉시 위대하고 번영을 누리는 사람들이 될 것을 명령한다.[78]

뿐만 아니라 유태인들이 새로 이주해간 지역에 건설한 정부에서 직책을 맡게 되었으며 유태인 대표들은 세계 공화국에서도 높은 직위를 차지하고 야만 시대의 암흑과 어리석음 속에서 진실한 유일신 하나님을 숭배해온 대표적 민족으로 존경을 받았다고 묘사했다. 이러한 묘사에 대하여 홉스태터는 도넬리가 반유태적이라는 비난을 피하기 위한 것이라고 비판했다.

도넬리가 재정 음모설을 주장함으로써 유태인 고리대금업자를 신랄하게 비난했다. 그러나 이는 유태인 자체를 비난한 것이 아니라 독일에서 일어났던 반유태주의처럼 유태인들의 적극적인 태도에서 비롯되었음을 지적했다. "우리는 또 하나의 종교 재판소를 옹호하지 않는다. 그러나 그들이 인류를 파괴하고 있는 금의 굴레를 벗어야 한다"고 그는 주장했다.[79] 또한 "누구의 감정도 상하게 할 생각은 없다. 금권적인 유태인은 금권적인 기독교인보다 나쁘지 않다. 실제로 유태인은 기독교인의 반만큼 나쁘

78 *Ibid.*, p.280.
79 *Representative*, Minneapolis, September 5, 1894.

다. 유태인들은 거의 2,000년간 추방당하여 갖은 학대와 박해를 받았다. 무지한 사람들이 유태인을 마을 구석에 가두었으며, 우상을 숭배하는 타락한 세계 가운데서 유일신을 간직하고 있었을 때 그들을 박해하고 공격하고 돌팔매질을 했다"고 그는 서술했다.[80] 아울러 도넬리는 유태인이었던 멘델스존(Felix Mendelsohn), 스피노자(Baruch Spinoza), 디즈레일리(Benjamin Disraeli)가 공헌한 것을 지적하면서 특별히 유태인 개혁가인 마르크스(Karl Marx)가 유태인 금권 계급인 로스차일드家에 대항했음을 강조했다.

뿐만 아니라 도넬리는 *Representative*지 기사에서 "아니다. 우리는 유태인을 박해하지 않을 것이다. 우리는 유태인이나 기독교인이기 때문이 아니라 그들이 금권 계급이기 때문에 그들과 싸우고 있다. 우리가 살고 있는 서부 미네소타에도 많은 기독교인 고리대금업자들이 있다"고 기록했다. 그리고 그는 "우리가 종족, 종교, 국적, 피부색 때문에 어떠한 사람에 대한 편견을 방조했다는 말 한마디로 이해될 수 있는 것은 유감스러운 일"이라고 자신의 입장을 밝혔다.[81]

도넬리가 금권적 유태인을 비난한 것은 사실이다. 그렇지만 그가 유태인 고리대금업자를 비난한 것은 유태인 자체를 비난한 것이 아니라 금권 계급이기 때문에 비난한 것이다. 즉 도넬리의 유태인에 대한 공격은 종족에 대한 것이 아니라 금권 계급에 대한 것이다. 그는 유태인 전체를 비난하지 않았다. 그는 인간에 대한 어떠한 박해와 편견에도 반대한다는 입장을 분명히 했다. 『*Caesar's Column*』과 『*Golden Bottle*』을 통해 알 수 있듯이 그는 흑인, 백인, 유태인, 기독교인을 막론하고 인간을 긍정했으며 권위적 원칙에 기초한 사회가 아닌 인간의 존엄성과 인간의 실현에 기초한

80 Ridge, *Ignatius Donnelly*, p.337.
81 *Representative*, September 12, 1894.

사회를 요구했다. 리지(Martin Ridge)는 도넬리가 민중당과 더불어 토착주의 풍조가 일어나고 있는 것을 무너뜨리는 데 공헌했음을 강조했다.[82]

민중주의자들은 유태인을 상인, 재정가, 부패, 동부를 좌우하는 세력과 관련시켜 생각했다. 그러므로 그들이 유태인을 비난한 것은 유태인 자체가 아니라 유태인 금융가에 대한 것이다. 민중주의자들은 미국인, 영국인, 유태인, 비유태인, 본국인, 외국인을 막론하고 모든 사악한 재정가, 독점 기업, 토지 귀족 등 금권 계급을 비난했다. 민중주의자들의 금권 계급인 유태인에 대한 비난은 실제 상황에 근거한 것이다. 그들의 유태인에 대한 적대감은 소농들의 경제적 지위, 생활 방식을 파괴한다고 믿는 데서 비롯된 것이다. 로이드(H. D. Lloyd)도 "민중당은 불만을 가진 민중들의 조직이 아니다. 그것은 모든 부류의 인간들이 더욱 완전하고, 더욱 부유하고, 더욱 안락한 생활을 이룩하기 위한 희망을 조직화한 것이다. 그들에게 민중주의는 인민의 생활에 인간 존엄성을 완성하고 구체화하려는 희망"이라고 주장한 바 있다.[83] 민중주의자들은 종족 문제보다는 사회적 · 경제적 문제를 더 중시했으며, 민중주의 운동은 다른 개혁 운동과 마찬가지로 종족적인 평등을 주장했다는 사실을 민중당 정강을 통해서도 잘 알 수 있다.

토착주의와 반유태주의는 19세기 미국 사회에 널리 퍼져 있었다. 하이엠이 지적한 바와 같이 1890년대 도시 중심부에 살고 있던 빈민 계급이 오히려 강한 반유태적 입장을 가지고 있었으며, 그들의 유태인에 대한 편견은 수사적이거나 말뿐이 아니었다. 20세기에 들어와서 유태인을 생산 계급의 도덕적 · 정치적 · 경제적 안전에 대한 위협으로 못박았다.

82 Ridge, *Ibid.*, p.337.
83 Pollack, *The Populist Response to Industrial America*, p.13.

제 5장

민중주의 운동의 성격

1950년대부터 미국 역사가들은 19세기 미국에서 일어났던 농민 반항, 즉 민중주의 운동의 진정한 역사적 의미가 무엇인가에 대하여 열띤 논쟁을 전개했다. 이 논쟁에 참가했던 학자들은 농민 반항이 의미하는 것이 무엇인가에 대한 의견을 제시함과 더불어 민중주의자들은 누구인가, 농민 반항의 동기와 그들의 이데올로기는 무엇이며, 농민 반항의 결과는 후세에 어떠한 영향을 끼쳤는가 등의 문제를 둘러싸고 논쟁을 벌여왔다. 이러한 문제들에 대하여 진보적 역사가들은 민중주의 운동이 잭슨주의(Jacksoniannism), 혁신주의(Progressivism), 뉴딜(New Deal)과 같은 위대한 개혁 전통의 한 단계를 차지하는 평등주의적이고 민주적인 운동이라고 했다. 그것은 특권을 가진 소수에 대항하는 다수 민중의 투쟁이었으며 그 투쟁에서 민중주의자들이 궁극적으로 승리함으로써 미국 민주주의 전통에 공헌했다는 것이다. 민중주의자들이 주장한 원칙이 승리했기 때문에 정치적 정강이 그 원칙을 보장하는 한에서 민중들이 비로소 다스릴 수 있게 되었다고 힉스(John D. Hicks)는 주장했다.[1]

이와는 반대로 1950년대 수정주의 역사가들은 민중주의의 상을 퇴보적이고, 반사회적이며 심지어는 파시스트적인 것으로 묘사하고 있다. 이 부류에 속하는 역사가들은 민중주의를 인종주의, 반유태주의, 토착주의, 전체주의, 배외 사상, 반외국인주의, 나아가 파시스트의 원형 같다고 주장함으로써 그의 부정적 측면을 강조했다. 홉스태터는 편협한 배외 사상은 어떠한 사회 계층 안에서도 민중주의자들 사이에서보다 더 강하지는 못했다고 말했다.[2]

그러나 제3부류에 속하는 학자들, 즉 반수정주의자들 혹은 급진적 역사가들은 민중주의자들을 자본가 계급에 의해 지배되는 미국의 사회 조직을 변형시키려는 욕망을 가지고 있었던 혁명의 선구자나 심지어는 비밀결사적 마르쿠스주의자로 보고 있다. 구드윈(Lawrence Goodwyn)은 농민 반항이 의미하고 있는 것은 민중 민주주의를 열망하는 민중 운동으로서 문화적 주장이며 그들의 목적은 미국의 경제 제도를 구조적으로 개혁하려는 것이었다고 주장했다.[3]

이제 민중주의에 관한 세 가지 중요한 해석을 민중주의 운동이 개혁인가 아니면 반동인가 하는 관점, 다시 말하면 진보와 보수의 관점에서 분석해보기로 하겠다.

1. 민중주의의 진보적 성격

고전적이며 아직까지 지배적 견해인 민중주의에 관한 진보적 역사가

1 John D. Hicks, *The Populist Revolt*, p.423.
2 Richard Hofstadter, *The Age of Reform*, p.60.
3 Lawrence Goodwyn, *The Democratic Promise: The Populist Movement in America*, New York: Oxford University Press, 1976, p.xviii.

들의 해석은 20세기에 들어와 자유주의 틀 안에서 미국사의 판을 다시 만들었던 터너(Frederich Jackson Turner), 비어드(Charles A. Beard), 베커(Carl Becker)와 패링턴(Vernon Parrington)이 제시한 역사 서술의 지성적 분위기 속에서 명백해졌다. 이들은 민중주의야말로 미국 민주주의 발전에 필요불가결한 요소이며 농민 반항에 의한 오랜 역사의 집적이라고 주장했다.[4] 1930년대 힉스가 이러한 견해를 처음으로 명백하게 제시했다. 그는 민중주의 운동의 기원과 본질을 설명함에 있어 중서부 농민들의 역할과 그들의 경제적 불만에 관심을 집중했다. 농민들은 그들이 판매해야 하는 농산물 가격이 너무 쌌고 구입해야 하는 상품 가격은 비쌌기 때문에 경제적으로 곤란하다고 생각했다. 1870년부터 1897년에 이르는 기간에 농산물 가격은 계속 떨어져 1894년에는 최저가를 기록했으며 농사는 농민들에게 손해만 안겨주었다. 예를 들면 밀 1부셸당 평균값은 42센트에서 48센트까지 받았는데 생산비는 45센트에서 67센트에 상당했다. 옥수수의 경우 1부셸당 생산비가 약 21센트였는데 그것의 반값도 받지 못했다. 힉스는 농산물 가격의 하락을 농민의 경제적 불만의 한 원인으로 지적했다.

당시 정치가들과 많은 사람들은 농산물 가격의 하락 원인으로 과잉생산설을 주장했다. 이는 서부 개척으로 경작 면적이 확대되어 농산물의 증산이 인구의 증가를 능가한 데서 비롯되었다. 또한 미국뿐 아니라 러시아, 아르헨티나, 인디아 등 세계적으로 농업 프론티어가 급속하게 팽창했으며, 더구나 19세기 후반 철도와 증기선에 의한 수송 혁명으로 세계 시장이 개방되었다. 농산물을 시장까지 운반하기 위하여 부설하기 시작한 철도가 미국의 서부뿐 아니라 멀리 러시아, 오스트레일리아, 캐나다 등지까지 급속도로 확산됨에 따라 미국 농민은 세계 시장을 상대로 다른 나라와

4 Charles A. Beard, *The Rise of American Civilization* II, New York, 1927, p.278ff.

경쟁하게 되고, 그로 인해 결국 가격이 떨어지게 되었다고 주장했다.

그러나 농민과 그들의 옹호자들은 과잉 생산설에 큰 비중을 두는 데 반대했다. 농업 생산고가 인구 증가를 능가했다 할지라도 농산물 가격의 하락 때문에 농업 공황이 일어났다고 하는 것은 충분한 설명이 되지 못하며, 일반적으로 일반 서민들의 생활 형편이 나아졌기 때문에 소비도 따라서 증가하여 소비가 생산을 능가할 정도가 된 것이라고 주장했다. 이에 대하여 힉스는 밭에 열린 과일을 강탈해가는 밤도둑처럼 농업 공황이 발생하는 데 확실히 영향을 끼친 것을 직접 추적할 수 있었다고 전제하면서 농민의 경제적 불만의 원인을 지적했다.[5] 그는 모든 농작물을 시장으로 운반해야 했던 서부 농민들을 고민스럽게 만든 주 원인이 철도라고 했다.

철도가 독점되었기 때문에 문제가 더욱 심각해졌다. 철도 요금이 비싸다는 것 이외에, 서부 개척자의 입장에서 보면 그들의 땅을 도둑질해가는 도둑처럼 비행이 심했으며 무료, 헐값의 땅을 소유하고 있었던 시대도 사라져버렸고 이제 농민들은 땅 때문에 굶주리고 있었다. 또한 북서부 농업 지대에서 철도 문제는 곡물 창고 문제와 연결되어 있었으며 곡물 창고 회사는 곡물 사업가가 거의 독점하다시피 하여 이익을 축적했다.

힉스는 철도가 농민 불만의 큰 원인 가운데 하나임을 지적하면서 특히 철도 회사의 독점으로 인한 부당한 이익을 비난했다. 또한 농민들은 곡물을 판매할 수 있는 자유로운 시장이 없어졌기 때문에 곡물의 판매 가격과 소비 가격을 결정하는 데 하등의 영향을 끼치지 못했다. 이는 대기업, 트러스트, 기업 연합, 기업 합동, 독점의 시대가 도래했기 때문에 가격을 결정하는 데 제조업자, 상인과도 경쟁이 되지 못했다. 뿐만 아니라 트러스트가 철도와 연결되어 있었으며 '민중의 손을 잡아채고 주머니에서 뽑아

5 John D. Hicks, "The Farmers' Grievances," Raymond J. Cunningham, *The Populist in Historical Perspetive*, Boston: D. C. Heath and Comopany, 1968, p.9.

가기 위하여' 필요하다면 정치가와도 연계했다. 대기업, 트러스트, 기업 연합, 기업 합동, 독점, 제조업자 등의 음모 때문에 농민과 노동자는 일반적으로 세금을 과중하게 부담하는 세력이었다고 힉스는 비난했다. 이와 함께 보호 관세도 다른 계급을 희생시키고 한 계급을 보호하는 수단, 다시 말하면 농민 대 제조업자, 빈자 대 부자를 보호하는 수단으로 자주 비판을 받았다.

보호 관세 때문에 미국의 시장가는 생산 가격에 따라 결정되지 못했다. 이처럼 미국의 제조업자들의 지나친 착취에 의하여 물가가 결정되었다. 힉스는 관세가 법률의 비호를 받고 있었던 트러스트와 기업 합동이 형성되는 진정한 온상이 되었다고 주장했다. 이러한 상황에다 외국과의 경쟁에 의하여 결정된 가격으로 농산물을 판매해야 했기 때문에 농민들의 불만은 더욱 고조되었다. 결과적으로 보호 관세는 동부의 제조업자에게는 유리하고 서부와 남부의 농민에게는 불리했다. 농민들은 부지런히 일했으나 날이 갈수록 빈곤해지는 반면, 사회 한쪽에서는 놀랄 정도로 부가 축적되어감을 느꼈던 농민들이 부채의 증가로 행동을 개시하게 되었다.

1887년 이후 계속해서 서부에 이율이 상승해갔기 때문에 대부를 갱신한다거나 토지에 대하여 지출할 필요가 있었던 농민들은 절실히 돈을 원했다. 그러나 저당 회사가 파산을 하거나 급격히 저당금을 줄여 부동산 저당이 현저하게 줄어들었다. 농민들이 부동산으로 돈을 대부받을 수 없게 되자 동산을 저당 잡힐 수밖에 없었다. 1890년대 초 네브래스카 주 회계감사관의 기록에 의하면 해마다 예속인의 수가 평균 50만 명에 달했다고 한다. 반면에 저당권 설정자들은 이자를 지불하지 못했을 때 만기가 되었건 아니건 간에 저당물을 찾을 권리를 상실시켰다. 이런 경우가 1880년대에서 1890년대 초에 아주 빈번했던 것으로 보아 당시 농민들의 절박한 상태를 짐작할 수 있다. 부채의 증가로 곤경에 빠진 농민에게 세금은 더욱 무거운 짐으로서 주로 남부와 서부의 토지가 짊어지고 있었다.[6] 그리하여 갈수록 돈이 필요했던 농민들은 신용 대부조차 받을 수 없어 더욱 심각했다. 이러한 상태에서 농민들은 화폐와 금융 제도에 불만을 가지게 되었고 통화가 적합하지 못하고 신축성이 없는 것이 채무자인 농민을 더욱 절망적으로 만들었다고 생각했다. 이에 지폐론자들은 정부가 화폐를 발행하여 사용할 것을 제안했다.

이처럼 농민의 불만이 비등해지는 데 반하여 번영 일로에 있었던 음모자들이 금권 계급이라고 힉스는 말했다.[7] 다시 말하면 그들은 제조업자, 철도업자, 고리대금업자, 대기업, 중산층이며 농민을 반항하게 한 것이 바로 이러한 음모자의 출현이라고 했다. 산업 자본주의의 팽창, 도시 발생, 경제 제도의 성장, 새로운 이민 유입, 트러스트와 독점에 대한 두려움, 부의 집중 등이 농촌 생활을 위협하는 가운데 민중주의자들은 정부가 가난한 자들을 희생시키면서 착취했던 자들의 이기적 경향을 금지시켜야 한다는 생각에서 정부의 권력으로 철도를 규제하고 통화와 재정 개혁을 단행할 것을 주장했다. 즉 정부의 권력만이 독점적인 부당한 이익에 대항하여 농민을 보호해줄 수 있다고 생각했으며, 그런 의미에서 정부의 통제와 규제를 찬성했다. 민중주의자들은 민중의 통치권에 대한 제한을 제거하려고 노력하면서, 사적 권력에 대하여 정부가 개입하는 진보설을 받아들였다.[8] 극단적인 경우 정부의 재산 소유권은 반대했고 합리적 방법으로 이익을 얻는 사업을 하는 수단으로서만 정부의 소유권에 찬성했다. 이와 같이 국가의 간섭이 민중주의 개념에 내포되어 있었던 것은 정부 자체가 민중을

6 John D. Hicks, "The Farmers' Grievances," p.14.
7 John D. Hicks, *The Populist Revolt*, pp.405–406.
8 John D. Hicks, "The Legacy of Populism in the Western Middle West," *Agricultural History*, vol. 23, No. 4, October 1949, The Agricultural History Society, p.225.

대표하는 것이어야 한다는 전제에서 비롯된 것이며 나아가 오랫동안 금권 계급에 의한 지배는 무너져야 한다는 가정을 내포한 것이다.

민중주의자들은 민중이 직접 정부를 지배해야 한다는 생각에서 비밀 투표, 입법부와 대통령, 부통령 직선, 주민 발의권, 주민 투표와 같은 정치적 개혁을 주장했다. 이와 같은 개혁은 민중의 의지를 진정으로 표현하는 길이며, 민중의 소리는 신의 소리라고 믿었기 때문이라고 힉스는 말했다. 민중주의자들은 19세기 말 수십 년간 미국을 휩쓸었던 개혁 운동에 앞장섰으며, 그들과 같은 생각을 가지고 있었던 군소 반항 집단의 집합체로 봉사했다. 그들은 민주당, 공화당과 투쟁하면서 정치적 민주주의 신념을 재확인했으며, 구 정당의 퇴폐적 경향에서 벗어나기 위하여 민중당을 조직하여 민중의 필요에 더욱 잘 부응할 수 있는 힘이 강하다는 신념이 있음을 표현했다. 물론 민중주의자들이 요구했던 많은 개혁은 결국 성공했다. 당 자체는 존속하지 못했고 지도자도 많지 못했으나 민중주의적 교의는 놀랄 만큼 활기를 띠었다. 뿐만 아니라 민중주의 유산은 20세기 초 몇 년간의 정치적 발전을 결정했으며 민중이 실제로 개혁을 주도해간 경우가 이것을 제외하고 이야기될 수 있겠느냐고 힉스는 반문했다.[9]

민중주의자들은 농민들만의 이익을 추구한 것이 아니라 공공의 이익을 인정했으며 동시대인들이 언급했던 것처럼 편협하고 자기중심적이지 않았다. 넓은 의미에서 민중주의는 농민 반항 이상이었으며 실제적 · 건설적인 힘이었고 미국의 자유와 민주 정치 유산에 공헌했다는 것이 진보적 역사가들의 일반적인 입장이라고 하겠다. 나아가 민중주의자들은 당시의 중요한 경제적 · 정치적 병폐를 지적했으며 후세에 나타날 문제를 예감하고 진단했다고 힉스는 높이 평가했다.

9 Hicks, "The Legacy of Populism in the Western West," p.226.

미국의 개혁 및 개혁가에 대한 많은 저술을 남겼던 데스틀러(Chester McArthur Destler)는 반독점주의가 민중주의의 기본 요소이며 노동가치설과 더불어 민중주의 경제 이론의 기초로서 정치적으로도 농민과 농업 노동자의 동맹에 관념적 기반이 되었으며 도시 노동자에게까지 영향을 주었다고 주장했다. 1892년 오마하 정강 전문에 보면 민중주의자들은 민주 정치가 특권을 가진 기업에 의하여 부패했고 자본주의는 민중을 착취하여 새로운 백만장자 계급을 창출해냈다고 비난했다. 이와 같은 민중주의의 반독점에 대한 편견은 정강 자체에 더 잘 나타나 있다. 수십 년 동안 농민 반항의 표적이 되어왔던 세 가지는 화폐와 은행, 철도와 통신 그리고 토지였다. 이러한 독점을 막기 위하여 민중주의자들은 정부가 기업에 개입할 것을 주장했을 뿐 아니라 금력을 파괴하고 재정적 문제를 해결하기 위하여 전적으로 정부가 화폐를 발행하고, 우편 저금 제도를 실시하며, 곡물과 땅을 담보로 절박한 농민들에게 2%를 넘지 않는 이율로 신용대부를 해줄 것을 제안했다. 또한 자본가와 고리대금업자들이 정부의 비호를 받아 축적한 큰 부를 다루는 적합한 수단으로 누진 소득세 부과를 주장했고, 통화량은 농민의 크레디트의 수요에 따라 변동되어야 한다고 생각했다.

세인트루이스 회의와 오마하 정강에 "부는 그것을 창조한 사람의 것이다", "그에 상당하지 않은 산업으로부터 얻은 돈은 강탈이다", "누구든지 일하지 않으면 먹지도 말라"는 말들은 민중주의자들의 경제 사상을 잘 표현하는 것이라고 데스틀러는 말했다. 오마하 회의에서 민중주의자들은 중산 계급, 재정가, 철도업자, 은행가, 저당 설정가, 트러스트와 기업 연합 조직자들을 비생산자로 규정했다. 데스틀러는 농민 반항의 아이디어는 도시에서 발원했음을 강조했다.

1950년대 민중주의에 대한 진보적 해석에 대항하는 수정주의 사가들의 공격 속에서 답변자인 우드워드(C. Van Woodward)는 수정주의자들이 중요시했던 심리적 측면 대신에 힉스와 마찬가지로 민중주의의 경제적 기원을 강조했다. 민중주의는 신분 정치(status politics)도 아니고 계급 정치(class politics)도 아니며, 이익 정치(interest politics)에 더 가깝고, 특히 농업적 이익 정치에 가깝다. 농민들이 그들의 지위에 대하여 어떻게 생각하든 간에 그들의 생각은 절망적이고 급박한 경제적 불안에 휩싸여 있었으며, 그들의 불안뿐 아니라 그들이 제안한 해결책과 치료책도 역시 경제적인 것이었다.[10] 일반적으로 민중주의를 전적으로 서부의 일로 생각했으나 남부인들이 서부 민중주의자들보다 더욱 급진적이고, 더욱 지속적으로 경제 개혁을 추진해나갔다고 말하면서, 그는 남부 민중주의자들 가운데 개혁 정신과 관용의 정신이 있음을 역설했다. 또한 그는 남부 민중주의자들이 흑인의 권리를 옹호했고, 인종차별주의에 대항했다는 점을 강조했다. 남부 민중주의자들은 흑인 투표권을 옹호했을 뿐 아니라 그들의 공직 취임권, 즉 배심원으로 봉사할 권리, 법정에서 정당한 대우와 린치에 대항하여 방어할 권리 등을 옹호했다.

1896년 민중당이 무너짐으로써 "흑인에 대한 백인들의 적대감과 의심을 없애고 잠시나마 바람직한 위치를 차지하게 된 흑인이 진정으로 해방된 남부를 만들 기회를 제공했던 운동이 종말을 고하게 되었다"[11]고 에이브라모위츠(Jack Abramowitz)는 말했다. 우드워드는 민중주의자들이 실패했으나 그들의 노력으로 인종적인 면에서 공정한 대우와 정치적 권리를 얻는 데 기여했다고 평가했다. 또한 그는 민중주의를 고립주의, 국수주의와 동일시하는 수정주의자들의 입장에 반대했다. 민중주의의 가장 강

10 C. Van Woodward, "The Populist Heritage and the Intellectual," *The American Scholar*, LIX, Winter, 1959–1960, p.62.

11 Jack Abramowitz, "The Negro in the Populist Movement," Theodore Saloutos(ed.), *Populist: Reaction or Reform*?, p.49.

력한 중심지의 하나인 남부는 제2차 세계대전 당시 외교 정책이 위기에 처했을 때 제일 미온적인 고립주의자였고 미국에서 가장 국제주의자였다. 어느 누구도 민중주의자들이 남겨놓은 유산과 관련하여 반고립주의, 반매카시즘을 설명하려고 하지 않았다고 역설했다.[12]

진보적 역사가들은 민중주의 운동이 농민 반항 이상으로 실제적 · 건설적인 힘이었으며 미국의 자유와 민주 정치에 공헌한 바가 크다고 평가했다.

2. 민중주의의 보수적 성격

1950년대 중반부터 홉스태터, 퍼키스(Victor Ferkiss), 벨(Daniel Bell), 해크니(Sheldon Hackney)와 같은 수정주의 사가들과 비레크(Peter Viereck), 파슨스(Talcott Parsons), 립세트(Seymour Martin Lipset)와 같은 사회과학자들은 민중주의에 관한 가장 고전적 해석이라 할 수 있는 진보적 해석을 신랄하게 비판하기 시작했다. 이들은 민중주의의 부정적 · 퇴보적 · 반사회적 면을 강조했다. 당시 수정주의자들은 매카시즘의 과민한 분위기에 반응하면서 제2차 세계대전 이후 반공주의 운동의 억압적이고 전체주의적 면에 대한 설명을 찾았으며 그 속에서 초기 민중주의와 비슷한 양상을 발견했다. 이 시기를 대표하는 수정주의 사가는 홉스태터로서 그는 민중주의가 미국에 공헌한 것이 무엇이며, 그것의 취약성이 어디에 있는가에 중점을 두면서 과거에 개혁자로서 지나치게 평가했던 민중주의 운동 전체에 대하여 재평가했다. 그의 비판은 힉스의 주장을 겨냥한 것이

12 C. Van Woodward, *Ibid.*, p.68.

었다. 홉스태터는 민중주의가 미국에서 연방 정부가 공공복지에 대하여 책임을 져야 한다고 주장한 최초의 근대적 정치 운동이며, 산업주의에 따라 나타난 문제에 대하여 심각하게 대항한 첫 번째 운동이라고 전제하면서 그의 저서인 『개혁의 시대 *The Age of Reform*』에서 민중주의의 다섯 가지 이데올로기를 주장했다. 즉 황금 시대 개념, 자연 조화 개념, 사회 경쟁에 대한 이원적 해석, 역사 음모설, 화폐 우위설이다.

홉스태터는 민중주의자들의 유토피아는 과거에 있고 미래에 있지 않다고 주장함으로써 퇴보적 면을 강조했다. 농업 신화에 따르면 국가가 건재한가 아닌가는 농민 계급에 지배되는 정도에 좌우된다고 했는데 이러한 가정은 초기 시대 농업의 우월성을 지적한 것이었다고 비판했다. 결국 농민들은 잃어버린 에덴동산과 백만장자도 거의 없고 거지도 없었던, 노동자들이 특별한 기대를 가지고, 농민이 풍요롭고, 정치가들이 민중들의 분위기에 반응을 보이며 금력과 같은 것이 없었던 19세기 초 공화주의 미국을 그리워하고 있었던 것이다.[13] 이러한 점에서 민중주의자들은 근본적으로 전통주의적이고 퇴보적이었다. 민중주의자들은 표현은 하지 않았으나 그들이 의미했던 것은 산업주의 발전과 농업의 산업화 이전의 유리한 상태를 복구하고 싶어했으며, 그들은 잭슨 민주 정치를 계승하려 했고 옛날 잭슨주의자들의 구호였던 "모두에게 평등권을 주고, 누구에게도 특권을 주지 말라"는 말을 재생하려 했다.

1892년 민중당 대통령 후보였던 위버는 희망적이었던 민중당 초기에도 미래에 대한 웅대한 계획을 세우지 못하고 근대사의 과정, 경제적 압박의 증대, 빈부의 차이가 나타남을 한탄했고, "우리 시대에 이러한 놀라운 경향을 억제하기 위하여 모두 힘을 모으자"고 함으로써 미래에 대한 비전

13 Richard Hofstadter, "The Folklore of Populism," Raymond J. Cunningham(ed.), *The Populist in Historical Perspective*, p.29.

을 제시하기보다는 당시 불만을 토로했음을 비판하면서 홉스태터는 민중주의의 부정적 · 퇴보적 면을 계속 강조했다. 농업 전설에 따르면 자연은 유익한 것이라고 전제하고 미국은 옥토와 풍부한 지하자원을 부여받은 결과 민중이 번영해야 하는데 그렇지 못한 것은 인간의 지나친 욕심과 과오 때문임에 틀림없다고 주장하여 민중주의자들의 입장에 정면으로 반대했다.

민중주의 사가들은 사회 정의의 필수 조건으로 자연법에 복종할 것을 간청했던 잭슨의 전통에 이끌리고 있었으며 자연이 유익하다고 하는 관념과 비슷한 것이 생산 계급 사이에서 이익 조화의 개념이라고 홉스태터는 주장했다. 어떠한 집단에나 부패한 개인들이 있는 반면에 저변에 있는 다수의 이익은 같다. 다시 말하면 약탈적인 행동은 권력을 가지고 높은 자리에 있는 기생충적인 소수에 의하여 시작되었다는 것이다. 민중주의자들은 사회가 많은 계급으로 구성되었다는 것을 잘 알고 있었지만 아주 끈질기게 생산자와 비생산자라는 사회적 이원론을 주장했다. 민중주의자들은 선언서에서 "오늘날 이 나라 안에서 벌어지고 있는 투쟁에 양면이 있을 뿐이다. 한쪽에는 자기들을 유익하게 하는 법률을 제정하여 민중을 가난하게 만든 많은 독점 기업, 금력, 광대한 트러스트와 철도 회사가 있다. 또 다른 쪽에는 부를 창조해내고 세금의 부담을 짊어지고 있는 농민, 노동자 등 보통 사람들이 있다. 양자 사이에는 중립 지대가 없다" 고 했다.

또한 브라이언(William Jennings Bryan)이 셔먼 은 매입법 폐지에 반대하여 행한 유명한 연설에서 "한쪽에는 주식회사의 이익과 축적된 부와 자본이, 다른 쪽에는 민주당에 이름을 주고 민주당이 자기들의 의사를 대변해주리라 생각했던 무수한 군중이 있다" 고 말했다. 위버도 1892년 선거 유세가 낙관적일 때 "금권 계급에 대항하는 민중, 금력에 대항하는 노동자들" 과 같은 말을 사용했는데 여기에 적대감이 잘 나타나 있다. 결국 홉스태터는 위의 세 가지 증거를 제시하면서 민중주의자들이 봉착했던 문제는 불의에 대한 승리, 사회적 병폐에 대한 해결과 같은 잘못된 단순한 것을 추종했으며 금력에 대항하는 운동에 집중했음을 비판했다.

남북 전쟁 이후의 미국사를 국제적 금력의 지속적인 음모로 볼 수 있다는 민중주의자들의 생각은 농민과 노동자들이 철저하게 억압당했다는 느낌 때문이라고 설명하면서 음모라고 생각하는 것은 잘못된 것이라고 홉스태터는 비판했다. 이렇게 생각하는 사람은 지식 수준이 낮은 사람들이었으며, 이러한 생각은 정치적 · 사회적 대립이 심했을 때 자주 일어나는 것이다. 부패 자체가 음모의 성격을 띠기 때문에 역사에 음모 같은 것이 없다고 하는 것은 잘못된 것이며, 철도 부문에서 많은 뇌물 거래와 부패상을 찾을 수 있고 민중주의자들은 바로 여기에서 음모를 확증할 수 있는 모델을 가지게 되었다.

그러나 그는 역사가 모두 음모라고 하는 것과 때때로 일어나는 음모 행위를 골라 지적하는 것에는 큰 차이가 있다고 민중주의자들을 비판했다. 민중주의자들이 지극히 개인적인 것을 일반적인 사건으로 설명하려는 경향이 강했음을 지적하면서 그들이 농민의 불만을 지나치게 강조한 것을 비판했다. 결국 지성적인 곳은 도시인데 농민들은 자기들의 운명이 실제로 결정되었던 큰 세상에서 고립해서 살았다. 따라서 농민들은 의심이 많다는 비난을 받게 되었고 자기네들의 처지는 일반적으로 어렵다고 생각하게 만들었다고 반박함으로써, 농민들의 불만을 강조했던 힉스의 견해에 반대했다.

음모설 이면에 있는 민중주의자들의 재정적 주장은 고리대금업자와 같은 독점을 파괴하기 위하여 지폐를 발행해야 한다는 지폐론자들의 입장과 같았다. 그리고 일반적으로 간과되었던 것은 음모설이 일종의 수사적인 반유태주의와 관계 있다는 사실이라고 홉스태터는 민중주의자들의 토착주의를 비판했다. 1890년대 이전의 반유태주의는 미온적이었으며, 화폐, 신용 대부 문제와 관련되어 있었는데 19세기 말에 이르러 이러한 경향이 강화되었다. 민중주의자들은 유태인이 '국제적 금력 조직'과 같다는 생각에 사로잡혀 있었다. 민중주의와 호전주의는 편협한 민족주의와 함께 성장했다. 그는 은화폐론자들에게 유태인은 역사 음모의 근본적인 부분이었다고 말했다. 브라이언과 은화폐론자들이 "종족에 대한 공격이 아니다. 우리는 종족이나 종교를 불문하고 욕심과 탐욕을 공격하고 있다"고 한 말을 인용하면서 민중주의자들의 반유태주의는 말뿐이라고 홉스태터는 주장했다. 그것은 표현 방법이지 책략이나 계획은 아니라고 했다.

민중주의의 이데올로기는 실제적으로 비참한 상태에 대한 농민들의 현실적 반응이라기보다 곤경에서 야기된 농민들의 불안과 공포의 표현이라고 수정주의자들은 주장했다. 즉 심리적인 면을 강조했다. 농민 반항은 근본적으로 새로 나타난 산업 사회에 잘 적응하지 못한 데서 비롯된 것이며, 19세기 말 변화된 사회에서 그들의 경제적 실재를 잘못 이해한 데서 발생했다는 홉스태터의 말에서 그들의 입장을 잘 알 수 있다. 농민들이 농업 시장이라든지 상업적 농민의 상태를 포함하는 비인간적 사회에 갇혀 있다는 사실에서 비롯된 것이다. 산업 사회 안에서 농민들은 기업가와 마찬가지로 상업적 농업에 적응할 수 있는 새로운 전략을 찾아야 했다고 홉스태터는 주장했다. 다시 말하면 농민들은 필요한 자본과 경영 기술뿐 아니라 기업계가 이용했던 전략인 기업 연합, 기업 합동, 정치적 압력, 원외 활동과 같은 '강한 면'으로 나아가야만 했다는 것이다.

그러나 그와는 반대로 그들은 '유연한 면', 즉 너무나 큰 정치적 목표, 이상적인 민중 정치, 제3당, 금권 세력 타도, 노동자와의 단결과 같은 유연한 면으로 움직여갔다. 따라서 추세가 계속 악화되어갔을 때 농민들은 기업의 역할과 소수 자영농의 역할을 제거하는 경향이 있었다고 홉스태터는 농민들의 부정적 입장을 반박했다.[14] 해크니도 민중주의자들의 생각이 퇴보적 · 전통적이며, 농업 신화는 근거가 없다는 것, 역사의 음모설을 반박했다는 점에서 홉스태터와 일치하고 있다. 그러나 그는 농민의 적은 날씨, 기후, 메뚜기떼, 시장의 변동 등과 같은 비인간적 힘이었음을 강조하면서 철도는 농민들에게 가혹했다고 주장했다.

그런데 민중주의자들이 철도를 비난한 것은 낭만적인 과거상과 이해관계 때문이라고 지적했다. 농민 불만의 원인은 소규모 농업 경영자가 도저히 적응할 수 없었던 급격한 경제 변화 속에서 단일 상업 농작물에 의존했기 때문이며, 그들이 종전에 역사에서 차지하고 있던 중요성을 잃은 데서 오는 심리적 문제라는 것이다. 민중주의자들은 토지에서 일하는 사람들에게는 특별한 것이 있어야 한다고 믿었으며 노동이 모든 부를 생산하며 노동자가 노동이 생산한 것을 누려야 한다는 생각을 가지고 있었다. 이러한 생각에서 농민들은 불경기의 원인으로 지적한 과잉 생산설을 조소했고, 때로는 제어할 수 없는 치열한 경쟁에 의존하지 않는 새로운 사회 질서를 기대했다고 해크니는 말했다.

민중주의자들이 자유로운 투표와 공정한 집계를 요구하면서 권력은 제도가 아니라 인민이 요구하는 것이라고 주장했는데, 이는 민중주의자들의 반항이 권력 지향적인 것이었으며 실제로 개혁자나 혁명가와 같은 생각이 결여되어 있었음을 암시한다. 그러므로 그들은 개혁자나 혁명가처럼 행동하지 않았다. 예를 들면 앨라배마의 민중주의자들은 혁명의 계기가 왔을 때 혁명적 태도와는 거리가 멀었으며 심지어 그들이 서약했던 개혁에 반대하는 투표까지 한 일이 있다고 해크니는 진보적 사가들의 입장을 비판했다.[15] 이러한 면에서 민중주의는 공공 집단 혹은 다른 집단이라

14 Hofstadter, *The Age of Reform*, p.61.

기보다는 동시에 한 목적을 위하여 함께 모인 자발적인 집단이었다. 이러한 면은 왜 폭력이 확산되지 못하고, 조직적으로 이루어지지도 못했으며, 민중당이 그처럼 빨리 해체되었는가 하는 것을 설명해주는 것이라고 해크니는 주장했다. 홉스태터와 해크니보다 더욱 강한 수정주의적 입장을 가지고 있었던 퍼키스는 민중주의자들의 목표가 자본주의를 파괴하려는 것이 아니라 오히려 그것을 유지하고 확장하려고 했던 것이라고 말했다. 민중주의자들이 자본주의, 독점가, 은행가로부터 소규모 기업가를 보호하는 데 관심이 있었기 때문에 민중주의는 농민 반항이라기보다 중산 계급의 운동이다.

다시 말하면 민중주의자들이 동부 금융 자본주의를 규제하지 않으면 자기들의 지위가 무너지고 프롤레타리아 계급으로 떨어질 것이라고 느꼈기 때문에 자본주의를 유지하고 확장하려 했다고 퍼키스는 주장했다. 이러한 상황에서 민중주의자들은 신용 대부에 공적 규제가 필요함을 강조하면서, 국가가 철도, 화폐, 각종 이익에 관한 것을 규제해야 하며 공공복지에 대해서도 국가가 책임을 져야 한다고 주장했다. 이처럼 공적인 힘으로 이기적인 소수에 대항하여 국민의 이익을 보호할 것을 주장했다는 점에서 국민주의와 반유태주의의 성격을 찾아볼 수 있다. 퍼키스는 민중주의자들이 정·부통령, 상원 의원 직선, 주민 투표, 주민 발의권과 강력한 정부를 원하는 등 직접 민주 정치를 주장했기 때문에, 진보적 사가들이 지적했던 민중주의의 민주적·자주적 힘을 인정하는 데 제한이 있어야 한다고 비판했다. 왜냐하면 정치적 개혁을 주장한 농민은 인간의 자유나 더욱 완전한 인간 생활에 관한 생각에 거의 근거하고 있지 않으며, 개혁은 자유주의가 아닌 직접 민주 정치를 강화시키는 역할을 했기 때문이라는 것이다.

15 Sheldon Hackney, *Populism to Progressivism in Alabama*, Princeton: Princeton University Press, 1969, p.84.

간단히 말해서 민중주의 정치 사상은 루이지애나 주지사와 상원 의원을 지냈던 롱(Huey Long)이나 히틀러식의 선동 정치와 양립될 수 있으며 민중주의는 여러 면에서 미국 파시즘의 선구[16]라고 주장함으로써 민중주의의 보수적 성격을 극단적으로 표현하고 있다.

3. 민중주의의 혁명적 성격

수정주의자들에게 인정받지 못했던 민중주의 운동을 재평가하려는 급진적 역사가들은 수정주의자들의 견해에 거세게 도전했다. 이들 급진적 역사가들은 민중주의를 일반적으로 사회에 영향을 끼치지 못하고 있었던 민중 운동으로 인식했다. 그들은 미국의 사회 제도를 변형시키려는 민중주의자들의 열망을 높이 평가했다. 이러한 입장을 대표하는 역사가인 폴락(Norman Pollack)은 홉스태터의 주장을 비판함으로써 자신의 견해를 명백히 했다. 홉스태터가 민중주의자들의 생각은 지방적 불만, 대중적·민주적 반항이며 불신과 배외 사상의 근원으로서 지금 우리 시대에도 남아 있다고 믿는다고 민중주의를 정의한 데 대해 폴락은 세 가지 잘못을 지적했다. 첫째, 민중주의는 이익 추구에서 시작된 운동으로 본 잘못이며, 둘째, 여기에 배외 사상을 첨가시킴으로써 이 운동은 처음부터 경제적 불만에 근거를 둔 반항이기보다는 비이성적 반항이라고 잘못 보았다는 것이다.

끝으로 홉스태터는 민중주의를 단순한 지방민들의 반항이라고 정의함으로써, 그것을 주어진 역사적 배경 속에서 발생한 특별한 운동이라기

16 Victor C. Ferkiss, "Populist Influences in American Facism," Theodore Saloutos(ed.), *Populism: Reaction or Reform?*, p.77.

보다 반복하는 운동으로 잘못 보았다는 것이었다.[17] 즉 미국사의 과정을 지방적 충동으로 간주함으로써 민중주의 운동을 비합리적이라고 보는 한편 자본주의 테두리 안에 있는 운동으로 잘못 보았다는 것이다. 그 결과 농민 반항을 자본주의 제도에 대항하는 것이라고 볼 수 없었고 반항을 반항으로 인정할 수 없게 되었다고 폴락은 홉스태터의 입장을 반박했다. 폴락은 홉스태터의 저서인 『개혁의 시대』에 언급된 민중주의의 다섯 가지 이데올로기를 하나하나 비판하면서 자기의 입장을 피력했다.

그 책에서 홉스태터는 민중주의의 역사적 · 사회적 요소를 배제하고 관념적 운동으로만 간주했는데, 이러한 주장은 민중주의가 일어났던 역사적 배경을 무시하고 그것을 설명하려 했기 때문에 자신의 입장을 뒷받침할 자료 선택에 있어서도 임의적이었을 가능성이 높다고 폴락은 홉스태터가 사용했던 증거 자체를 비판했다. 수정주의자들은 농민들의 경제적 불만이 무엇이며, 어떠했는가를 체계적으로 설명함으로써 편견에서 벗어날 수 있었음에도 불구하고 경제적 불만을 무시하고 심리적 면을 강조함으로써 증거 자체의 신빙성을 의심할 수밖에 없었다. 홉스태터가 민중주의자들의 사상을 분석하기 위하여 언급한 다섯 가지 테마는 단순하게 '민중주의 정신'의 상을 날조하기 위한 것이며 그가 제시한 황금 시대 개념, 자연 조화 개념, 사회 경쟁에 대한 이원적 해석과 같은 세 개의 테마는 단순히 민중주의의 비합리성을 강조하기 위한 것이라고 폴락은 반박했다. 이러한 비합리성을 인정하려는 데서 가장 비합리적 선언이라 할 수 있는 역사의 음모설을 옹호하게 되었고, 민중주의자들이 반유태주의자였다는 결론을 얻기 위해서 홉스태터는 음모설을 강조했다고 비판했다. 다시 말하면 민중주의는 경제적 불만에 대한 반항이 아니었으며 그들의 주장은 기회주

17 Norman Pollack, "Hofstadter on Populism: A Critique of '*The Age of Reform*'," *Journal of Southern History*, Vol. xxi, November, 1960, p.479.

의적이고 비합리적인 것이라는 것, 따라서 민중주의의 본질은 더욱 높은 지위와 더욱 많은 몫을 차지하기 위한 욕구였으며 그 결과 농민 반항 운동은 단순히 지위 혁명(status revolution)의 표명이라고 홉스태터가 주장했는데, 이것은 날조된 주장이라는 것이다.

홉스태터는 민중주의의 유토피아는 과거에 있고 미래에 있지 않다고 말함으로써 민중주의자들을 사라져버린 농민의 에덴동산을 그리워하는 복고적이고 퇴보적인 유토피안으로 묘사하고 있고, 또한 이를 입증하기 위한 증거로 그가 제시한 사례는 적절하지 못한 것이었다고 폴락은 신랄하게 비판했다. 결국 홉스태터가 민중주의자들의 문제를 역사적 배경에서 설명하려는 진보적 사가들의 입장에 반대했으며, 민중주의자들이 과거를 동경했기 때문에 그 자체로 유토피안이라고 가정함으로써 여기에서부터 더욱 터무니없이 과장된 내용을 유출해내었다고 폴락은 주장했다. 즉 민중주의자들의 목표는 비현실적이고, 그들이 주장하고 있는 여러 가지 악폐를 교정할 구체적인 법안을 주창하지도 못했기 때문에, 사회 제도의 본질도 비판하지 못했으며 오히려 그들의 목표는 산업 발전과 농업의 상업화 이전에 우세했던 상황을 복구하려는 것뿐이었다는 것이다. 그것은 민중주의자들이 현재 사회를 비판하지 않고 더욱 옛날 사회를 그리워했기 때문에 비합리적인 면을 강조함과 더불어 퇴보적 · 전통적이었다는 것을 암시하고 있다. 그러나 이것은 자본주의가 미국 발전에 근본이라는 홉스태터의 입장을 지지하기 위해 만든 것에 불과하다고 폴락은 비판했다.

홉스태터는 "자연은 유익하다"는 민중주의자들의 신념을 퇴보적인 면의 근거로 간주했지만, 민중주의자들은 미국의 부는 만약 그것이 평등하게만 분배되고 관리되기만 하면 번영을 창조할 능력이 있다고 믿었다는 점에서 진보적이었다. 그리고 그들은 인류가 법의 규제를 통하여 사회를 더욱 불평등하게 변형시킨 책임이 있다고 했다. 그러나 홉스태터는 인간이 불평등에 책임이 있다는 이와 같은 비난을 거부했으며, 특히 민중이 번영을 누리지 못한 것은 인간의 욕망과 과오 때문임을 강조했다. 이러한 홉스태터의 입장은 인간의 구체적 행동이 불만을 없앤다든지, 사회 제도가 인간의 현안 문제에 책임을 질 수 없음을 암시함으로써, 사회 정책을 결정하고자 하는 민중주의자들의 신념을 결국 조소하게 되는 것이라고 폴락은 말했다. 결국 민중주의자들은 존재하지도 않는 문제를 가지고 씨름했기 때문에 비이성적인 사람들이었다는 홉스태터의 비난을 폴락은 반박하고 있는 것이다.

홉스태터가 민중주의자들의 자연 조화 혹은 생산 계급 안에서 이익의 자연 조화 개념, 다시 말해 "농민과 노동자 사이에 근본적인 충돌은 없었다"는 민중주의자들의 신념을 곡해한 데 대해 폴락은 비판했다. 결론적으로 홉스태터를 비롯한 수정주의자들은 산업 자본주의를 무조건 인정하려 했기 때문에 강압적인 상태와 경제적 불만이 있었다는 것을 부정하려고 했다고 폴락은 비난했다.

이러한 폴락의 입장은 구드윈에 의하여 보강되었다. 그는 민중주의를 재정 개혁, 지폐 유산과 오마하 정강 이상의 것으로 간주했다. 즉 민중주의는 특별하고 제한된 정치적 목표를 가진 개혁 운동으로 이해될 수 있으며, 농민 반항이 의미하는 것은 대중의 민주적 욕망을 성취하려는 민중 운동과 같은 문화적 주장이라고 구드윈은 말했다.[18] 그렇기 때문에 1896년의 대통령 선거는 두 개의 경쟁적 문화 내지는 개념의 대립으로 간주되었다. 즉 브라이언에 의한 '민중'과, 협동 사회를 의미하는 맥킨리(William Mckinley)에 의한 '진보적 사회'라는 두 개의 문화나 개념의 대립이라는 것이다. 민중주의자들은 '협동 국가(cooperative commonwealth)'를 이룩

18 L. Goodwyn, *The Democratic Promise*, p.541.

하려 했고, 선거전을 전승해 내려오는 사회 제도의 구조를 개혁하려는 민주적 개혁 운동으로 생각했다. 그러나 1896년의 문화 투쟁은 민주적 풍토를 소중히 생각했던 사람들의 패배로 끝났다. 그리하여 맥킨리의 '진보적 사회', 즉 자본주의 사회가 정통 체제가 되었고 그에 대한 도전은 없었다. 그럼에도 불구하고 '협동 국가'의 정신은 살아남았다.

구드윈에 따르면 민중주의자들은 인간 자체의 노력이 정당하게 존중될 수 있도록 하기 위하여 '협동 국가'를 찾았기 때문에 협동 정신은 그들이 일으켰던 민중주의 운동의 살아 있는 정신으로 남아 있다는 것이다. 이 정신은 문자 그대로 후에 킹(Martin Luther King Jr.) 목사가 동포 의식이라고 불렀던 것을 수십만 명에 달하는 가난한 사람들에게 주었다. 그렇기 때문에 민중당과 농민 동맹은 당과 동맹 이상의 것이었으며, 그것은 정신이었고 실제로 사물을 보는 새로운 방법, 즉 새로운 문화였다. 이러한 관점에서 민중주의 운동은 민주 사회의 민중들이 어떻게 자유를 얻기 위하여 노력할 수 있으며, 민중들이 열망하고 있는 민주적 개혁을 통하여 어떻게 그들 자신의 문화를 이룩할 수 있는가를 보여주었다.

새로운 문화와 민주적 협동 국가를 이룩하려고 했던 민중주의자들이 1896년 선거에서 패배했기 때문에 민중주의는 승리의 계기로 간주될 수 없고 민주적 약속의 계기로 간주될 수밖에 없었다. 다시 말하면 민중주의는 평등주의의 시도이자 시작이었지 성취가 아니었다. 이러한 면에서 민중주의는 아직도 계속되고 있으며 따라서 농민 반항은 19세기 경험이었다고 말할 수 있다. 민중주의자들은 자본주의의 개혁자도 아니고 사회주의자도 아니다. 만약 민중주의자들이 실제로 우리들보다 더욱 민주적이고 자유스럽다면 우리는 농민의 경험을 불신임하는 것에 앞서 사회는 계속 진보해나갈 것이라고 생각하는 편이 더욱 좋을 것이라고 주장했다. 여기에서 구드윈은 민중주의 운동의 진보성을 강조했다.

뉴젠트(Walter T. K. Nugent)도 수정주의자들의 보수적 입장에 반대하여 민중주의를 재평가하고 있다. 민중주의자들은 배외 사상이 강하다는 비판을 받았으나 그들은 당시 정적들보다 외국인과 외국 제도에 더욱 수용적 태도를 보였고 더욱 우호적이었다. 또한 그들은 음모 정신에 대하여 비난을 받았으나 그들에게서 파악할 수 있었던 것은 그러한 픽션을 아주 무색케 했다. 반유태주의에 대해서도 비난을 받았으나 그들은 유태인 이웃들과 사이좋게 지냈으며 유태인 금융가들을 혐오하는 것을 억제했다. 그리고 그들이 미서 전쟁 때 쿠바인을 지지한 것에 대하여 호전적이며 국수적이라는 비난을 받았는데, 쿠바인에 대한 지지는 아주 다른 근거에서 비롯된 것으로서 그들은 제국주의에 강경하게 반대한 사람들이었다.

또한 민중주의자들은 1896년 민주당과 정치적으로 연합함으로써 그들이 자랑했던 개혁 원칙을 팔아넘겼다는 비난을 받았으나 그럼에도 불구하고 민주당과의 연합은 제한적이긴 하지만 합법적으로 개혁을 이룩하기 위한 것이었다고 뉴젠트는 홉스태터의 견해를 비판했다.[19] 캔자스의 경우 민중주의는 경제적 압박에 대한 정치적 반응이었고 홉스태터의 5개의 테마와 일치하지 않았다. 농민 동맹 초창기부터 1892년경까지 민중당의 존재 이유는 경제적 위기를 극복하는 것이었으나 1892년 이후 이 목적은 어느 정도 정치 조직으로 지속하고자 하는 당의 욕망과 병행되었다. 그러나 두 시기에 경제적 위기가 민중당이 존재하는 이유였고 위기를 극복하는 것이 주요 목적이었다. 따라서 민중주의자들은 경제적 위기를 극복하기 위하여 연방 정부가 법 개혁을 하기 위한 법령을 제정할 것을 요구했다.

대다수 민중주의자들의 주장을 민족주의의 일부로 간주하고 있으나 그것은 20세기 우익 민족주의자들의 배외적 · 반유태적인 특성을 지니고

19 Walter T. K. Nugent, *The Tolerant Populists: Kansas Populism and Nativism*, Chicago: University of Chicago Press, 1963, p.231.

있지 않은 19세기 민족주의였다. 민중주의자들의 용어를 살펴보면 그들의 민족주의는 미국은 이전에 있었던 다른 사회와는 다른 정치 사회였으며 그렇기 때문에 이전에 사회보다 유지할 가치가 있다는 정도의 민족주의였다.[20] 미국은 이상이 구체화된 것이며, 이 구체화는 민주적 공화주의의 실현이었다고 생각했다. 즉 민중이 다스리고 피치자가 치자에게 동의하고 생명, 자유, 재산이 보호되는 사회의 구현이었다. 뿐만 아니라 경제적 민주 정치의 구현이었다. 즉 자원이 정직한 노력으로 풍요로 바뀌기만을 원하고, 기회가 평등하고, 국가 부의 분배가 균등한 경제적 민주주의의 표현이었다.

미국은 유럽의 부패와 쇠퇴, 기생적 상층 계급, 정체와 경제적 · 정치적 억압이 없는 사회였으며 자기들의 자연권을 보호하기 위한 곳이라고 생각했다. 간단히 말해서 백성이 지배하는 곳이라 생각한다는 의미의 민족주의였다고 뉴젠트는 수정주의자들의 입장을 비판했다. 민중주의자들은 농촌 중심의 농업 사회에서 도시 산업 사회로의 변화는 소수가 아닌 모든 민중에게 유리하다고 생각했으며 민주적 공화주의와 경제적 민주 정치를 보장할 곳을 찾았다. 그렇기 때문에 산업화는 받아들였으나 독점은 비난했고, 금융과 재정은 인정했으나 고리대금과 재정적 속임수는 비난했으며, 정당한 부의 축적은 인정했으나 경제적 봉건제는 비난했고, 기업은 환영했으나 투기는 비난했다. 그들을 억압했던 것은 산업과 도시화가 아니라 그것의 악폐라고 생각했다고 뉴젠트는 주장했다.

이러한 뉴젠트의 입장은 민중주의가 산업주의의 발전과 농업의 상업화 이전의 상태를 부활시키려는 것이었다는 홉스태터의 주장을 반박하는 동시에 그것은 정치적 · 경제적 면에서 평등주의적 개혁 운동이었다는 진

20 *Ibid.*, p.95.

보적 사가들의 입장과 같다. 민중주의자들은 미국인이 다원주의자이고 개인주의자이며 인간주의자라고 보았는데, 특히 여기서 인간적이라 함은 미서 전쟁 때 쿠바의 폭도를 동정한 것보다는 제국주의에 반대했다는 면에서였다고 뉴젠트는 강조했다. 캔자스의 경우, 민중주의자들은 당의 도움으로 실제의 경제적 곤경을 해결하려 했는데, 이런 의미에서 그들은 현재의 불만족스러운 상태에 대하여 과거로 돌아가자는 것이 아니라 방향을 고치려고 했다. 즉 그들은 퇴보적 · 비이성적이라는 수정주의자들의 비판과는 반대로 개혁자임을 보여주었다. 결론적으로 말해 급진적 역사가들은 민중주의를 미국 사회 구조를 변형시키려는 개혁자 내지는 혁명의 선구자로까지 평가하고 있는 것이다.

각 역사가들의 입장에 따라 민중주의 운동은 아주 다르게 평가되었다. 때로는 진보적 개혁 운동으로, 때로는 반동적 · 국수주의적 운동으로, 심지어는 원초적 혁명 운동으로까지 평가되었다. 이러한 견해는 모두 불완전하거나 부적합한 것으로 생각된다. 만약 '모든 사람은 그 자신의 역사가'라고 하는 칼 베커의 전제를 그대로 받아들인다면, 민중주의에 대한 재평가는 끝없이 나타날 것이며, 따라서 민중주의 운동에 대하여 종합적인 설명을 찾는 것은 거의 불가능한 일일 것이다. 이처럼 복잡한 가운데서도 민중주의의 본질에 대해 부분적인 결론이나마 얻으려 한다면 다음의 물음을 염두에 두는 것이 좋을 것 같다. 즉 그것은 민중주의자들이 근본적으로 진보적인가 아니면 반동적인가 하는 질문이다.

만약 여기서 '진보'를 자유와 평등의 확장으로 정의하고 '반동'을 특권적 소수에 대한 옹호나 새로운 변화에 대한 반대로 정의한다면, 대답은 아주 명백해진다. 이러한 관점에서 본다면 민중주의 운동은 확실히 특권적 소수 편이 아닌 민중의 편에 서 있었고, 그러한 의미에서 현존 제도의 변화를 열망했던 진보파였다고 하겠다.

제 6장

현대 민중주의

1. 부활의 배경

1.1 정치적 배경

1946년 영국과 캐나다 등지의 공산주의자들이 소련을 위해 간첩 활동을 한 사건들이 폭로되면서 공산주의에 대한 두려움이 표면화되기 시작했다. 미국인들은 공산주의자들이 자기 나라보다 소련에 더욱 충성한다는 사실에 경악했다. 그들은 미국의 공산주의자들도 소련의 사주를 받아 국가를 무너뜨릴 음모를 꾸미고 있다고 믿게 되었다.

반역자 색출을 요구하는 소리가 높아지자 트루먼 행정부도 조치를 강구하지 않을 수 없었다. 1947년에 트루먼 행정부는 연방 정부 직원들의 충성심을 조사하기 위한 충성 심사 위원회(Loyalty Review Board)를 설치해서, 공산주의자로 의심받은 사람들을 조사했다. 1948년부터 트루먼 행정부는 정치의 중심을 반공주의에 두었으며 모든 정책의 판단 기준은 공산주의의 위협 정도에 따랐다.

게다가 1949년 중국 공산화와 1950년 한국 전쟁 발발로 미국의 보수 세력과 유산 계급은 공산주의에 대한 두려움을 갖게 되었다. 그 결과 '대공포'로 불리는 반공 운동이 일어나게 되었다. 반공 운동은 제2차 세계대전 직후부터 시작되었지만 한국 전쟁을 통해 한층 강화되었다. 1950년 8월 트루먼 대통령은 충성심이 요구되는 기구에서 보안상 위험성이 높다고 판단되는 사람들도 해고할 수 있는 권한을 부여했다. 1951년경 2,000명 이상의 정부 직원들이 사임했으며, 212명은 해고되었다.

1948년 의회가 '비애국적' 행위를 조사하기 위하여 조직했던 하원 비미활동 조사위원회(House of Un-American Activities Committee, HUAC)가 1930년대 정부 안에 공산주의자들이 벌였던 간첩 행위를 폭로했는데, 그 가운데 가장 유명한 경우가 앨저 히스(Alger Hiss) 사건이었다. 국무부의 고위 관리였던 히스는 1930년대 정부 내 간첩 조직의 책임자로서, 미국의 국가 기밀을 소련에 넘겨준 혐의로 기소되었다. 히스는 스미스법(Smith Act)을 위반했다는 혐의로 유죄 판결을 받았다. 그 법은 미국 정부를 전복하려는 행동에 동조하거나 또는 체제를 전복시키려는 조직에 가입하는 행위를 불법으로 규정했다. 1949년에서 1950년에 걸쳐 진행된 히스의 재판 과정에서 미국인들은 정부에 대한 공산주의자들의 영향력이 매우 컸다는 사실에 놀랐다.

히스 재판 이후 하원 비미활동 조사위원회는 공산주의자들과 동조자들에 대한 색출 작업을 계속했다. 캘리포니아 출신의 공화당 하원 의원인 닉슨(Richard Nixon)은 히스의 경우가 미국 내 공산주의자들의 간첩 행위의 일부분일 뿐이라고 말했다.[1] 여론 또한 공산주의에 반대하는 쪽으로 움

1 M. J Heale, *American Communism: Combating the Enemy Within 1830–1970*, Baltimore: Johns Hopkins University Press, 1990, p.146.

직였고, 1949년 말 미국인의 60%가 공산당을 금지해야 한다고 생각하게 되었다.

연방 수사국(FBI)만큼 공산주의자들을 공격한 곳은 없었다. 1950년 5월 연방 수사국 국장인 후버(J. Edger Hoover)는 "공산주의자들이 바로 미국의 문 안에 들어와 활동해왔고 지금도 활동하고 있다"고 라디오 방송을 했다. 백악관, 대법원, 국무부 등도 이러한 입장을 받아들였고, 트루먼 대통령은 연방 정부가 공산주의자들의 국가 전복을 저지하는 방향으로 나아가야 된다고 생각했다. 1952년까지 660만 명이 검사를 받았으며, 연방 수사국에서 직접 조사를 받은 사람들의 수는 25,750명이었는데 그중 490명이 해고되었고, 11명의 공산주의자들이 기소되었다.

1950년 연방 수사국은 미국인 간첩들이 1945년과 1946년에 원자탄에 관한 자료를 소련에 넘겨준 사실을 발표했다. 이 사건으로 여러 사람들이 기소되었는데, 그 가운데 로젠버그(Julius Rosenberg) 부부는 유죄 판결을 받고 1953년에 사형당했다.

미국 사회에 공산주의가 침투해 있다는 사실이 밝혀지자 의회는 '비애국적' 행위를 처벌하기 위해 1951년 국가 보안법(Interal Security Act), 즉 매캐런법(McCarran Act)을 제정했다. 트루먼 대통령은 그 법안에 거부권을 행사했으나 이 법은 공화당이 우세한 의회를 통과했다. 이 법의 목표는 '비미국적' 요소를 밝혀내려는 것이다. 그 때문에 공산주의 단체의 등록을 의무화했고, 그들의 우편물과 글에는 반드시 공산주의자임을 밝히도록 했다. 또한 공산주의자들의 방위 산업체 근무를 금지시키고, 공산주의와 관련이 있는 조직에 가입한 경력이 있는 외국인의 입국을 금지시켰을 뿐 아니라 국가 비상시에 공산주의자들을 집단 수용소에 집어넣을 수 있게 했다.

결국 트루먼 행정부의 정책은 반공주의를 강화시켰으며, 트루먼의 외교 정책은 공산주의와 대결하는 데 효과가 있는가 여부로 평가받게 되었다. 그 결과 소련의 위협 자체는 중요하게 생각되지 않고, 소련의 이득은 행정부의 실수나 태만으로 생각되었다. 행정부가 국가 이익에 해로운 결정을 한 것은 단순한 실수가 아니라 공산주의자들이나 친공주의자들에 의해 결정되었기 때문이라고 매카시(Joseph R. McCarthy)와 그의 지지자들은 책임을 전가했다

'대공포'는 매카시즘(McCarthyism)의 출현으로 절정에 이르렀다. 매카시는 1950년 2월 웨스트버지니아 휠링(Wheeling) 연설에서 국무부 안에 205명의 공산주의자들이 있으며, 애치슨(Dean Acheson) 국무 장관에게 책임이 있다고 말했다. 그는 행정부 전체를 용공적이라고 비난했다. 심지어 중국 대륙에 공산당 정권이 들어선 것도 국무부 안에 있는 용공적 전문가들에게 책임이 있다고 주장했다. 미국의 외교적 실패가 국가 내부 음모에 기인한다는 그의 음모설은 1950년 한국 전쟁의 발발로 좌절감에 빠져 있었던 사람들에게 호소력을 갖게 되었다.

위스콘신 출신의 공화당 상원 의원인 매카시는 동부 도시에서 우세한 외래 급진주의 사상에 맞서 미국의 전통적인 가치를 지키려는 서부 농촌 지역의 대변자였다. 또한 그는 진보주의적인 민주당 행정부에 대해 강한 불만을 가지고 있었다.

"정부 안에 공산주의자가 있다", "공산주의에 약하다"는 등의 매카시 발언으로 미국인들은 공산주의에 승리해야 한다는 생각을 갖게 되었다. 또한 그들은 해외에서 공산주의에 승리하기 위해서는 국내에서 승리해야 하며, 엄격한 국내 안보 계획을 기반으로 강력한 외교 정책을 수립해야 한

2 Athan Theoharis, "The Road to McCarthyism: Truman's Anti-Communist Rhetoric," in Thomas G. Paterson(ed.), *The Origins of the Cold War*, Lexington, Massachusetts: D. C. Heath and Company, 1974, p.194.

다고 생각하게 되었다.[2]

1950년대 초 반공주의자들의 합의가 이루어졌다. 정부의 주요 기관, 주요 정당, 노동조합, 지도적 위치에 있는 교회 대변인, 전국에 있는 공적 · 사적 기관들은 공산주의자들이 미국 사회에서 합법적 활동을 하는 것을 금지하자고 하는 데 합의했다. 반공주의에 대한 열정이 대단하여, 1953년 4월 갤럽 여론 조사에서 미국인의 19%가 매카시를 지지했고, 22%가 비우호적이었으나, 8월경에는 지지도가 34.42%로 상승했다. 1954년 1월 갤럽 여론 조사에서 매카시는 50%라는 전례 없는 지지를 받았다. 끊임없이 20세기 미국 역사에 주제가 되어왔던 반공주의는 현대 민중주의가 부활하는 중요한 배경이 되었다.

1.2 경제적 배경

제2차 세계대전 후 팽창하던 미국 경제는 1960년대에 들어와 성장이 둔화되기 시작했다. 미국 경제는 생산성 증가율에 있어서도 둔화 현상을 나타냈다. 1955년에서 1965년에 이르는 시기에 미국의 생산성, 즉 작업 시간당 물품과 서비스 생산고는 연평균 3.1%의 비율로 증가했다. 그러나 생산성 증가율은 계속 떨어져 1965년에서 1973년에 이르는 시기에 2.3%, 1973년에서 1978년에 이르는 시기에 1.1%에 이르렀다. 이 시기에 서독은 4%, 일본이 7%를 나타냈다. 공장과 생산 시설도 평균 가동년수가 서독은 12년, 일본은 10년인 데 비해 미국은 18년으로 노후 상태에 있었다. 생산 시설의 개선과 기술 혁신을 위한 재투자에서도 미국은 두 나라에 뒤지고 있었다.

이처럼 1960년 이후 미국 경제가 활력을 잃게 된 데는 몇 가지 요인이 있었다.

첫째, 군사비의 막대한 지출은 미국 경제가 활기를 잃게 되는 중요한 요인으로 작용했다. 1960년에서 1979년 사이에 국민총생산고에서 연방 정부의 지출이 차지하는 비율은 18.5%에서 21.6%로 증가했다. 그 가운데 국방비가 차지하는 비율이 컸기 때문에 경제 성장에 지장을 초래했다. 1970년대 서독의 군사비 지출은 미국의 6분의 1, 일본의 군사비 지출은 미국의 12분의 1밖에 되지 않았다는 사실에서 국방비가 미국의 자원을 얼마나 낭비하게 했는가를 알 수 있다.

물론 1960~1970년대 국방비 지출은 1950년대 수준에는 미치지 못했다. 그럼에도 불구하고 그것에 대한 비판은 더욱 격렬해졌다. 월남전 종전 직후 군사비는 줄었으나 소련의 군비 확장과 국제적 긴장 고조에 따라 1970년대 말부터 다시 증가하기 시작했다. 그 때문에 1982년부터 1985년 사이에 국방 예산이 1조 달러에 이르게 되었다. 물론 국방비 팽창은 생산과 고용을 증대시키는 효과도 있었지만, 장기적으로 보면 산업공학자인 멜멘(Seymour Melman)이 지적한 것처럼 국가 산업 기반을 약화시킴으로써 미국 경제를 고갈시키는 '기생충'과 같은 기능을 했다.

둘째, 막대한 사회 복지비의 지출이었다. 미국을 비롯한 서부 진영의 민주주의 국가들은 전통적으로 자유 시장 정책을 쓰고 있었던 반면에 중앙 집권화되어 있었던 공산주의 국가들은 국가가 경제를 엄격히 통제했다. 그러나 동서의 대립 속에서 서부 진영의 경제는 중앙 집권화 방향으로 움직여갔고 자유 시장 원칙에서 멀어지게 되었다. 전후 중앙 집권화와 복지 사회에 대한 지지도가 높아지면서 국가가 경제 정책을 수립하는 중요한 세력이 되었다.

복지 국가로 전환하면서 정부가 시민 계급으로부터 복지에 대한 책임을 떠맡게 됨에 따라, 미국인들은 개인과 결사(association)의 중요성과 유용성이 의미를 잃게 될 것을 우려하게 되었다.[3] 정부가 중앙 집권화에 따라 지방과 공동체의 권력을 흡수했기 때문에, 많은 사람들이 복지 국가를 적대적인 방향에서 보게 되었다.

또한 복지비 지출 증가는 미국 경제의 생산력이 떨어지는 원인이 되었다. 인구의 노령화, 1960년대 빈곤 퇴치 정책 등의 결과 연방 정부의 지출에서 사회 복지비가 차지하는 비율이 28%에서 56%로 증가했다. 이 자금이 모두 빈곤 퇴치에 사용된 것은 아니지만 그것이 산업에 대한 재투자를 억제한 요인이 되었던 것은 부정할 수 없는 사실이다.

셋째, 미국 경제의 생산력이 쇠퇴하게 된 요인은 에너지 위기였다. 제2차 세계대전 후 미국의 경제적 팽창은 값싸고 풍부한 에너지를 얻을 수 있었기 때문에 가능했다. 가장 중요한 에너지인 석유는 상당량을 외국 수입에서 충당했다. 그러나 1973년 석유 수출국 기구(OPEC)가 석유 가격을 파격적으로 인상함에 따라 경제에 큰 압박을 가하게 되었다. 미국은 대체 에너지 개발에 착수했으나 석탄은 공해 문제, 원자력은 핵에너지 위험성과 원자력에 대한 대중의 불신감 때문에 이용에 한계가 있었다.

넷째, 1960년대의 대대적인 기업 합병으로 인한 경제력의 집중으로 미국 사회는 소수의 수중에 부와 권력이 집중되어 있었다. 대기업의 힘이 더욱 강해져 상위 87개 회사가 전체 회사 자산에서 차지하는 비율이 26%에서 46%로 늘어났다. 1970년대에는 2,000개 이상의 회사가 합병되었는데 이는 1950년의 무려 10배나 되었다.

이러한 기업 집중의 결과 대기업은 막대한 이익을 얻게 되었다. 1969년 백악관 경제 보고서는 기업 집중의 결과 대기업이 그 이전보다 50%나 이익을 증가시켰다고 발표했다. 지난 10년간 미국의 대기업(10억 달러 이상의 자산 소유)은 순자산을 26~46%, 이익을 36~50%까지 증대시켰다. 당

3 Michael P. Federici, *The Challenge of Populism: The Rise of Right-Wing Democratism in Postwar America*, New York : Praeger, 1991, p.55.

시 미국 기업의 상위 1%가 회사 총자산의 86%, 모든 제조 회사 순이익의 88%를 차지하고 있었다. 반면에 소기업(1천만 달러 이하의 자산 소유)은 1960년대 초 제조업 자산의 20%를 차지하고 있었으나 말에 이르면 14%로 감소했다. 이처럼 미국 경제에서 기업의 크기가 이익을 크게 좌우하게 되었다.

게다가 주력 산업과 전혀 관계없는 다른 분야의 기업들이 통합된 복합 기업 설립자들이 세계 도처에 있는 생산 시설을 자의적으로 변형시킬 뿐 아니라 노동자에게 미칠 영향을 고려하지 않고 폐업시켰다. 그들은 경쟁도 하지 않고, 정부의 규제도 받지 않은 상태에서 이익의 축적은 물론 독점적인 권력까지 갖게 되었다. 따라서 그러한 기업은 공익을 생각하지 않았기 때문에 가난한 사람들은 더욱 가난해졌다.

이러한 집중 현상은 농업 부문에서도 마찬가지였다. 1950년 5,400만의 미국 농민이 평균 215에이커의 땅을 소유하고 있었으나 1970년경에는 300만도 못 되는 농민이 평균 380에이커의 땅을 소유하게 되었다. 상층 2%도 못 되는 대농이 농가 총판매액의 3분의 1을 차지하고 있었다. 농업에도 농기업이 등장하여 이익을 독점했다. 1960~1970년대 Texaco Gulf와 Western, Penn Central, Union Carbide, Dow Chemical, Good Year, Getty Oil과 같은 대기업이 농민을 잠식했다. 1960년대 10년 동안 거대한 통조림 제조업자인 Minute Maid와 Libby-Macnail-libby는 플로리다 감귤나무 소유를 1%에서 20%로 증가시켰으며, 복합 기업인 Purex와 United Brand가 미국 채소의 3분의 1을 장악하고 있었다.

그러나 연방 정부의 농업 정책은 실제로 대농과 곡물 회사의 이익과 입장을 대변했다. 곡물 회사의 간부였던 농무부의 고위 관리들이 농장의 크기를 늘릴 뿐 아니라 농산물 가격을 낮춤으로써 소농들은 농토를 떠나게 되었다. 결국 대기업의 토지 독점에 의하여 축출된 농민들은 거대한 복합 기업의 지배하에서 농사를 짓게 되었다. 이에 따라 1970년대 6대 곡물 판매업자가 미국 곡물의 85%를 장악하여 수출을 좌우하고 있었다.

아울러 정부의 정책과 세법도 소농보다는 대토지를 소유한 부재 지주에게 더 호의적이었으며, 정부는 전적으로 곡물 회사 편이었다. 이에 농산물 가격이 1982년에는 대공황 때보다 더 하락했고 10%도 못 되는 대농이 이익의 70%를 차지하게 되었다.

미국 사회는 회사가 산업과 농업을 지배하는 사회가 되었다. 이러한 상태에서 개인들은 무력감과 좌절감에 빠지게 되었다. 민중주의자들의 저항의 원인은 본질적으로 경제적인 것이었으며, 현대 민중주의는 민중이 힘이 없다고 느끼는 데서 성장했다.

1.3 사회적 배경

전후 미국의 정치적 · 사회적 · 경제적 원리에 큰 혼란이 일어났다. 당시 지식인들은 서양 사회를 '퇴폐적이고 자멸적이며 쇠락해가고 있는 파산한' 사회로 표현하고 있었다. 민중주의자들은 지식인들이 바로 이와 같이 위험하다고 본 현상에 대항하여 반응했다.

1960년대 미국 사회는 불만과 항의가 도처에서 터져 나왔으며 항의는 과격한 행동으로 나타나 '폭력의 시대'로도 불리게 했다. 불평등한 기존 체제에 흑인이 최초로 대항했다. 1964년부터 주요 도시에서 흑인을 중심으로 하는 폭동이 연속적으로 일어나 미국은 공포와 혼란에 휩싸였다. 1965년 로스앤젤레스 폭동은 34명의 사상자와 1천 명의 부상자를 냈고 무려 4천 명이 체포되었다. 1967년에는 35개 도시에서 흑인 폭동이 일어났고, 1968년 킹(Martin Luther King Jr.)이 피살된 직후에는 125개 도시에서 격렬한 폭동이 발생하여 46명이 죽고 2,600명이 부상당했으며, 22,000명이 체포되었다.

남부의 흑인들은 주로 투표권 행사의 방해와, 학교, 식당, 호텔, 공공 시설에서의 차별에 항의했다. 그러나 북부는 법적 · 정치적 차별보다는 사회적 · 경제적 평등의 획득에 관심을 집중했다. 흑인들은 과격한 흑인 민족주의를 표방했다. 기존 체제에 대한 항거는 대학에서도 과격화하여 급진 세력을 형성하게 되었다

길거리 범죄 또한 1960년대에 급격하게 늘어나 1970년대에 이르기까지 매년 평균 1천만 건의 범죄가 일어난 것으로 추정된다. 그중에 120만 건이 중범죄로 살인죄도 75%나 증가했다. 미국인 가정에서 보유하고 있는 무기는 9천만 정에 이르렀고, 총으로 인한 살인도 영국, 일본, 독일에 비해 무려 50배나 되었다.

이처럼 미국 사회가 폭력적이 된 데에는 몇 가지 원인을 열거할 수 있다. 우선, 월남전을 통하여 직 · 간접적으로 상당수의 국민이 폭력에 익숙해졌다는 것이다. 또한 미국 사회가 개인의 자유를 최대한 허용함으로써 개인의 행동을 자제하도록 하는 도덕적인 구속력이 약해졌다는 사실도 원인으로 지적될 수 있다.

소득의 불균형도 불만의 주요 원인이 되었다. 미국은 주로 중산 계층으로 이루어진 동질적인 사회라고 하지만 실제로는 빈부의 차이가 매우 심했다. 중산 계층의 수는 증가했으나 국민의 소득 구조는 크게 변화하지 않았다. 1968년 전후 미국의 경제 팽창이 끝나면서, 미국인의 생활수준의 향상은 멈추었고 사회는 정체되었다. 1979년에서 1983년까지 제조업에서 400만 명 이상이 직장을 잃었으며, 1985년 가을에는 중산 계급의 소득이 지난 10년보다 11%나 감소했다. 반면에 미국 상층 10%가 1969년에는 전체 개인의 소득의 29%, 1976년에는 31%, 1986년에는 33%나 차지하고 있었다. 이처럼 부가 집중됨으로써 빈곤이 깊이 뿌리박혀 있었다.

미국인들은 세법이 부의 집중을 비호한다고 생각했다. 그들은 세법이 부자에게 유리하게 적용되기 때문에 부력을 평준화시켰다기보다는 강화시켰다고 주장했다. 그들은 "모든 미국인은 평등하다. 그러나 부자는 다른 사람보다 더욱 평등하다"고 비난했다.[4]

대표적인 예로 석유 산업을 들 수 있다. 1970년대 대석유 회사는 1969년보다 10% 증가한 88억 달러를 벌어들였다. 그런데 그들은 8.7%의 연방세를 지불했다. 이에 비하여 보통 생활수준 이하(연봉 6000불)의 노동자는 16%의 연방세를 냈다. Texaco의 경우 1970년에 11억 달러의 소득을 올렸으나 세율은 6.4%, 캘리포니아의 Standard 회사는 5%, Gulf는 1.2%였다. 이처럼 미국의 세법은 불공정하고 불평등했다.

주식의 경우도 마찬가지였다. 부자들이 자식에게 상속하는 주식은 팔지 않는 한 세금을 내지 않는다. 그러나 봉급생활자는 세금을 피할 수 없었다. 실제로 정부는 기업의 편에 서 있었을 뿐 아니라 세법은 부력을 더욱 강화시켰다. 결과적으로 세법은 가난한 자를 희생시키고 부자를 더욱 부유하게 만들었다.

그럼에도 불구하고 대기업은 노동조합을 해체시키고 세금을 대폭 삭감하려고 했다. 이것은 노동자들의 실질 임금을 하락하게 했을 뿐 아니라 실직의 위협마저 느끼게 했다. 실제로 정부는 기업의 투자를 장려하기 위해 세금을 인하했다. 결국 대기업에 대한 정부의 세금 삭감은 정부의 재정적 지원을 현저하게 축소시키는 결과를 초래했다.

실제로 정부가 사회 정책에 대한 지출을 많이 삭감함으로써 소수 민족과 여성들은 정부의 사회 보조 계획의 축소로 큰 타격을 받게 되었다. 뿐만 아니라 정부의 세금 삭감으로 국민 소득의 불균형이 더욱 심해졌다.

4 Jack Newfield, Jeff Greenfield, *A Populist Manifesto: The Making of a New Majority*, New York: Praeger Publishers, 1972, p.90.

가장 부유한 상위 1%는 가장 가난한 하위 20%가 가진 것만큼 차지하고 있었고, 상위 5%는 하위 40%가 가지고 있는 소득을 차지하고 있었다. 그러므로 미국 사회 이면에는 빈곤이 심각한 문제로 남게 되었다.

그러나 가장 근본적인 이유는 미국 사회에서 소외되어왔던 사람들이 자기들의 처지를 자각하게 된 데 있다. 그들은 미국 사회가 소수의 수중에 부와 권력이 집중되어 있는 억압적이고 불평등한 사회라고 생각했을 뿐 아니라 미국인의 꿈인 기회 균등의 실현이 불가능하다고 믿었다.

전후 프로테스탄트 교회에서의 급진적인 신학상의 경향인 모더니즘(modernism)에 반대하여 일어난 종교적 근본주의도 현대 민중주의, 특히 우파 민중주의 대두와 관련이 있다. 이는 복음주의의 일부로, 현대적인 것에 대한 반발이다. 다시 말하면 그것은 산업화, 도시화, 비프로테스탄트 유럽 이민의 유입 등에 따른 문화적 · 경제적 변화에 대한 반동이다. 근본주의 신앙 운동은 보수적 신교도들이 정통 신앙, 즉 성경의 무오류성, 예수와 그의 선교의 신성과 역사성, 개인의 구원, 세계의 복음화, 예수의 재림 등을 수호하려는 시도였다.

1950~1960년대 근본주의는 공산주의와 모더니즘의 철폐에 초점을 맞추었다. 1950년대 근본주의자들은 매카시즘과 연합하여 비판을 받았으나, 1970년대 복음주의자들은 신우파 세력과 연합했다. 근본주의자들과 복음주의자들이 정치에 연루된 것은 수십 년에 걸친 좌절과 소외의 결과로 이해되어야 한다.

아울러 미국인들은 정부에 의하여 빈곤, 외교, 경제 문제가 악화된다고 믿었으며, 연방 정부의 세력과 영역이 커지고 있다는 생각에 급진적으로 반응했다. 1960~1970년대 정치적 · 사회적 소요와 경제적 어려움 속에서 보통 사람들이 정부 지도층을 불신하고 거대한 정부, 거대한 기업, 거대한 노동조합, 은행과 같은 거대한 제도와 그들의 대표들에게 무시당했을 뿐 아니라 기만당했다고 느끼는 데서 현대 민중주의가 대두되었다.

현대 민중주의 역시 근본적으로 경제적 곤경에 토대를 두고 있었다. 그러나 현대 민중주의에는 새로운 요소가 추가되었다. 좌파와 우파라는 두 개의 조류가 새롭게 생겨났다는 것과, 대기업의 독점에 대항하여 싸우고 있는 '소시민'의 단계를 넘어 권력의 중앙 집권화와 관료주의, 나아가 정부 그 자체와 정치가에 대항하는 단계로 발전했다는 점이다.

2. 좌파 민중주의

2.1 좌파 민중주의자들과 '경제적 민주주의'관

1960년대 신좌파를 비롯한 급진파들과 개혁가들이 미국의 사회 질서를 분석하여 개혁을 시도했으나 그 성과는 미미했다. 이에 1970년대에 들어와 좌파 민중주의자들이 불평등과 불의의 근본적인 원인을 찾아내어 해결하려고 했다.

1970년대 초 민중주의의 대두는 미국 자유주의 철학의 위기를 드러냈다. 이 시기는 시험의 시기였고, 미국의 개혁 전통이던 대중 유권자와 도덕적 관련성이 갑자기 불확실해지는 순간이었다. 또한 민중이 대기업의 권력을 불신하고, 대기업의 권력을 통제하는 것을 그들의 투쟁 목표로 했던 시기이기도 하다. 특권의 집중에 대항하는 투쟁이 1970년대의 가장 중요한 정치 문제가 되었다.

이러한 분위기 속에서 1970년대 초 뉴필드(Jack Newfield)와 그린필드(Jeff Greenfield)는 『민중주의 선언*Populist Manifesto*』에서 경제력의 집중을 비롯한 미국 사회의 문제점을 분석하여 대안을 제시했다.[5] 이를 계기로 현대 민중주의는 민권, 소수 민족, 여성 평등의 중요성을 강조했다. 그러나 좌파 민중주의자들은 이러한 목표를 달성하기 위하여 우선 경제를 민주화해야 한다고 생각했다.

1976년 이후부터 미국에서 경제적 민주주의라는 말이 일반적으로 사용되기 시작했다. 1976년 '민중의 200주년 위원회(Peoples' Bicentennial Commission)'와 캘리포니아 상원 의원 후보인 헤이든(Tom Hayden)의 '경제적 민주주의를 위한 유세(Campaign for Economic Democracy)'에서 이 말을 사용했는데, 헤이든은 1980년 『미국의 미래』에서 정책 변화의 필요성과 사회를 민주화하는 방안을 설명하고 있다.[6] 그러나 이 운동에 많은 도움을 주었던 저서는 카노이(Martin Carnoy)와 쉬어러(Derek Shearer)의 『경제적 민주주의: 1980년대의 도전』이었다.[7]

좌파 민중주의 운동은 1960년대 말과 1970년대 초의 다양한 개혁 운동을 기반으로 성장했다. 이 운동의 참가자들은 환경, 생태, 반핵, 반군비, 소비자, 공익에 관심을 가지고 있었던 사람들, 소수 민족과 여권 운동가들이었다. 또한 계속적인 경제 성장과 소비에 반대했던 'steady state' 혹은 'human scale' 운동에 참가했던 자들도 소수 있었으며, 완전 고용을 공약했던 좌파 노동 운동가들도 일부 있었다. 이와 같이 좌파 민중주의 운동은 이전의 다양한 개혁 운동을 기반으로 성장했다.

5 Jack Newfield & Jeff Greenfield, *A Populist Manifesto: The Making of a New Majority*, New York: Warner Paperback Library, 1972, p.9.

6 Tom Hayden, *The American Future: New Visions Beyond Older Frontier*, Boston: South End Press, 1980.

7 Martin Carnoy & Derek Shearer, *Economic Democracy: The Challenge of The 1980s*, New York: M.E. Sharpe, 1980.

2.1.1 좌파 민중주의자들의 목표

좌파 민중주의자들은 사회생활의 최상의 가치를 민주주의에 두었다. 그들은 민중이 인간으로서 완전한 자질과 능력을 실현할 수 있는 기반이 민주주의라고 생각했다. 그들은 정치 · 사회 제도의 민주화도 이루어져야 하지만 부, 소득, 권력의 재분배와 경제의 민주화가 가장 중요한 목표라고 주장했다. 그들은 경제적 민주주의가 실현되지 않으면 민주주의는 불완전하다고 생각했기 때문에 정치적 민주주의를 기업 경제 제도에까지 확대 실시할 것을 강조했던 것이다.

그런데 그들은 민주주의를 실현하기 위해서는 부와 권력의 불평등뿐 아니라 사회생활 전반에서 자행되고 있는 인종적 · 성적 불평등이 무너져야 한다고 생각했다. 그래서 그들은 민주주의의 장애물인 불평등과 불의의 근본 원인을 밝히고 이에 대한 해결책을 모색하게 되었다. 그들이 지적했던 근본 원인과 그에 대한 해결책은 무엇인가?

첫째, 부, 소득, 권력이 불공평하게 분배되었다는 것이다. 좌파 민중주의자들은 빈부의 차이가 심해진 것은 정부가 기업이 부를 축적하도록 도와주었으며, 심지어 정부가 기업에 좌우되기 때문이라고 생각했다. 그러나 부와 권력의 불균형이 나타난 것은 음모의 결과가 아니라 미국 경제 제도 자체에 문제가 있기 때문이라는 것을 지적하고 그 구조를 개혁할 것을 그들은 강조했다. 도시 계획자인 에브람스(Charles Abrams)는 "우리의 경제 제도는 부자에게는 복지를, 가난한 자에게는 자유 기업을 제공했다"고 비판했다.[8]

좌파 민중주의자들은 산업주의로 말미암아 대기업, 노동조합, 무역 전문 위원회 등 사적인 곳에 권력이 전례 없이 집중되는 것에 반대했다.

8 Jack Newfield, Jeff Greenfield, *Ibid.*, p.7.

그렇지만 무엇보다 기업 경제 본질에 근본적인 원인이 있음을 지적했다. 그들은 한 원인으로 대기업의 권력과 자율성에 초점을 맞추었다. 대기업이 정부의 규제도 받지 않고, 경쟁도 하지 않는 상태에서 공익을 전혀 고려하지 않고 부를 축적했다. 게다가 대기업은 권력을 확대하여 다수를 빈곤하게 했을 뿐 아니라 무력화시켰다고 주장하면서, 그들은 대기업의 권력을 민주화하는 데 관심을 집중했다.

1970년대 좌파 민중주의자들의 주 관심사는 대기업의 권력에 대한 의심, 다시 말하면 정부 권력이 대기업에 의해 전복되지 않을까 하는 의심이었다. 그러므로 민중이 대기업의 권력을 통제하는 것이 그들의 투쟁 목표였다. 따라서 그들은 대기업의 권력을 민주화하지 않으면 다수의 빈곤과 무능력은 해결될 수 없다고 생각했다. 대기업의 권력을 꺾지 못하면 그들의 목표가 성취될 수 없다는 것이다.

그렇다면 기업 경제의 본질인 사적 경제를 어떻게 민주화시킬 것인가 하는 문제가 생긴다. 경제적 민주주의자들은 사적 경제를 부정하지 않고 고려해야만 하는 자연적 힘의 결과로 믿었다. 뿐만 아니라 그들은 권력과 특권에 대한 욕망은 일반적인 것이라고 생각했다.

이에 비하여 마르크스의 정치 · 경제 사상을 계승한 사회 민주주의의 목표는 마르크스의 개념과 접근 방법을 미국의 현실에 실제로 적용시키는 것이었다. 그러므로 그것은 경제적 민주주의보다 사회 계급에 관심이 더 많으며, 특별히 노동 계급과 조직 노동자들에게 관심이 많았다.

좌파 민중주의자들은 정부가 불평등을 해소시키는 조치를 취하지 않고서는 기회의 평등이나 다른 어떤 평등도 이룩될 수 없다고 생각했다. 그들은 부, 소득, 권력의 공정한 분배가 정부의 목표이며, 민중들이 목적을 성취하기 위해서 정부를 이용하기를 원한다고 주장했다. 그러나 그들은 정부를 근본적으로 불신하고 정부에 궁극적으로 복종하는 것을 두려워했다. 그들은 권력의 집중에 반대하면서, 민중이 이익 집단의 주인이 되어야 한다고 주장했다. 그러므로 그들은 비민주적 세력을 개혁하기 위해 민초들이 인종, 계급, 이익 집단, 성 등을 가리지 말고 연합할 것을 제안했다. 그들은 이익 집단의 집단적 행동, 즉 연합을 통해서 경제적 민주주의가 실현될 수 있다고 생각했다.

그러나 완전 고용을 지지하는 노동자와 소수 민족과, 경제적 민주주의를 표방하는 주로 중산 계급 행동가들 사이에 연합은 아직 문제로 남아 있다. 미국의 좌파가 안고 있는 문제의 하나가 인종과 계급을 초월한 연합을 이룩하는 데 어려움이 있다는 것이다.

둘째, 부와 권력을 소유한 부자와 소유하지 못한 가난한 흑·백인 사회로 미국 사회가 분열되었다는 것이다. 그들은 권력과 부의 재분배가 인종적 적대감을 해소시킬 뿐 아니라 연합을 가능하게 할 것이라고 생각했다. 따라서 이기심을 기반으로 흑인과 중하 소득층이 연합할 것을 제안했으며 소수 민족과 여성 평등을 강조했다.

그들은 이기심을 기반으로 한 각자의 요구가 정당하다는 것을 인정했으며, 모든 이익 집단의 집단적인 행동을 통해서만 요구하는 것을 얻을 수 있다고 생각했다. 다시 말하면 그들은 연합을 통해서 민주주의가 실현될 수 있다고 믿었다. 1970년대는 민중주의 정신이 성공한 가장 생산적인 10년이었다.[9]

경제적 민주주의는 권력의 집중에 반대하는 시각을 가지고 있다는 점에서 민중주의 전통을 기반으로 하고 있다. 그런데 경제적 민주주의의 기반인 민중주의의 이상은 두 갈래로 갈라진다. 첫째, 권력의 집중을 규제할 수 있는 '큰 정부'를 제안했다. 즉 정부는 민중의 대변 기관으로서 사적 이

9 Simon Lazarus, *The Genteel Populists*, New York: Holt, Rinehart and Winston, 1974, p.195.

익 집단, 특히 기업의 권력을 통제하기 위하여 권력을 확장해야 한다는 것이다. 좌파 민중주의자들은 '통제하고', '세력 균형을 교정하고', '공공의 이익을 결정하고', 그것을 시행하기 위하여 정부에 권력을 부여할 것을 강조했다. 둘째, '직접 민주 정치' 개념에서 민중주의의 이상을 찾을 수 있다. 민중들이 정부에 직접 참여하여 통제하는 방법을 모색했다. '큰 정부', '직접 민주 정치'라는 2대 제안은 동전의 양면과 같다. 그들은 민주적인 정부 기구를 통하여 민중의 능력을 고양시키고, 국가의 사회적 · 경제적 구조를 지배하는 이익 집단을 통제하고자 했다.

이러한 견해는 이미 1892년 민중당이 표명했던 것이다. 좌파 민중주의자들은 뉴딜과 혁신주의 시대 이전에 민중주의자들이 가졌던 이상을 가지고 있었다. 다시 말해서 민중에게 권력을 부여해야 한다는 주장, 직접 민주 정치를 통해 민중이 정부를 통제하는 개념, 조직력이 없는 민중을 위하고, 사회 권력의 중심부를 지배하기 위해 정부를 긍정적으로 이용하려는 생각을 가지고 있었다. 좌파 민중주의자들은 경제적 민주주의를 구현하는 방법을 구체적으로 제시했다.

첫째, 완전 고용, 성과 인종의 평등, 환경 보호와 보조를 맞춘 경제 성장, 무기 경쟁의 통제, 경제의 민주화라는 5대 강령을 제시했다. 그 가운데 경제의 민주화는 작업장, 즉 공장과 사무실의 민주화를 포함한다. 경제적 민주주의에서 특히 중요한 것은 작업장의 민주화와 피고용인에게 소유권을 주는 것이며, 가장 중요한 것은 자본 투자를 사회적으로 통제하자는 것이다. 그들은 사유 재산권은 인정했으나 재산권은 격하했고, 소유하지 못한 자들에게 재산이 어떻게 사용되어야 하는가를 결정하는 데 발언권을 주어야 한다고 주장했다.

이러한 강령을 실천하는 경제적 민주주의의 원칙은 우선 모든 시민이 일할 권리, 건강, 주택, 교육, 개인의 안전과 환경의 안전함을 보장받는

'경제적 권리 장전(Economic Bill of Rights)' 이다.

둘째, 경제적 · 사회적 권리를 포함하고 있는 개인권의 개념을 말하는 '사회 임금(social wages)' 을 회복하는 것인데, 이것이 경제적 민주주의의 기본이다.

셋째, 그들은 자본주의 제도 아래서 생활고를 극복하기 위해 뉴딜 이래 실시되어온 보호 정책을 제안했다. 여기에는 실업 보상, 사회 보장, 건강 보호, 교육 · 주택 · 빈민 · 소수 민족에 대한 보조 등이 포함되어 있다.

넷째, 민중이 경제 계획을 수립하고, 경제 결정을 하고, 공공 사업에 참여하는 것이다. 예를 들면 공해 없는 에너지, 농업 정책, 고용 정책, 기회의 실제적 평등, 누진세 개혁, 그리고 외교 정책 등을 결정하는 데 민중이 직접 참여하는 것이다.

그러나 중앙 집권화한 정부는 실제로 대표를 선출하는 과정에만 시민의 참여를 허용하기 때문에 만족스럽지 못했다. 중요한 해결책은 중앙 정부의 중요성을 줄이고 분권화시켜 정부의 개입을 축소시키는 것이다. 좌파 민중주의의 가장 두드러진 특징은 정확하게 정부에 대한 회의이며, 미국의 민주 정치에 흠이 있다는 이러한 생각이다.

2.1.2 좌파 민중주의자들의 문제 해결 방안

신사회계약(New Social Contract)의 강조

좌파 민중주의자들은 사회 질서의 조직화와 권리와 책임의 분배를 고려한 민중들 사이에 합의의 상인 '신사회계약' 의 필요성을 다음과 같이 강조하고 있다.

> 우리는 미국에서 신사회계약이 우리 역사의 근본적인 원동력이라는 것

을 다시 인정하고 고취시켜야만 한다고 믿고 있다. 민주주의가…… 현 위기로부터 벗어나기 위해서는 소수인, 산업 경제 안의 '전문가'들에게 결정을 맡겨야 한다고 (일부 사람들은) 생각한다. 그러나 보다 많은 개인 이익을 얻기 위한 전문 기술의 증대와 대기업의 관료화가 2차 대전 후 미국을 위기의 길로 향하게 했다는 것은 틀림없는 사실이다…… 미국은 지금 적지 않은, 보다 많은 민주적인 참여를 통해 새로운 길을 찾아야만 한다……[10]

그들은 미국에서 민중의 안정과 개인의 자기만족은 상호간의 사회계약의 결과라고 주장했다. 그런데 사회계약은 기본적으로 세 가지 특정한 면을 가지고 있다.

첫째, 사회계약을 개인과 정당들이 안정된 사회를 건설하려는 이기심의 결과라고 봄에 따라 계약에 대한 각 정당의 이기심에 따라 결합된다. 예를 들면 좌파 민중주의는 기독교의 가르침에 따라 흑인이나 소수 민족에게 잘해야 한다는 입장에서 시민의 지지를 얻으려고 하지 않는다. 또한 그렇게 하는 것이 '도덕적으로' 옳기 때문에만 시민들이 정치적 과정이나 경제적 권력에 참여할 것을 요구하지 않는다.

민중들은 무엇보다 안정된 사회를 건설하기를 원한다. 그런데 안정된 사회란 사회 안에 참여하는 사람들 사이에 일반적 계약, 즉 사회계약을 실행하는 데 달려 있다. 사회계약의 이러한 원칙에 동의하는 것은 각자의 이기심에 근거를 두고 있는 것이다. 만약 그렇지 않으면 생명과 사회는 완전하게 보장되지 못하고 완전히 만족하지 못할 것이라고 좌파 민중주의자들은 주장했다. 그들은 이기심을 중요한 요소로 생각했으나 개인주의(individualism) 개념을 확대시켰다.

10 Martin Carnoy, Derek Shearer and Russell Rumberger, *A New Social Contract: The Economy and Government after Reagan*, New York: Harper & Row, 1983, pp.1-2.

둘째, 사회계약은 부, 소득, 경제력을 잘 분배하는 데 달려 있다. 좌파 민중주의자들은 절대적 평등을 요구하지 않았다. 그러나 그들은 불균형이 정치적 불평등을 초래할 만큼 그렇게 심해서는 안 된다고 생각했다. 그들은 기회의 평등 이상의 조건의 평등에까지 평등의 의미를 확대했을 뿐 아니라 법적 · 정치적 평등 이상의 사회적 · 경제적 상황의 진정한 평등을 원했다.

셋째, 사회계약은 민중이 의사 결정에 널리 참여하는 데 달려 있다. 이것은 미국 전통의 중요한 요소다. 그러나 부와 소득이 소수에게 집중되고, 게다가 경제 · 정치 체제가 거대해져 민중과 거리가 멀어지면서 권력도 소수에게 집중되어 민중이 참여하는 것을 방해했다. 사회생활 전반에 민주주의를 적용시키기 위해서는 민중들이 자기 삶을 통제하고, 자신의 생활에 영향을 주는 중요한 결정을 하는 데 참여할 수 있어야만 한다. 19세기 민중주의 운동처럼 좌파 민중주의는 보통 사람들에게 권한을 부여하고, 그들에게 의사를 결정하는 데 발언권을 주려는 것이다.

그러므로 좌파 민중주의자들은 중앙 정부의 중요성을 축소시키고 분권화시킴으로써 정부의 개입을 줄이려고 했다. 물론 국민 전체가 중앙 집권화된 연방 정부에 전적으로 참여할 수 없다. 그러나 일부 자유주의자들이 주장했던 것처럼 대중이 능력이 없기 때문에 전문가들이 중요한 결정을 해야 된다는 것에 반대했다. 그들은 자유주의적 엘리트나 보수주의적 보호주의에 의해서 민중의 참여가 방해받는 것에 대항할 것을 강조했다.

그들은 정부에 대한 민중의 통제를 강화하는 방법을 모색하는 데 과거에 민중주의자들이 주장했던 방향으로 나아갔다. 민중이 의사 결정에 참여하는 것이 민중주의 개혁 운동의 지속적인 목표였으며 특징이기도 하다. 그들이 민주적 통제를 강조한 것은 정부가 민중의 대표이기 때문에 정부는 강력한 이익 집단을 통제해야만 하고 통제할 수 있다는 민중주의의 기본 전제를 반영하고 있다.

좌파 민중주의자들의 첫째 희망은 참여 민주 정치이고, 둘째는 직접적인 대표에 의한 참여이고, 셋째는 직접 선거다. 좌파 민중주의는 미국의 전통과 그것을 시행하는 기초가 되는 사회계약의 관점에서 문제를 해결하려고 했다.

경제적 권리 장전

좌파 민중주의자들은 정치적 · 법적 권리는 물론 경제적 권리를 확대하기 위해서 개인주의를 받아들였다. 그런데 그들은 직업의 권리, 일반적으로 경제적 권리 혹은 '경제적 권리 장전(Economic Bill of Rights)'의 입장에서 권리를 해석했다.

'경제적 권리 장전' 결의안을 살펴보면 그들은 적절한 임금을 받고 일할 권리 이상의 적절한 생활수준을 유지하는 데까지 권리를 확대 해석했다.[11] 다시 말하면 그들이 주장하는 권리는 교육, 주택, 건강 보호, 환경적 특성, 퇴직 후 적절한 소득과 같은 다방면의 경제적 · 사회적 안전을 포함하고 있다. 그들은 민중들이 스스로를 자유롭게 발전시킬 수 있는 수준까지의 사회적 · 경제적 조건을 요구했다.

또한 그들은 평등의 의미가 변화하는 데 맞추어 자유를 정의했다. 그들은 자유를 인간의 기본적인 열망을 실현시키기 위한 공간이나 안전을 의미하는 것으로 정의했으며, 심지어 민주주의 사회에서 자유는 민중들이

11 Martin Carnoy, Derek Shearer, and Russell Rumberger, *Ibid.*, p.230.
1. 일하기 원하는 사람들을 위한 품위 있는 직업에 권리 2. 소득을 고려하지 않은 적절한 건강 보호권 3. 좋은 교육을 받을 권리 4. 품위 있고, 여유 있는 주거의 권리 5. 안정된 사회 보장제도를 통하여 노령의 공포로부터 보호받을 권리 6. 합리적인 가격에 영양 식품을 먹을 권리 7. 전기, 전열, 원격 통신, 수송 등 기본적인 공익 사업을 정당한 가격으로 제공받을 권리 8. 살기에 깨끗하고 건전한 도시와 지방 환경에 권리 9. 안전하고 안정된 공동체 권리 10. 작업장에서와 지방, 중앙 정부의 일에 민주적으로 참여할 권리.

할 수 있거나, 원하는 대로 자신을 발전시킬 기회를 가능하게 하는 것이라고 정의했다. 이와 같이 자유를 정의할 때 평등과 자유는 완전한 조화를 이루게 된다고 주장했다. 좌파 민중주의자들은 자유와 평등의 의미를 확대 해석했으며, 이는 민주주의를 확장하는 데 기여했다.

뿐만 아니라 그들은 경제적 권리를 개인의 직업의 권리로 해석해서 완전 고용을 강조했다. 커니어즈(John Conyers)가 초안한 복구 및 완전 고용법(The Recovery and Full Employment Act)[12]에서 이 법의 목적이 "생계를 유지할 수 있는 권리의 수립"이라고 선언했다. 이 법은 구체적으로 고용과 생산 능력의 확대, 노동자들의 실질 임금과 대등한 봉급 책정, 이익 마진이 적은 기업체에게 보다 큰 시장과 좋은 기회 제공, 군사적 재화와 용역의 축소, 인종 · 종족의 배경, 종교, 성, 연령 등에 의한 희생의 방지, 완전 고용의 달성 등을 포함하고 있다. 완전 고용을 보장하는 최선의 방법은 기업이 피고용인들이 살아갈 수 있고 공해가 생기지 않도록 공장을 세우는 것이며, 정부가 전쟁을 일으키는 등 무익한 목적을 위해 과세하고 소비하는 것을 막는 것이라고 생각했다.

또한 대기업이 노동자와 공동체를 희생시켜 사적 이익을 극대화하는 데 투자하지 말고 사회적 사업(social concerns)에 투자해야 한다고 역설한다. 이러한 목표에 도달하는 중요한 수단의 하나가 대기업이 공장을 폐쇄하거나 다른 공동체로 이전할 경우 통보하도록 규정한 공장 폐쇄 입법이며, 이 외에 대기업은 노동자를 재훈련할 배당금과 공동체 수당을 지불하고, 공동체나 노동자가 공장을 사서 운영할 기회를 주어야 한다는 것이다.

그러나 이러한 조치는 경제 구조를 개혁할 때 가능한 것이다. 경제 성장 또한 완전 고용을 이룩하는 데 필수적이지만, 통화 팽창이나 실업의 위

12 Linda J. Medcalf and Kenneth M. Dolbeare, *Neopolitics: American Political Ideas in 1980s*, Philadelphia: Temple University Press, 1985, p.102.

협을 초래하지 않고, 환경을 파괴하지 않는 성장이어야 한다. 그러므로 정부가 완전 고용을 이룩하기 위해 계획을 세우고 중요한 역할을 해야 하는 것은 피할 수 없다. 따라서 좌파 민중주의자들은 자유 시장 원리에 반대하여 정부의 역할이 필요하고 중요한 것으로 보았다.

그들은 시장이 단기간에 효율을 높이는 데는 놀라운 효과가 있지만 큰 문제를 해결할 수 없다고 생각했다. 시장이 환경 보호, 노동자의 건강과 안전 보장, 차별 근절, 평등한 기회, 가족을 위한 적정 수준의 소득 보장, 장기간의 연구와 혁신 촉진, 국민의 안전 확보 등을 제공할 수 없다고 그들은 주장했다.

좌파 민중주의자들이 개인권의 확장을 강조했지만 자유주의자들의 입장과 다른 면이 있다.

첫째, 좌파 민중주의자들은 "정부는 자유를 제한하지 않는다. 정부는 자유를 확대하고 자유를 현실적으로 만든다"는 신사회계약의 입장을 가지고 있다.

둘째, 완전 고용 행동 위원회(Full Employment Action Council)의 조직이다. 위원회는 직업의 권리를 자유의 일부로 간주한 후에 "우리가 바라는 자유의 에센스"라고까지 했다.

> 국민의 정부는 어떤 종류의 자유를 강조할 수 없고 다른 자유를 잊어버릴 수도 없다. 자유 시장은 시장 권력을 가진 자에게 보답한다. 그러나 그것은 부나 소득을 거의 갖지 못한 사람들을 위해서 기회를 확대시키지 않는다…… 자유는 나눌 수 없는 것이다. 우리는 주로 권력을 가진 자에게 혜택을 주는 그런 형태의 자유만을 강조할 수 없다.[13]

13 Full Employment Action Council, *Economic Strategy for the 1980s*, Washington D. C.: Full Employment Action Council and National Policy Exchange, 1982, p.51.

셋째, 그들은 공동체 생활을 조장하고, 각 공동체가 발전하기 위해서 구성원들이 영향력을 가질 것을 강조했다. 이러한 면에서 좌파 민중주의자들은 전통적인 개인주의를 수정했다. 공동체의 변화는 각 공동체가 안에서 일어난 일에 영향력을 갖는 데서 기대할 수 있으며, 이것이 민주주의가 부분적으로 확대되는 길이다. 위대한 민주주의는 직업을 가진 사람들이 직업이 만들어진 방법에 대하여 발언을 많이 해야만 하다는 것을 의미한다. 즉 공동체 안에서 사는 사람들이 공동체에서 일어난 일에 대하여 발언을 더 많이 해야 한다. 심지어 공장이 설립되어 30년 후 남아 있을지 여부까지도, 그리고 모든 시민은 인간이 핵전쟁으로 파멸될 것인지 아니면 보다 안정된 세계에서 생존할 것인지를 함께 결정할 수 있다고 했다.

넷째, 좌파 민중주의자들은 자유 시장 개념을 배척했다. 그들은 시장이 자원을 최대한 효율적으로 사용하고, 정부가 참여하지 않아도 스스로 규제된다는 것을 인정하지 않았다. 또한 그들은 경제적 평등을 촉진하는 일이 생산과 분배의 효율성을 떨어뜨린다는 주장도 받아들이지 않았다. 그들은 비인간적인 기계나 시장이 아닌 사회 관계가 분배의 패턴을 결정하고, 민중들이 사회 안에서 자신들의 삶을 어떻게 살아야 할 것인가를 결정해야 한다고 주장했다.

애덤 스미스(Adam Smith) 지지자들이 경제 제도가 스스로 억제된다고 가정함으로써 경제와 정부를 분리시킬 수 있었지만, 이러한 가정은 거짓이라고 생각했다. 그들은 이에 대한 대안으로 참여 민주 정치라는 새로운 기반 위에서 정치와 경제를 통합할 것을 강조했다.

좌파 민중주의는 민중주의 전통인 국가 통제의 면을 포기하지 않았다. 그들의 개혁 원칙은 민중이 정부를 통하여 강력한 특수 이익 집단을 제압할 수 있다는 민주 정치의 긍정적인 면을 믿고 있었다. 그러므로 그들은 민중이 특수한 이익 집단을 통제하는 규제 계획을 적극적으로 옹호했던 것이다.

그들은 민중들이 입법과 규제를 통하여 기업의 권력에 주권을 행사하는 것이 민주주의라고 생각했다. 좌파 민중주의가 부, 소득, 권력의 분배와 민주주의의 보존을 강조한 것은 새로운 것이다. 좌파 민중주의는 1950~60년대 '이익 집단'의 독립적 권력을 인정했던 합의와 예리하게 충돌하면서 사회 체제를 지배하는 이익 집단을 통제하여 경제적 민주주의를 이룩하려고 했다. 그러나 좌파 민중주의자들은 사회 체제를 전복하지 않고 민주주의를 확장하는 데 기여했다.

2.2 좌파 민중주의와 시민 연대

1980년대 민중들은 대기업과 큰 정부의 지배를 받아왔으며, 기업의 돈이 민중의 정부를 파괴하고 있다고 믿었다. "대기업과 백만장자들이 일자리, 임금, 연금 기금, 은행과 예금, 전파와 정부 자체를 지배하고 있다. 그것은 미국의 민주주의가 폭파당한 것과 같다. 우리는 스스로를 되찾고 폭탄을 투척한 자들을 정복할 것인가?" 라고 그들은 반문했다.[14]

그들은 미국 사회가 소수의 수중에 부와 권력이 집중되어 있는 억압적이고 불평등한 사회이기 때문에 미국인의 꿈인 기회균등의 실현이 불가능하다고 믿었다. Populist Caucus의 공동 의장인 하킨(Tom Harkin)은 자유와 민주적 체제는 부와 권력을 가능한 한 가장 넓게 보급하는 데 달려 있는데, 극소수가 너무 많이 가지고 있고 나머지는 아주 조금 가지고 있다고 지적했다.[15]

현대 민중주의는 민중들이 힘이 없다고 느끼는 데서 시작되었다. 그

14 *The Nation*, August 14/21, 1995.

들은 국내 정치에서 보통 사람들은 존재하지 않으며, 권력은 조직된 사람들과 조직된 부에서 나온다고 생각했다. 그래서 그들은 스스로 제어하기 위해서 권력을 필요로 했으며, 그것을 얻기 위하여 조직적으로 행동해야 한다고 생각하게 되었다. 일찍이 제퍼슨도 민중 자신들 이외에는 사회의 최고 권리를 더욱 안전하게 보존할 곳이 없다고 말했다. 민중주의자, 노동자, 혁신주의자, 진보주의자들이 전국적으로 연합 세력을 구축하여 기업의 지배를 종식시키려고 했다.

1980년대에 우파 민중주의, 좌파 민중주의, 엘리트 중심의 진보주의의 3대 조류를 찾아볼 수 있다. 우파 민중주의는 큰 제도에 의하여 희생당하고 있는 민중에 대하여 언급했으나 민중이 정부나 기업에 대한 지배를 다시 찾을 수 있는 중요한 전략을 거의 제시하지 못했다. 엘리트 중심의 진보주의 해결책 또한 보통 사람들의 열망이나 생활과 동떨어져 있었다. 그러나 좌파 민중주의는 정부가 공동선(common good)을 작동시킬 길을 제공했다.

2.2.1 시민 연대의 조직 배경

제2차 세계대전 이후 미국은 경제적 번영을 이룩하여 보통 사람들의 생활수준이 더욱 향상되었으나, 1968년에 경제적 팽창이 끝난 후 1970년대 경제적 변화로 중산 계층의 꿈이 깨지기 시작했다. 1차 산업에서 3차 산업으로의 '탈산업화' 촉진, 국민 경제에서 지구 경제로의 변화, 지역 기업에서 다국적 기업으로의 변모, 기업의 합병과 부의 집중, 소득의 불균형 등은 많은 미국인들의 생계와 안녕을 위협했다. 예를 들면 1980년에서

15 Tom Harkin, interview with Harry C. Boyte, April 30, 1985, Wasington D. C., Harry C. Boyte, Heather Booth, and Steve Max, *Citizen Action And The New Populism*, Philadelphia: Temple University Press, 1986, p.28.

1985년 사이에 미국 기업은 합병에 3,800억 달러를 썼다. 1979년경 Fortune 500(미국 기업의 0.025%에 해당하는 500대 기업)이 생산물 판매의 80% 이상, 이익의 70% 이상을 차지하고 있었다. 자동차 공업의 경우 상위 4개 회사가 판매량의 93%, 전기 램프 생산의 90%, 구리 생산의 87%를 차지하고 있었으며, 최대 기업 200개의 자산이 1941년에 최대 기업 1,000개의 자산과 맞먹었다.

또한 이러한 변화는 민중들이 만들어서 유지해왔던 공동체, 공정함, 안전, 존엄성 등을 위협했다. 이러한 경향이 지속되면 미국은 경제적으로 자멸하게 될 것이라는 우려의 목소리가 높아졌고, 1983년 *Newsweek*지는 "미국이 모든 산업의 중심 지역이라는 것과 영원한 번영에 대한 국민의 믿음이 사라져가고 있다"고 보도했다. 거대한 기업이 지배하는 미국 경제는 민중들과 공동체로부터 점점 멀어져갔다.

1980년대 중반 *Newsweek*지는 1980년대를 '카우보이 자본주의 시대',[16] *Business Week*지는 미국을 '카지노 사회'라고 불렀다. 1970년대에 직업을 가지고 있었던 사람들 중 70%는 제조업에서 받은 임금의 약 83%를 서비스업에 지불할 정도였다. 따라서 1979년에서 1983년까지 제조업에서 400만 명 이상이 실직했으며, 1980년에는 실업률이 7.5%에 이르면서 침체 상태에 빠지게 되었다.

게다가 레이건(Ronald Reagan) 행정부는 공급 측면 경제학(supply-side economics)의 실천으로 연방 예산이 삭감되었는데도 국방비 지출 삭감에 동의하지 않으면서, 빈민을 위한 도심 지역 지원(urban aid), 노인 의료 보험(medicare), 빈민 의료비 보조(medicaid), 식품 교환권(food stamps), 근로 빈민에 대한 보조비(welfare subsides), 아동 무료 급식

16 "The Age of Cowboy Capitalism," *Newsweek*, May 13, 1985.

(school meals) 등과 관련된 사회 복지 부문 예산을 대폭 줄였다. 이에 빈민의 상태는 더욱 심각해졌다.

반면에 정부 예산의 삭감으로 레이건 행정부는 1981년부터 3년간 개인 소득세를 25% 인하하게 되었으며, 모든 소득에 대한 최고 세율을 70%에서 50%로 낮추었다. 그리고 기업에 혜택을 주기 위해 투자세 공제와 감가상각 허용의 범위를 넓혀주었다. 이와 같은 세금 인하로 상위 0.1%에 속한 기업의 80%가 세금을 감면받았으며, 그 결과 매출액이 10억 달러 이상인 대기업이 신용에 의해 보호를 받았던 연방 세금의 61%를 감면받은 반면에 매출액이 1백만에서 5백만 달러인 소기업은 겨우 6.5%를 감면받았다.[17] 실제로 부유한 사람들이 혜택을 가장 많이 받았다. 1980년에서 1984년 사이에 극빈자 5분의 1의 실질 소득이 7.6%가량, 다음으로 가난한 자 5분의 1은 1.7%가량 줄어든 반면에, 중산층 5분의 1은 실질 소득이 0.9%, 다음으로 부유한 자 5분의 1은 3.4%, 가장 부유한 자 5분의 1은 8.7% 각각 증가했다.

제퍼슨은 신생 국가인 미국이 구세계와 다른 점은 제국적 유럽을 와해시켰던 치명적인 부의 집중이 없다는 사실이라고 했다. 그런데 1980년대 빈부의 격차는 제퍼슨이 염두에 두었던 것보다 훨씬 심각했다.

이러한 상황에서 중산 계층의 블루 컬러와 화이트 컬러 노동자, 중소기업가, 가족농과 소수 인종 안에서 민주적이고 진보적인 성향을 가진 시민 행동주의가 나타나기 시작했다. 수많은 공동체 조직과 이웃 사람들이 만든 협회가 미국 전역으로 확산되었으며, 수십만에 이르는 시민들이 공공요금 인상 반대, 핵동결 운동과 핵폐기물 청소 등을 요구하는 운동을 전개했다. 또한 남부와 중서부에서는 가족농을 지키기 위해서 투쟁하는 농

17 Neal Peirce, "Reagan Fails to Aid New Small Business," *Minneapolice Tribune*, March 29, 1981.

민 조직들이 우후죽순처럼 퍼져갔다. 이러한 민초 행동주의를 기반으로 좌파 민중주의가 성장했다.

좌파 민중주의자들은 이러한 목표를 달성하기 위해서 민초 행동주의의 대표적 조직인 시민 연대(Citizen Action)를 중심으로 유사한 문제에 관심을 가지고 있으나 권력이 없는 그룹들을 서로 연결해주었으며, 무엇보다도 민중이 당면한 문제를 해결할 수 있다는 생각을 갖게 했다. 동시에 공동 행동의 필요성을 일깨우고 성공 사례를 제시해주었다. 예를 들면 은행의 고리대금 관행, 세금, 이율 등과 같은 중요한 사회 문제에 대해서 일하고 있는 다른 공동체, 교회, 민족 집단들과 보다 넓게 연결할 수 있는 기회를 제공해주었다. 또한 그들은 근무하고 있는 직장 조직을 통해서 공정하고 동등한 대우를 받기 위한 공동 행동에 참여할 것을 역설했다.

그러나 좌파 민중주의는 충돌이 아닌 협력을 역설했다. 그러므로 좌파 민중주의는 직장과 공동체 안에서 사람들이 폭넓게 접촉할 필요성, 일의 존엄성과 직장 생활에 변화를 주기 위한 의사 결정에 발언권을 가질 것을 강조했다. 궁극적으로 좌파 민중주의는 의사를 결정하는 데 보통 사람들이 참여함으로써 주 정부와 연방 정부가 문제를 해결하는 데 직접적이고 적극적인 역할을 하도록 했다.

민중을 출발점으로 한 좌파 민중주의의 경제적 목표는 민중의 안녕과 사회 도처에서 경제적 · 사회적 지위 상승을 이룩하는 것이었다. 이를 위하여 좌파 민중주의는 도시 부패, 범죄 확산, 민족과 인종 간의 갈등 문제뿐 아니라 무책임한 은행의 고리대금, 부동산에서 얻은 막대한 이익, 공포와 분열 속에서 이익을 찾는 선동적 정치가들에게 도전했다. 또한 좌파 민중주의는 시민 연대를 기반으로 하여 소작인의 권리, 농산물에 대한 최저 가격 요구, 노인 의료 보험, 빈민 의료비 보조, 저소득층을 위한 주택, 공공요금, 공장 폐쇄 입법 같은 문제에 대한 공공 정책을 크게 변화시킬 수 있도록 투쟁하는 도구를 제공했다.

이와 같이 좌파 민중주의는 농민, 노동자, 도시 시민 등 다수의 지지를 얻을 수 있는 광범한 문제를 제기했기 때문에 다양한 사람들을 연합시킬 수 있었다. 아울러 조직적으로 투쟁하는 과정 속에서 국민적 연합이 이루어지면서 많은 시민들이 발언권을 찾게 되고 권력의 의미를 깨닫게 되었다. 당시 시민들은 정부의 제도와 기업 때문에 고통을 받고 있었으나 여러 민족으로 구성되어 있었기 때문에 공동 운동을 전개하는 데 어려움이 있었다. 그럼에도 불구하고 많은 사람들은 인종, 종교, 민족, 직업이 다르다고 할지라도 공동 이익과 가치를 가지고 있는 커다란 그룹의 일원이라고 생각하게 되었다. 그래서 그들은 위원회에서 일하고, 다른 가정과 이웃을 방문하는 방법 등을 통해서 유대를 강화해나갔다.

좌파 민중주의자들은 공동체의 협동을 강조했으며, 공동체 안에서 민초들의 조직과 선거 전략을 연결할 수 있었다. 그들은 원로 시민, 노동조합, 이웃 사람들, 소작인, 인종적 조직, 교회, 여성 그룹, 환경 운동가, 소비자들을 비롯한 연구원을 가진 조직을 만들었다. 결국 그들은 책임감 없는 기업과 공공 관료 정치에 도전하기 위해서 기존의 채널을 벗어나 시민 연대를 중심으로 활동했다.

그러나 좌파 민중주의는 신우파처럼 정부에 대하여 적개심을 가지고 싸우지 않았다. 오히려 좌파 민중주의는 자치 정부라는 오랜 미국인의 꿈을 소생시키려고 했다. 그것은 '인민의, 인민에 의한, 인민을 위한' 정부의 개념을 받아들였다. 민중주의는 일반적으로 중앙 집권에 반대하고 권력의 분산을 요구했다. 전국 시민 연대의 공동 의장이며 인디애나 시민 연대 연합(Indiana Citizen Action Coalition)의 지도자인 드퍼트(Chuck Deppert)는 "민중들이 목소리를 낼 수 없었던 일에 목소리를 낼 수 있게 하는 것이다. 그것이 우리가 주장하는 것이다. 보통 사람들에게 알리도록 하자" 고 했다.[18] 그러면서 그는 민중들에게 진행 중인 기본 사항에 대하여 발언권을 주는 독립적인 시민 그룹을 가져야만 한다는 것을 강조했다. 1980년대 좌파 민중주의가 바로 이러한 일을 고무하기 위해서 시민 연대를 발전시켜나갔다.

좌파 민중주의는 실패한 정치와 민중의 권리에 대한 정책에 대안을 제시했기 때문에 민초인 중산 계층에 확산되었다. 그들은 미국인의 꿈과 이상을 강탈당했다고 생각했기 때문에, 이를 다시 찾기를 원했다. 그래서 그들은 지방, 주, 국가적 차원에서 시민 조직을 만들어 행동하게 되었다.

2.2.2 시민 연대의 조직과 활동

시민 연대는 1970년대 초 시민들이 주와 지방에 설립했던 여러 기관에 뿌리를 두고 있다. 당시 시민 운동에 참가했던 사람들은 특수한 이익과 집중된 부, 무책임한 관료 정치에 대항하기 위해서는 보통 사람들의 권력을 키우기 위한 폭넓은 네트워크와 연맹이 필요하다는 것을 경험하게 되었다. 이에 시민 조직자들과 지도자들을 훈련시키기 위한 산업 지역 재단(Industrial Areas Foundation), 전국 훈련 정보 센터(National Training and Information Center), 조직 훈련 센터(Organizing Training Center), 중서부 아카데미(Midwest Academy) 등이 전국적으로 확산되기 시작했다.

그 후 1970년대 중반부터 비공식적 네트워크를 통해 전국적인 동맹의 필요성이 논의되기 시작했다. 그 가운데 소비자 운동가인 네이더(Ralph Nader)는 미국의 많은 사회 문제는 거대한 기업의 권력과 사리사욕에 있으며, 거대한 정부가 기업에 대한 관리를 제대로 하지 못한 데 있다고 비판했다. 그러므로 그는 정부에 대한 책임 추궁과 기업에 대한 제재를 가하

18 Boyte interview with Chuck Deppert, Aug. 3, 1985, Chicago, *Ibid.*, p.29.

기 위한 운동에 시민의 참여를 강조했다. 소비자 운동가들은 진정서, 연좌, 로비, 선전 등을 통해 민중이 직면하고 있던 현실적인 문제를 해결하려는 운동을 전개함으로써 지지 기반을 다져나갔다. 따라서 그들은 기업이 자발적으로 책임을 지게 했을 뿐 아니라 정부가 국민의 건강과 안전, 환경 보호에 지도력을 갖도록 운동을 전개했다. 결국 소비자 운동은 소비자와 시민에게 권력을 부여하는 혁신적인 잣대를 마련함으로써 정부와 기업이 더욱 책임감을 갖게 했다.

진보적 개혁 조직인 기계공 노동조합(machnists union)의 위원장인 윈피싱거(William Winpisinger)와 노인 시민 전국 회의(National Council of Senior Citizens)의 후톤(William Hutton)도 그와 같은 생각을 가지고 있었던 중요한 인물이었다. 윈피싱거는 민초 행동주의 틀 안에서 새로운 형태의 동맹을 만들어 노동 운동이 다시 활기를 찾게 되기를 원했다. 그래서 1976년 그가 미국 노동 총동맹 산업별 회의(AFL-CIO) 집행 위원이 되었을 때 시민 단체의 대표들과 만나면서 새로운 연합을 결심하게 되었다. 이는 노동조합이 시민 조직과 연합하여 활동하는 계기가 되었다. 노인 시민 전국 회의 조직자인 허튼은 "우리는 서로를 강하게 할 수 있는 연합을 만드는 길을 찾아왔다. 각자가 기여할 것을 가지고 있다. 우리 모두는 더 좋은 나라를 만드는 데 관여하고 있다. 노인들이 전 생애를 바쳐왔다"고 말하면서 노인들의 참가를 역설했다.

이러한 분위기 속에서 1979년 12월 시민 연대가 설립되었다. 최초의 시민 연대 안에는 오레곤 공평 분배(Oregon Fair Share), 매사추세츠 공평 분배(Massachusetts Fair Share), 일리노이 공동 행동 회의(Illinois Public Action Council), 코네티컷 시민 동맹 그룹(Conecticut Citizen Action Group), 오하이오 공익 운동(Ohio Public Interest Campaign)의 5개 그룹이 있었다. 곧 이어서 뉴햄프셔 민중 동맹(New Hampshire People's

Alliance), 인디애나 시민 행동 연합(Indiana Citizen Action Coalition), 펜실베이니아 공동 연합(Pennsylvania Public Coalition) 등이 조직되었다. 바로 이러한 조직들이 전국적으로 좌파 민중주의 운동을 전개하기 위한 하부 구조를 만들기 시작했다.

초대 전국 공동 의장이 된 건더슨(Moller Gunderson) 목사는 시민 연대가 진지하게 정치에 참여하려고 하는 보통 사람들의 희망을 대변한다고 생각했다. "나는 통상적 의미로 정치적이라고 하지 않는다. 민주적 과정에 영향을 주고 일자리와 공공요금에 관하여 무엇인가 할 힘을 갖는 데 영향을 준다는 의미에서 정치적이다"라고 자신의 입장을 밝혔다.[19] 또한 건더슨과 함께 의장이 된 흑인 노조 지도자 클라크(Marie Clark)도 민중이 시민 연대를 통하여 국가 문제에 대해 큰 영향을 줄 기회를 갖게 될 것이며, 그것을 오랫동안 필요로 했다고 말했다.[20]

1970년대 시민 운동 조직은 흑인, 백인, 히스패닉, 빈민, 중산 계층, 환경 운동가, 노동조합원, 농민을 포함한 거대한 정부와 대기업에 적대적이었던 집단들을 연합하는 전략을 세웠다. 시카고 남부의 다인종 공동체를 조직한 루이즈(Joe Ruiz)는 "모든 사람들이 반목하는 대신에 지금 함께 와서 의자에 앉았다. 드디어 우리는 이러한 문제를 해결하는 유일한 방법은 각 인종들이 분열하는 것이 아니라는 것을 깨닫게 되었다"고 말했다. 시민 운동 조직은 민중의 소리에 귀를 기울임으로써 많은 지지를 받을 수 있었다.

이를 기반으로 한 시민 연대는 1960년대 저항 운동에서는 전면에 내세우지 않았던 세금에서부터 공공요금에 이르기까지 좌파 민중주의가 제시한 경제적 문제를 중산 계급의 행동주의로 확대시켜나갔다. 좌파 민중

19 *Citizen Action News*, Spring, 1983.
20 *Citizen Action News*, Spring, 1985.

주의가 제시한 민중의 안녕과 경제적 · 사회적으로 지위 상승을 이룩한다는 경제적 목표는 광범한 동맹의 가능성을 제공했기 때문에, 1970년대 지방에 조직되었던 좌파 민중주의자들의 조직은 주와 국가적 차원에서 시민 연대를 기반으로 신속하게 팽창했다. 아울러 시민 연대는 시민 운동의 최대 무기인 지구력을 가지고 민주주의와 책임, 알 권리 등을 강조하면서 현실적 · 구체적 사실을 가지고 운동을 전개했기 때문에 지지 기반을 튼튼히 할 수 있었다.

1980년대 중반 중서부와 남부에서 농민과 노동자들이 연합하여 은행과 상인들에게 반항했다. 이 반항은 19세기 후반에 일어났던 민중주의를 연상하게 했으나 그때에는 노동자가 합세하지 않았다. 일리노이 공동 행동 회의(Illinois Public Action Council)와 시민 연대의 지부인 일리노이 농민 동맹(Illinois Farm Alliance)과 같은 그룹들의 노력으로 농민과 노동자들이 연합하여 대항하게 되었다. 『뉴욕 타임즈』는 "오하이오에서 콜로라도, 그리고 다코타에 이르기까지 도시 노동조합과 지방 농민들이 날마다 조직적으로 또는 개인적으로 새롭게 유대를 만들어가고 있다. 그들은 경제적 협의 사항을 만들고 그들의 생활을 강력한 이익 단체에 대항하는 투쟁으로 보는 노동조합원과 농민들이 공동의 정체성을 만들기 시작했다"고 보도했다.[21]

1980년대 중반 시민 연대는 20개 주에 노인 집단, 노동조합, 소작인, 인종 단체, 교회, 여성 그룹, 환경 운동가, 소비자들로 구성된 조직을 갖게 되었다. 시민 연대에 회비를 낸 사람들이 200만 명이나 되었으며, 전일 근무자, 기금 모집자, 연구자 등 스태프가 1,500명이나 되었다. 시민 연대는 좌파 민중주의자들처럼 다양한 사람들을 연합하고 다수의 지지를 얻을 가

21 "Farmers and Unions Joining to Fight Economic Hardship," *New York Times*, June 5, 1983.

능성이 있는 현실적이면서도 광범한 문제를 제기했기 때문에 권력을 가질 수 있었다. 또한 시민 연대는 조직의 기반이 되었던 민초와 선거 전략을 연결할 수 있었다. 운동의 기반은 지방이었으나 1980년대에 이르면 다른 시민 연대와 제휴하여 전국적으로 활동하면서 공통의 이해를 갖게 되었다. 결국 민초 중심의 조직인 시민 연대는 시민 행동주의를 대표하는 좌파 민중주의의 지도적 단체가 되었다.

시민 연대의 자금 조달 방법과 조직의 구조는 다양하지만, 정부와 기업이 책임을 갖게 하는 데 몰두했다는 면과 공익을 옹호했다는 면에서 공통점을 가지고 있었다. 즉 시민 연대는 국민으로서 아이들과 후손들에게 보다 깨끗한 환경을 물려줄 책임, 다음 세대가 교육을 잘 받을 것을 보장할 책임, 노인 의료 보험을 통해 노령자들과의 계약을 지킬 책임, 아이들에게 보다 평화롭고, 무장이 완화된 세계를 넘겨줄 책임 등, 책임을 강조했다. 당시 시민 연대의 지도자들과 조직자들은 좌파 민중주의의 주장을 실천에 옮기는 방법을 놓고 고심했다. 우선 미국이 당면한 근본적인 문제는 민중들의 일상생활에 직접적인 영향을 끼쳤던 관련 대기업과 관료주의 체제(거대한 정부)에 기인한다는 데 입장을 같이하는 것이었다.

그러므로 시민 연대는 시민들이 지속적으로 권력을 가질 수 있었던 지방과 주에 조직을 만들어서, 경제적 문제와 삶의 질에 대한 문제를 깊이 느꼈던 사람들이 행동하여, 결국 유권자들의 마음을 움직이는 3단계 전략을 개발했다. 이러한 전략은 장기적으로 정치 운동의 기반을 마련하는 데 필수적인 것이 되었다.

시민 연대는 우파를 비롯한 반대 세력의 도전으로 네트워크를 만들고 연합하는 데 어려움을 겪었으나, 전국적인 연합을 통해 공동의 목표를 가졌다는 것을 깨닫게 되었다. 아울러 성공하기 위해서는 정치적 권력이 어디에 있는가 하는 것과 강탈당하고 권력이 없는 그룹들을 함께 불러모아야 한다는 것도 알게 되었다.

시민들이 시민 연대를 조직하여 직접 행동에 나선 목적은 직접적인 행동을 통해 민중의 생활을 실제로, 즉각 개선하자는 것이었다. 그런데 시민들은 직접적인 행동을 통해 권리를 갖게 되었다. 궁극적으로 시민 연대를 기반으로 한 1980년대 좌파 민중주의는 의사를 결정하는 데 보통 사람들이 참여함으로써 주 정부와 연방 정부가 문제를 해결하는 데 직접적이고 적극적인 역할을 하도록 했다

그렇다면 시민 연대는 어떠한 문제를 가지고, 어떻게 운동을 전개했는가? 레이건 행정부는 기업의 부담을 덜어주기 위해 환경, 안전에 관한 규제를 완화해주고, 석유, 가스, 석탄의 개발을 위해 연방 정부 소유의 땅을 민간 기업에 개방했다. 이에 맞서 시민 연대는 공기, 물, 흙에서 방출된 유독 물질의 양과 유형을 알 권리, 유독 폐기물 청소, 천연가스 규제 해제 반대를 비롯하여 공공요금 인상 저지, 의료 보험의 질 향상, 사회 보장비 삭감 저지 등 국가나 주에 관련된 문제를 다루었다. 실제로 시민 연대는 노인 의료 보험, 빈민 의료비 보조 개혁, 노인 시민을 위한 처방약 보조 계획, 독성 물질에 대해 알 권리, 공공요금 등에 관한 진보적 법률을 통과시키는 데 성공했다. 이와 같은 경험을 토대로 시민들은 상황을 변화시키고 권력을 한곳으로 모으기 위해 단합해서 공동 행동을 취할 필요성이 있다는 것을 더욱 절실하게 깨닫게 되었다.

이러한 일들을 수행하기 위해서 시민 연대는 민초들에게 편지 쓰는 법을 가르쳐준 다음에 피선된 관리나 신문 편집자에게 편지를 쓰거나 전화 걸기, 시민 연대를 위해 일할 수 있는 입후보자에게 투표하도록 유도하고, '캔바스(canvass)'를 통해 자진하여 기여하는 방법 등을 이용했다.

그 가운데 캔바스는 가가호호를 방문하여 모금도 하고, 사람들을 교육시키며, 민초들의 분위기를 알아낼 뿐 아니라, 때로는 조직이 생각하고

있는 문제의 잠재력을 결정하기도 했다. 다시 말하면 민초들을 움직여 '위에서 아래로'가 아닌 '아래에서 위로' 전국적인 개혁 운동을 전개했다. 실제로 운동원(canvasser)들은 민초들에게 시민으로서 권리를 행사하는 방법과 기술을 가르쳤으며, '캔바스'는 희망이 무너져가고 있었던 사회에서 민초들이 민주적 권리를 되찾을 가능성을 알리는 길이 되었다. 다시 말해 많은 공동체를 기반으로 하여 참여 민주 정치로 나아가게 했다.

또한 캔바스는 많은 회원을 등록시키고, 정기적으로 소식지를 보내는 동시에 전화를 걸어 재차 접촉했다. 운동원들은 정치가들에게 전화를 걸어 압력을 넣었으며, 공공 사건에 참여하고, 조직의 일에 적극적인 참여자가 되려고 했다. 특별히 선거철에는 유권자에 관한 정치적 정보를 수집하고 선거구민을 포섭하는 것을 정치적 목표로 삼기도 했다. 정치가들이 지속적으로 캔바스를 금지시키려고 했던 사실을 보면, 실제로 캔바스가 선거에 매우 큰 영향력을 행사했던 것을 잘 알 수 있다.

아울러 운동원들은 직접적인 메시지를 가지고 일대일로 접촉하면서 전국 공동체와 지방 공동체를 연결할 수 있었다. 캔바스는 일종의 대중들과의 대화이며, 좌파 민중주의의 최전선에 있는 의사소통 기술이었다. 의사소통 수단으로서 캔바스의 메시지는 시민 조직과 민중 사이의 상호 작용에 의해 끊임없이 만들어지고 변형되었기 때문에 조직의 결정에 큰 영향을 주었다. 그러므로 민중들이 희망이 없는 희생자가 아니라, 생을 지배할 수 있다는 생각을 갖게 했다. 캔바스의 목표는 장기적으로 광범한 운동의 기반을 구축하는 것이었다.

버지니아의 흑인 시민 행동가인 터커(Cora Tucker)는 보통 사람을 조직화하려는 궁극적인 목표는 자신의 운명에 대하여 발언권을 갖도록 하려는 것이며, 다른 모든 것은 2차적인 것이라고 시민 연대의 목표를 밝혔다.[22] 다음 시민 연대의 설립 취지문을 통해서 목표를 더욱 분명하게 알 수 있다.

> 우리는 민주주의를 믿는다. 그들의 생과 신이 인간으로서 그들에게 부여한 잠재력을 성취할 모든 사람들의 권리를 통제하는 보통 사람들을 믿는다. 그리고 우리는 기꺼이 진정한 민주적 미국의 꿈을 가지려고 하며 보통 사람들의 조직에 피를 통하게 하여 자신들의 노력으로 자신들과 자식들을 위해서 그 꿈을 현실로 만들 수 있도록 미국을 기꺼이 바꾸고자 한다.[23]

하킨(Tom Harkin)은 궁극적으로 민중주의는 민중들에게 희망을 주고, 상황을 변화시키는 길을 제공한다고 주장했다.[24] 좌파 민중주의자들이 조직한 시민 연대와 같은 시민 조직은 크고 작은 일들을 변화시킬 수 있는 집단적인 힘을 가질 수 있었기 때문에 개인적 · 정치적 변화를 가져왔다. 다시 말하면 그것은 민중들에게 그들보다 높은 지위에 있고, 교육 많이 받고, 권력을 가지고 있는 부유한 사람들에게 대항할 수 있다는 것을 가르쳐 주었다. 그들은 쓰고, 말하고, 큰 사업을 경영하고, 수백만 달러의 예산을 관리하고, 선거에 출마하고, 민중의 의사에 따르는 정치가들을 지지하는 기술을 배우게 되었다. 간단히 말해서 보통 사람들이 교육을 많이 받았거나 부유한 사람들만이 갖고 있다고 생각했던 수완과 능력을 갖게 되었다.

시민 연대는 말하는 조직이 아니라 행동하는 조직이었다. 그것은 민초들이 정치적 과정에 적극적으로 참여하여 모든 사람들의 삶의 질을 높이고, 좀더 안전한 사회를 만들며, 사회적 · 경제적 정의를 실현할 수 있는

22 *Citizen Action News*, Spring, 1985; *Citizens for a Better America, A Ten Year Report*, Halifax, Virginia: Citizens for a Better America, 1985.
23 *Citizen Action and the New Populism*, p.47.
24 Harkin interview with Boyte, *Ibid.*, p.169.

미래를 창출할 수 있다고 믿었다.

민중주의는 민중들이 미국이 잘못되어가고 있다고 생각할 때 대두되곤 했다. 1980년대 좌파 민중주의자들은 대기업과 큰 정부에 권력이 집중되는 데 반대하면서, 민중이 이익 집단의 주인이 되어야 한다고 주장했다. 그래서 그들은 특수한 이익 집단을 자신들이 통제하는 규제 계획을 적극적으로 지지했다. 그들은 민중의 자유가 거대한 정부에 의해 제한받지 않고, 민주화를 이룩하기 위해서 정부의 권력을 분권화시킬 것과 대중의 보다 적극적인 참여를 강조했던 것이다. 그들은 과거의 민중주의자들과 마찬가지로 권력의 집중에 반대하여 민중에게 권력을 부여할 것을 강력히 주장했다. 현대 민중주의가 민중들이 자기들의 삶을 결정하고, 일을 스스로 처리할 능력이 있다고 주장한 점에서 낙관주의적인 면을 찾아볼 수 있다.

좌파 민중주의의 목표는 소수에게 집중되어 있는 부와 권력을 널리 분배함으로써 제어할 수 없었던 기업과 관료주의 체제를 민중이 지배하자는 것이었다. 경제적으로 민중의 안녕을 보장하며 지위 상승을 이룩하려는 목표를 가지고 있었던 좌파 민중주의자들은 시민 연대를 중심으로 목표를 달성하려고 했다. 특히 시민 연대가 가가호호를 방문하여 기금을 모금하던 방법인 캔바스는 민중들과 의사를 소통하는 길을 제공했을 뿐 아니라 지방 공동체와 전국 공동체를 연결시킴으로써 전국적인 네트워크를 갖게 했다. 이를 기반으로 시민 연대는 전국에 있는 민초들을 움직여 '아래에서 위로' 개혁 운동을 전개했다.

이와 같이 좌파 민중주의의 기반인 시민 연대는 참여 민주 정치에 대한 기업의 위협과 관료 정치에 도전하기 위하여 시민의 정치 참여에 초점을 맞춤으로써 민중들이 목소리를 낼 수 없었던 일에 목소리를 낼 수 있게 했으며 권력을 갖게 했다. 따라서 좌파 민중주의자들은 민중들의 생활을 변화시킬 수 있었다.

그러나 시민 연대를 기반으로 한 좌파 민중주의는 신우파처럼 정부에 적개심을 가지고 대항하지 않았다. 오히려 좌파 민중주의는 '인민의, 인민에 의한, 인민을 위한' 정부를 주장하면서, 현안 문제를 해결하는 데 정부의 직접적이고 적극적인 역할을 강조했을 뿐 아니라 참여 민주 정치를 강조했다. 이러한 입장이 우파 민중주의와 근본적으로 다르다.

1892년 민중당은 오마하 정강 서문에서 "우리는 공화국이 비롯된 '보통 사람들'의 수중에 공화국을 복구시키려고 한다"고 했으며, 구드윈이 민중주의는 미국 자본주의 테두리 안에서 "협동 국가의 건설을 시도하고 있다", "독립과 자치 정부에 대한 미국인들의 이상적인 최상의 전통을 구체화했다"[25]고 언급한 것처럼 1980년대 좌파 민중주의자들도 시민 연대를 기반으로 보통 사람들의 생활을 향상시키고 보통 사람들이 공정하고 동등한 대우를 받는 보다 공정하고 자유로운 사회를 만들기 위해 불굴의 투쟁을 했다.

1980년대 좌파 민중주의는 민중에게 호소력을 갖는 선동적 주장이나 과거에 잃어버린 낙원을 찾으려는 움직임이 아니라 변화하고 있는 미국의 불확실한 미래에 비전을 제시해주려고 했다. 다시 말하면 미국 문화에 가장 깊이 뿌리박힌 공동선을 이룩하기 위하여 미국 사회를 통합할 수 있는 공화국에 대한 비전을 제시하려고 했다.

25 Lawrence Goodwyn, *The Democratic Promise: The Populist Movement in America*, Oxford University, 1976, pp.541–542.

3. 우파 민중주의

3.1 우파 민중주의와 매카시즘

제2차 세계대전 후 냉전의 시작으로 공산주의 국가에 대한 미국의 정책과 "정부 안에 공산주의자가 있다"는 문제가 국가의 중대한 문제로 떠올랐을 뿐 아니라 이 문제는 각 정당이 권력을 확대하는 원동력이 되었다. 1930년 이래 공산주의자 문제는 국가 문제였으나 1950년 이후 매카시가 이 문제를 상징하는 인물이 되었다. 매카시는 내적인 공산주의자들의 위협을 인지했다. 매카시에게 공산주의 문제는 정부 안의 공산주의자 문제였다. 다시 말해 내부 전복의 두려움이었다. 1950년 2월 그는 휠링에서 205명의 공산주의자 명단을 가지고 있다고 연설함으로써 이 문제를 정치적으로 이용하기 시작했다. 그가 가지고 있다는 명단만큼 놀라운 사실은 국무부가 그 안에 공산주의자들이 있다는 사실을 알고 있었으며, 그들이 정책을 결정하도록 내버려두었다는 사실이다. 매카시는 무능한 지도력에 대한 책임을 묻는 데 그치지 않고 음모가 국가 안보를 해치고 있다고 선언했다. 그는 트루먼(Harry S. Truman) 대통령, 애치슨(Dean Acheson) 국무장관, 마셜(George C. Marshall) 장군 및 고위 관리들이 음모에 가담했다고 비난했다. 1950년부터 1954년까지 매카시만큼 전국적으로 주목을 받았던 사람은 없었다.

매카시는 국무부를 비롯한 정부 부서에서 공산주의자들을 축출하는 데 민중주의적 방법을 적용했다. 그는 정부 안에 공산주의자들의 음모가 절정에 달했으며 그들을 물리치는 유일한 방법은 민중에게 직접 그의 주장을 알리는 것이라고 생각했다. 그는 대중 운동을 통하여 목적을 달성하려고 했다. 뿐만 아니라 그는 미국의 외교 정책을 수립하는 데 민중의 의사를 반영하려고 했다. 그는 민중이 그의 편에 있으며, 대통령, 의회, 군대, 국무부가 아닌 민중이 그의 주장이 진실인가 아닌가를 결정해야 한다고 생각했다. 그래서 그는 라디오, 텔레비전, 여론 조사, 신문 등 대중 매체를 통해 그의 주장을 밝히고 상대편을 비난했다. 이러한 매카시의 태도에서 우파 민중주의의 일면을 찾아볼 수 있다.

비렉(Peter Viereck)은 매카시즘을 라폴레트(Robert M. LaFollete)와 카글린(Charles Coughlin) 신부의 민중주의적 전통에 올려놓았다. 이러한 비렉의 입장은 대중들이 행정 기관에 전보를 보내고, 라디오에서 연설하고, 여론 조사를 통해 외교 정책을 지배할 수 있다고 매카시가 믿었기 때문이다.[26] 피들러(Leslie Fiedler)도 매카시즘을 권위, 제도, 전문적 지식을 불신하고 '직접 민주 정치'를 원하는 분명치 않은 미국인의 충동의 확대로 이해해야 한다고 매카시즘의 민중주의적 성격을 강조했다. 그는 매카시즘을 유럽 급진주의에 대항하여 민중주의자들이 취한 신념의 형태라고 주장했다.[27] 실제로 많은 사람들이 직접 민주 정치와 대중의 의사를 직접 반영해서 외교 정책을 수립하자는 매카시의 주장을 지지했다.

매카시는 공산주의자들이 정부 안에 침투했다는 사실과 공산주의자들의 위협이 막대하다는 것을 민중들이 믿게 만들었다. 그 후 매스 미디어와 반전 운동가들에 의한 대중의 압력은 미국의 외교 정책을 상당히 변화시키는 결과를 가져왔다.

매카시는 자신이 행정 기관에 대항해서 공격하는 것을 민중이 지지하도록 하기 위해서, 민중들에게 직접 호소했다. 그런데 이러한 문제 해결 방법은 입헌 제도에 대한 중대한 도전이라는 비판을 받았다. 허버그(Will

26 Peter Viereck, "Revolt against the Elite," in Daniel Bell(ed.), *The Radical Right*, Garden City, N. Y.: Doubleday, 1964, p.165.

27 Leslie Fiedler, *An End to Innocence*, Boston: Beacon Press, 1955, p.57.

Herberg)는 매카시즘의 실제 문제는 정부가 민중을 선동해서 이상한 방향으로 나아가게 하는 데 있다고 설명했다. 그는 민중에 의한 직접 통치, 민중 민주 정치의 무책임을 지적했다.[28]

그러나 매카시는 진보주의적 엘리트가 지배하는 거대한 정부 때문에 민중의 의사가 직접 반영되지 못한다고 생각해서 직접 민주 정치를 옹호했던 것이다. 그는 다수 민중을 동원해서 특권 세력을 견제하고 지배함으로써 '미국적 꿈'을 이루려고 했다. 그는 민중의 자유가 억압당하지 않는 민중 민주주의를 요구해서 많은 지지를 받았다. 진보주의자들도 매카시즘이 엘리트에 반대하는 민주주의 운동이라는 주장에 동의했다. 그러나 진보주의자들은 매카시즘이 엘리트에 대항하기 위해서 반공주의를 표방했음을 지나치게 강조했다. 이러한 그들의 주장은 본말이 전도된 것이다.

매카시는 계속해서 세상을 깜짝 놀라게 했다. 휠링에서 연설한 다음 날 콜로라도 덴버에서 "207명의 악당이 있다"고 말했으며, 유타의 솔트레이크시티에서는 "57개 공산당 카드를 가지고 있다"고 발표했다. 실제로 명단을 제시하지 않았으나 그의 발언은 크게 주목을 받았다. 그는 휠링 연설 후 3개월이 지나지 않아 실시된 여론 조사에서 상당한 지지를 받았다. 그가 '공산주의자 사냥꾼'이라고 믿는 응답자의 30%가 매카시가 국가를 위해서 훌륭한 일을 했다고 대답했다. 그 후 4년간 매카시의 이름이 신문의 헤드라인에서 사라지지 않았다.

매카시즘이 공산주의를 공격했으나 공산주의 계급 구조와 경제 구조에 반대한 것이 아니라 "정부 안에 공산주의자들이 있다"는 문제를 제기함으로써 정치적 책임감에 초점을 맞추었다. 매카시즘은 '비미국적인' 공산주의에 대항해 공산주의자들과 동조자들, 즉 사악한 요소의 간섭이 없

28 Will Herberg, "Government by Rabble-Rousing," *The New Leader*, January 18, 1954, pp.13-14.

는 '미국적 방식'으로 돌아갈 것을 강조했다. 매카시는 아메리카니즘과 국가 안보의 수호자로 자처했다. 매카시즘은 이와 같이 전통적 가치를 강조하면서 애국심을 강조했는데 여기에서 우파 민중주의 성격을 찾아볼 수 있다.

매카시즘은 공산주의에 대한 승리를 이룩하는 장애물로 소련의 세력이나 전략적 문제가 아닌 정부 내 공산주의자들의 전복 기도를 제시했다. 매카시의 관심은 우파 민중주의자들과 마찬가지로 국내의 '비미국적' 신념에 집중되어 있었다. 1954년 초 '20년 동안의 반역'이라고 민주당을 비난하면서 그의 세력은 절정에 이르렀다. 1954년 1월 갤럽 여론 조사에서 그는 50%의 지지를 얻었으며, 그해 말 상원에서 탄핵을 받을 때 100만 명 이상의 지지자가 청원서에 서명했다.

1890년대 서부 농업적 민중주의와 매카시즘이 서로 연결되어 있는 것은 우연한 일이 아니다. 매카시즘은 공산주의를 불안과 침략의 대상으로 상징적으로 이용하여, 기득 이익 집단과 상층 계급에 대항하는 민중은 물론 하층 계급부터 상층 계급까지 지지를 받았다.

그는 공산주의 문제가 정치적으로 유용하다는 것을 알고 있었으며, 민주당도 그 문제가 폭발적이고 파괴적인 잠재력을 가지고 있다는 것을 알고 있었다. 그러나 매카시즘은 미국인들이 행동하는 데 어떠한 정책을 제시하거나 가치를 정립한 운동이기보다 변화의 과정에서 나타나는 징조로 이해되어야 한다. 매카시즘은 원하지 않는 영향을 제거할 것을 주장했으나 무엇이 이루어져야 하는가에 대하여는 거의 언급하지 않았다.[29] 여기에서 우파 민중주의의 일면을 찾아볼 수 있다.

매카시즘의 특징은 첫째, 엘리트에 반대했다. 매카시는 단순히 공산

29 Talcott Parsons, "McCarthyism as Social Strain," Earl Latham(ed.), The meaning of McCarthyism, p.150.

주의자들을 공격한 것이 아니라 동부에서 교육 받은 정치적 · 지적 엘리트, 특히 하버드 출신의 지식인, 친영주의자, 국제주의자, 군대 등을 비난의 표적으로 삼았다. 이러한 그의 목표는 우파, 급진적 우파의 지지를 받는 실마리가 되었다. 실제로 매카시는 진보주의자들과 지식인에 반대했으며, 워싱턴에서 공산주의자들을 축출한다는 미명으로 루즈벨트(Frankline Roosevelt)를 증오했던 자들을 찬양했다. 뿐만 아니라 그는 큰 정부 지지자들, 월 스트리트 등을 싫어했으며, 일반적으로 동부 기득권층을 경멸하는 자들의 지지를 받았다. 매카시는 엘리트를 지나치게 두려워했으며 휠링 연설에서 이들을 신랄하게 공격했다. 다음과 같은 매카시의 연설은 애치슨을 비롯한 동부 엘리트에 대한 그의 입장을 매우 잘 반영하고 있다.

> 우리 자신이 무력한 입장에 있다는 것을 발견한 이유는 능력 있는 우리의 적이 해안을 침입하기 위하여 사람을 보냈기 때문이 아니라 이 나라에서 대우를 아주 잘 받았던 사람들의 배반적 행동 때문이다. 이 나라를 팔려고 했던 자들은 행복하지 못한 소수 집단이 아니라 오히려 지상에서 가장 부유한 나라가 제공했던 가장 좋은 집, 최상의 대학 교육과 우리가 부여할 수 있는 정부에서 가장 좋은 직업 등 모든 혜택을 받은 사람들이다. 이것은 국무부 안에서도 사실이다. 은 스푼을 입에 물고 태어난 영리한 젊은이들이 가장 사악한 사람들이다.[30]

비렉과 같은 학자들이 매카시즘의 반엘리트주의가 반공주의의 추진력이라는 것을 지나치게 과장한 점은 있으나, 이것은 사실이다. 매카시의 반엘리트주의의 전형적인 예를 애치슨 국무장관에 대한 적의에서 찾아볼

30 Reeves(ed.), *Ibid.*, p.137.

수 있다. 비렉은 매카시가 때로는 공산주의가 아닌 국무부에 있는 전통주의자들인 아이비 리그 귀족 계급을 공격하는 것 같다는 사실을 지적했다. 매카시가 공격했던 전통적 아이비 리그의 대표적인 인물인 애치슨은 예일과 하버드 법과 대학원에서 공부했으며, 월 스트리트에서 일했다. 비렉은 매카시가 동부 엘리트에 분개하는 민중주의 성향을 가지고 있음을 시사했다.[31]

립셋트(Seymour Martin Lipset)도 "매카시의 이상적 타입의 공산주의자 적은 국무부에 고용된 상층 계층, 동부의 성공회 신자인 하버드 졸업생들이었다. 그도 생활 방식에 대한 위협은 상층 계층, 교육을 잘 받은 동부인들과 뉴딜 진보주의자들, 양 당에서 미국인의 정치 생활을 지배하고 있는 지배 세력 안에서 구체화되었다"고 주장함으로써 비렉의 주장에 동조했다.[32] 매카시의 중요한 공격 목표는 북한, 중국 등의 공산주의자들이 아니라 미국의 기존 지배층(엘리트)이었다. 매카시는 특별히 아이비 리그를 볼셰비즘의 온상으로 선택했다.[33]

파슨즈(Talcott Parsons)는 서부 농업적 민중주의와 매카시즘 사이의 연속적인 요소는 결코 우연만은 아니었으며, 매카시즘은 기득권 집단과 상층 계급에 대항함으로써 민중의 지지를 받았던 운동이라고 했다.[34] 심지어 실즈(Edward Shils)는 민중주의와 매카시즘이 '일직선'으로 연결되어 있다고 생각했다. 비렉은 1880~1890년의 민중주의와 오늘날의 신민중주의-이그내시우스 도넬리와 매카시 운동-사이에 빠져 있는 연결 고리

31 Peter Viereck, *The Adjusted Man*, Boston, Beacon Press, 1956, reprint, Westport, Conn. : Green Press, 1973, pp.166-167.

32 Seymour Martin Lipset, "Three Decades of the Radical Right: Coughlinites, McCarthyities, and Birchers," Daniel Bell(ed.), *The Radical Right*, p.377.

33 John Patrick Diggins, *The Proud Decades: American in War and in Peace 1941-1960*, New York: W. W. Norton & Company, 1976, p.166.

34 Parsons, *Ibid.*, p.149.

가 카글린 신부라고 주장했다.[35]

둘째, 매카시즘은 개인과 개인의 행동을 분류하고 사건을 암시적으로 과장하는 경향을 가지고 있었다. 매카시는 중국에서 미국의 외교 정책을 주도하고 있던 마샬 장군이 미국을 배반했다고 비난하면서, 러시아에 대한 유화 정책, 중국의 공산화 등 여러 가지 책임을 그에게 지웠다. 그는 마샬의 결정이 국가 이익에 부합하지 않는다고 비판했을 뿐 아니라 트루먼 대통령과 애치슨 국무장관을 음모에 가담한 인물 목록에 넣었다. 그러나 그는 신문과 텔레비전에서 떠들었던 내용을 입증할 만한 증거를 찾지 못했다. 실제로 그는 정부 안에 공산주의자가 있다는 문제에 대한 토론에 참여하는 데는 관심이 없었다. 그는 반공주의의 심각성과 실체를 입증하지 않았으며 그가 필요로 하는 수단은 정치 음모설이었다. 그의 반공주의도 이에 기반을 둔 것이었다.

매카시는 그의 주장을 합리적으로 입증하는 데 실패했다. 뿐만 아니라 그는 음모에 연루된 사람들을 논리적으로, 설득력 있게 공격하지 못했다. 그는 대중의 열정을 이용했으며, 그들의 관심을 끌기 위하여 사건을 과장했을 뿐 아니라 텔레비전과 라디오 등 매스 미디어를 이용하여 선동했다.

셋째, 매카시즘의 급진적 민중주의의 또 다른 특징은 매카시가 상원의원의 직위를 이용하여 외국과 협정을 체결함으로써 입헌적 경로를 무시하거나 지배하는 경향이다. 그는 1953년 그리스 선주들과 공산화한 중국, 북한과 소련의 위성 국가에 수송을 중단한다는 것을 내용으로 하는 협정을 체결했다. 그는 이 협정이 해상 봉쇄의 효과를 가지며, 한국 전쟁에서 승리를 앞당길 수 있을 것이라고 믿었다. 그러나 스타센(Harold E.

35 C. Van Woodward, "The Populist Heritage and The Intelletual," Theodore Saloutos, *Populism : Reaction or Reform?*, New York : Holt, Rinehart and Winston, 1968, p.81.

Stassen)은 국무부와 국방부의 노력을 훼손시켰다고 비판했다. 이에 대하여 매카시는 그가 속한 입법 위원회가 델레스(John Foster Dulles) 국무장관과 국무부가 해내지 못한 일을 성취했다고 대응했다.[36] 아이젠하워 행정부 관리들은 매카시가 외국과 협상하기 위하여 입법 위원회를 이용한 것은 비입헌적이지는 않다고 하더라도 반칙이라고 주장했다.

매카시는 전통적인 입헌 정신에 입각하여 일할 것을 거부하고 공산주의에 대항하기 위하여 과장과 진실하지 못한 방법 등을 동원했다. 그러므로 그는 공산주의자들이 정부에 침투했다는 사실을 많은 사람들에게 믿게 할 수는 있었으나, 결국 상원에서 탄핵을 받게 되었다. 그러나 그의 행동과 연설이 민중주의 운동에 힘을 불어넣었으며, 직접 민주 정치와 외교 정책을 수립하는 데 민중의 의사를 반영하자는 그의 생각은 잠시 동안 국민의 지지를 받았다.

전후 미국 정치, 사회, 경제 등의 큰 변화에서 비롯된 우파 민중주의는 변화에 위협을 느끼고 변화에 대하여 많은 것을 할 수 없다고 느끼는 사람들의 지지를 받았다. 그러나 우파 민중주의는 큰 제도에 의하여 희생당하고 있는 민중에 대하여 언급했지만 민중이 정부나 기업에 대한 지배를 다시 획득할 수 있는 중요한 전략을 제시하지 못했다.

3.1.1 매카시즘 해석의 문제

· 민중주의 운동으로 보는 시각

1950년대 초부터 미국 학자들은 매카시즘이 무엇을 의미하는가 하는 문제를 중심으로 매카시즘에 관한 열띤 논쟁을 전개했다. 1950년대 홉스

36 *New York Times*, 1953:1.

태터(Richard Hofstadter)를 비롯한 자유주의자들과 피들러(Leslie Fiedler), 우드워드(C. Van Woodward) 등은 매카시즘이 민중주의를 계승했다고 주장했다. 그들은 매카시가 미국의 전통적인 정당 정치 밑바닥에 깔려 있는 대중의 분노를 이용한 것으로 생각했다. 그리고 매카시즘을 신분적 불안, 고립주의자들의 좌절, 노동 계급과 민중주의적 권위주의의 표명으로 설명했다. 그들은 매카시즘이 지닌 반공주의의 신경질적이고 비이성적인 면을 강조하면서, 민중주의와 같은 민중 운동을 계승했다고 주장했다. 홉스태터는 제2차 세계대전 후 팽창기에 매카시즘이 엘리트에 반항한 데서 민중주의적 요소를 찾았다. 그리고 매카시즘이 대중 정치의 추하고 위험한 최악의 상태를 상징하는 것으로 보았다.

자유주의자들은 다음과 같은 입장에서 매카시즘이 민중주의를 계승했다고 주장했다.

첫째, 그들은 매카시즘을 산업 사회에 대한 민중의 분노를 이용한 민중 운동으로 보고 있다. 민중주의는 민중들이 거대한 집단에 의해 그들의 힘이 잠식당하고 있다고 느끼고 이에 분노하는 데서 시작되었다. 이와 같이 매카시즘도 산업 사회 안에서 일어난 변화에 대한 민중의 분노를 이용함으로써 정치적으로 전통적 집단의 기반을 분열시켰다. 또한 민중주의는 미국의 민주주의를 안전하게 만드는 산업화 과정에 반대했는데 매카시즘도 단순하고 순수한 지방적 가치를 지킨다는 입장에서 산업 사회에 도전했다.

그들은 정치적 지도 체제에 도전하고 민중을 정치적으로 동원하는 매카시즘의 성격을 강조했다. 매카시즘을 민중 정치의 선언으로 이해했다. 바로 매카시의 반공 운동이 지닌 신경질적이고 비이성적 성격이 매카시즘이 민중주의와 같은 민중 운동을 계승했음을 나타내준다고 했다. 이러한 관점에서 매카시즘은 '민주 정치의 아이러니'의 대표적 예라고 할 수 있다. 미국에서 민주 정치의 최대 위협은 엘리트가 권력을 장악하는 데 있는 것이 아니라 오히려 민중을 동원하는 데 있다는 것이다. 그들은 민중주의, 혁신주의, 매카시즘을 산업 사회에 대항하는 민중의 도덕적 반항 운동으로 간주했다.

둘째, 그들은 매카시즘과 민중주의가 중하층을 기반으로 하고 있다고 보았다. 매카시즘은 기득권 세력의 지지를 받은 것이 아니라 오히려 사회적 · 경제적으로 소유하지 못한 집단의 지지를 받았다. 매카시즘을 지지한 세력은 보다 나은 지위를 열망하는 사람들, 실제로 여러 면에서 차별 대우를 받았거나 그렇게 느끼는 사람들이었다. 특히 중서부의 중하층 사람들과 새로 이민 온 사람들의 지지를 받았다. 립셋트는 중간층 가운데서도 고립된, 별로 교육받지 못한 집단이 극단주의 운동을 지지하는 경향이 있음을 지적했다.[37]

셋째, 그들은 매카시즘을 신분 정치로 보고 있다. 사회적 지위를 상실한 집단이 옛날 사회의 가치를 강렬하게 구한다는 홉스태터의 신분 정치 개념을 받아들여 매카시즘의 민중주의적 성격을 설명했다. 매카시즘은 기회의 시대에 신분 상승의 불안을 나타내는 것이다. 벨(Daniel Bell)은 매카시즘을 신분적 불안에서 빚어진 긴장의 촉매제로 설명했다.[38]

넷째, 그들은 민중주의자들에게는 경제적 곤경이, 매카시에게는 공산주의가 특별한 관심사라고 보았다. 매카시가 공산주의를 공격한 것 같으나 실제로 그의 공격 목표는 동부에서 교육받은 정치적 · 지적 엘리트, 특히 하버드 출신, 친영주의자, 국제주의자, 군대 등이었다. 민중주의의 적은 월 스트리트였으나 1950년대 매카시는 국무부 안에 있는 공산주의자

37 Seymour Martin Lipset, *Political Man*, Garden City: Doubleday, 1960, p.140.

38 Daniel Bell, "Status Politics and New Anxieties," Earl Latham(ed.), *The Meaning of McCarthyism*, Lexington: D. C. Heath and Company, 1973, p.121.

라는 상징적인 적을 찾았다.

다섯째, 그들은 매카시즘의 반엘리트주의를 민중주의 성격으로 보았다. 매카시의 휠링 연설에서 엘리트에 대한 그의 입장을 잘 알 수 있다.

자유주의자들은 매카시를 월 스트리트와 아이비 리그에 대한 중서부의 적대감을 물려받은 민중주의자로, 그리고 냉전이 만들어낸 공포를 이용했던 고전적 선동가로 간주했다.

보수주의 운동으로 보는 시각

1960년대 로진(Michael Paul Rogin)을 위시한 보수주의자들은 매카시즘이 민중주의를 계승한 것이 아니라 보수적인 공화당을 기반으로 했다고 반박했다. 폴스비(Nelson W. Polsby)는 매카시즘에서 '신분'이 아닌 '공화당'을 강조했다. 그는 매카시의 추종자들이 대중이 아니라, 그의 추종자들의 대부분이 보수적인 공화당원이었음을 지적했다. 래덤(Earl Latham)도 공화당 보수파가 1948년 선거에서 패배한 후 차기 선거에서 승리하기 위하여 강력한 지도자를 필요로 했는데, 이때 매카시를 찾아냈다고 주장했다. 매카시를 1932년 프랭클린 루즈벨트 대통령 당선 이래 국가 권력을 잡는 데 실패했고, '공산주의자 문제'를 단지 공격 수단으로 사용했던 근본주의적 보수주의의 대리인이라고 생각했다. 그 후 본격적으로 자유주의자들의 해석을 전면적으로 공격한 로진은 매카시즘이 20년간 미국을 지배해왔던 뉴딜 지지자들을 무너뜨리기 위하여 보수적 공화당 지도자들이 이용한 당의 책략이라고 주장했다. 그는 매카시즘과 민중주의는 표면적으로는 비슷할지 모르지만, 매카시즘은 내용과 지지 기반에 있어 전통적인 중서부 보수주의를 계승했다고 반박했다. 그는 매카시즘이 보수주의를 계승했다는 이유를 다음과 같이 지적했다.

첫째, 매카시즘은 대중의 지지를 받은 운동이 아니다. 화이트 컬러,

도시 중산층, 노동 계급이 매카시를 지지하지 않았다. 옥수수 재배 지역의 주민들이 매카시를 지지한 것도 보수적 정치 스타일 때문이지 농촌의 급진적 스타일 때문이 아니다. 농촌의 급진적 전통은 반금융가적·반기득권적·반산업자본가적이었는 데 반해 매카시의 보수적 전통은 반지식인적·반국가주의적·반관료적·배외주의적이었다. 요컨대 그를 지지한 세력도 그의 정치적 입장 때문에 동조한 것이 아니라 공화당이라는 이름에 끌렸다는 것이다. 그는 매카시를 미국 정치 엘리트의 한 파가 다른 파에 대항하기 위하여 사용한 무기로 간주했다.[39]

둘째, 매카시즘은 엘리트의 지지를 받았으나, 매카시를 지지한 엘리트는 핵심적 위치에서 멀리 떨어져 있는 주변 집단인 데다가 매카시를 장기간 지속적으로 지지하지 못했다. 매카시에게 영향력을 가지고 있었던 사람들은 보수적 정치가, 출판업자, 사업가, 뉴딜과 군사 정책에 불만을 품고 물러난 군지휘관 등 정치적 영향력이 없었던 사람들이었다. 매카시가 대중에게 알려지게 된 데는 온건파 공화당원이라는 사실, 상원과 신문의 도움이 컸다.

셋째, 민중주의자들만이 엘리트와 기존 체제에 적대감을 가지고 있었던 것이 아니고 일반적으로 중서부인들에게 확산되어 있었다. 기존 체제에 대한 적대감은 매카시즘 등장 이전부터 수십 년간 미국 보수주의의 정서였다.

넷째, 매카시가 공산주의자들을 공격했는데 매카시 이전의 보수주의자들도 무신론적인 급진파, 지식인과 관료들을 공격했다. 매카시즘의 세력 확장은 한국 전쟁과 냉전 문제만큼 '민중', '민중주의', '신분'과는 관련이 없다. 민중이 공산주의, 한국 전쟁과 냉전을 염려했기 때문에 매카시

39 Mark Landis, *Joseph McCarthy: The Politics of Chaos*, Slinsgrove: Susquehanna University Press, 1987, p.133.

를 지지했다.

다섯째, 매카시가 지니고 있는 도적적 의분은 뉴딜 이전에 개혁 운동의 특수한 현상이 아니라 일반적으로 미국 정치와 전통적인 보수주의의 필수 요소였다.

'민중주의적' 호소는 실용적인 정치 무기로서 보수주의자들과 개혁가들은 기본적으로 '민중주의'를 공유하고 있었다. 일반적으로 보수주의자들은 도덕주의와 실용주의, 중용과 극단주의, 민중주의와 자유주의를 결합한다. 1960년대 수정주의자들도 매카시즘을 보수적 권력 추구자들의 도구로 간주했다. 엘리트가 매카시즘에 책임을 져야 한다는 견해에 대하여, 매카시즘은 냉전의 격화로 빚어진 정치적 풍토와 트루먼 행정부의 신뢰성의 상실에서 비롯되었다는 것을 강조했다. 보수주의적 해석을 하는 학자들은 공산주의에 대항하여 국민적 단합을 강조하는 매카시즘의 부정적 · 퇴보적 · 반사회적인 면을 강조했다.

전체주의 운동으로 보는 시각

제3부류에 속하는 롱(Dennis H. Wrong), 로비어(Richard H. Rovere) 등의 학자들은 매카시를 히틀러(Adolf Hitler)에 비유하면서 매카시즘을 전체주의 운동으로 간주했다. 매카시즘이 전체주의적 방법을 도입하여 자유 사회의 구조를 파괴했다는 것이다. 로비어는 매카시를 히틀러와 같은 중상모략가, 정치 흉악범, 폭동의 괴수, 대중 공포의 이용자로 묘사했으며, 히틀러와 마찬가지로 볼셰비즘의 공포를 이용했음을 강조했다.[40]

매카시즘을 전체주의 운동으로 보는 사람들은 다음과 같은 입장을 가지고 있다.

40 Richard H. Rovere, *Senator Joe McCarthy*, New York: Harcourt, Brice and Company, 1959, p.19.

첫째, 그들은 매카시의 수법이 히틀러의 수법과 비슷하다고 보았다. 매카시는 어떤 신념이나 원칙 없이 공갈, 협박, 과장, 상대방의 인격 말살, 비난, 배반, 거짓말 등 전체주의적 방법으로 수단 방법을 가리지 않고 목표를 달성했다. 공산주의자들과 파시스트도 이러한 방법을 이용하여 대중의 지지를 받았다.

둘째, 매카시즘의 지지 기반이 전체주의와 유사하다고 보았다. 매카시는 특수한 이익을 대변했다기보다 오히려 다양한 사람들의 좌절과 실망을 표현했다. 따라서 매카시는 밑바닥의 폭력배로부터 상층의 소수 산업 자본가들의 지지를 받았다. 하층 계급에서 상층 계급에 이르기까지 매카시즘을 지지했다는 사실이 나치즘과 유사하다.

그러나 결정적인 차이가 있다. 히틀러의 경우 대중이 그를 지지하는 정도를 드러내 보였을 때 독일의 대기업과 귀족들은 그를 지지하는 쪽으로 선회했다. 이러한 일이 매카시의 경우에는 나타나지 않았거나 일어났다고 해도 상대적으로 소규모로 일어났을 뿐이다. 미국의 상층 계층이 매카시의 기치 아래 모여들었다는 증거는 없다. 전체적으로 미국의 상층 계층은 행정부에 충성하고 있었다.

셋째, 그들은 매카시가 나치나 스탈린주의자들과 마찬가지로 정치 음모설을 이용한 것으로 보았다. 매카시가 대중의 마음을 끌었던 것도 미국의 외교적 실패가 내부의 음모에 기인한다는 음모설 때문이었다. 로비어는 매카시와 히틀러가 다른 점이 있다면 히틀러는 공산주의를 국가에 대한 혁명적 위협으로 묘사한 반면에, 매카시는 그것을 최대의 대가를 지불하고 목적의 일부를 이룩하는 음모로 서술한 것이라고 지적했다.

넷째, 그들은 매카시즘이 민주 정치 아래서 전체주의적 방법을 도입함으로써 자유 사회의 구조를 파괴시킨 것으로 보았다. 롱은 매카시즘의 에센스를 자유에 대한 공격으로 보았다.

다섯째, 그들은 매카시 배후에 반유태주의자, 기독교, 기독교 국민주의자(christian nationalist)들이 있었다는 것과 매카시의 반유태적 태도가 히틀러와 유사하다고 보았다. 그러나 매카시가 이들의 지지를 받았다는 증거를 찾을 수 없을 뿐 아니라 매카시가 반유태주의자라는 비판도 입증하기 어렵다.

이와 같이 매카시즘은 역사가들에 따라 아주 다르게 묘사되었다. 때로는 민중주의 운동으로, 때로는 보수주의 운동으로, 심지어는 전체주의 운동으로까지 평가되었다. 이러한 견해는 모두 불완전하거나 부적합한 것으로 생각된다.

매카시즘이 전체주의 운동이라는 해석에는 문제가 있다. 그것은 파시스트 운동과는 명백하게 다른 점이 있다. 첫째, 경제적 위기가 없었고, 따라서 경제적 계획도 없었다. 둘째, 매카시는 단일 문제(반공주의)에 집중했다. 셋째, 매카시는 강한 야망과 추진력은 가지고 있었으나 결코 선행되는 계획이 없었다. 그는 그때그때 필요와 관심에 따라 움직였기 때문에 즉흥적이며, 정치적 계획 개발에 실패했다. 넷째, 지지 세력이 조직을 가지고 있지 않았다. 다섯째, 매카시는 자신이 공익을 위해 일한다고 그를 정당화시켰던 이데올로기가 없었다. 매카시즘은 무이데올로기적이다. 여섯째, 파시스트 운동은 중하층의 경제적 · 신분적 이익에 호소했으나 매카시는 경제적 이익에 호소하지 않고, 신분적 분개에 호소했다. 일곱째, 반유태주의를 주장하지 않았다. 여덟째, 미국의 대기업가들은 매카시즘을 거의 지지하지 않고 행정부에 충성했다.

매카시즘이 보수주의 운동이라는 시각에도 문제가 있다. 매카시즘은 반개혁 운동이 아니다. 매카시즘은 국가의 안전에 대한 대중의 관심이 커지고, 내부 전복에 대한 두려움이 팽배하는 가운데 세력이 확대되었다. 그 이유는 대중이 거대한 정부 때문에 자기들의 의사를 직접 반영하지 못한다고 생각해서 직접 민주 정치를 옹호했다. 뿐만 아니라 매카시즘은 공산주의에 대항해 국민적 단합을 꾀하기 위하여 반공주의를 표방하고 기존 체제와 엘리트에 반대했다. 따라서 매카시즘은 기득권 세력과 상층 계급에 대항하는 대중의 지지를 받았다. 자유주의자들도 매카시즘이 엘리트에 대항하는 민주주의 운동이라는 데에 동의했다. 그러나 자유주의자들은 매카시즘의 반엘리트주의가 반공주의 추진력이라는 것을 지나치게 강조했다. 엘리트에 대항하기 위해 반공주의를 표방했다는 그들의 주장은 전말이 전도된 것이다.

매카시즘이 민중주의를 계승했다는 자유주의자들의 주장도 그대로 받아들일 수 없다. 자유주의자들은 매카시즘이 지닌 반공주의의 신경질적이고 비이성적인 면을 지나치게 강조했다. 그러므로 매카시즘이 대중 정치의 최악의 상태를 상징하는 것으로 해석했다. 1950년대 미국인들은 공통의 가치 체계를 공유했다는 합의 사학의 시각에서 보면 '신분적 불안'은 합의의 위험한 부산물이었다. 그들은 매카시즘을 사회적 병리의 부산물, 합의의 맹점으로 보았다. 다시 말하면 '대중 정치'를 비이성적 정치로, 매카시를 분노를 이용한 비이성적 정치의 실천자로 만들었다.

그러나 미국이 국제 공산주의에 대항해 냉전 상태에 있었고, 매카시즘이 미국 안에서 공산주의자들을 도와주는 사람들에게 대항하는 행동 계획이라는 사실은 부정할 수 없다. 매카시는 공산주의와 엘리트의 수중으로부터 시민의 자유를 찾아와야 한다고 주장하여 대중의 지지를 받았다. 자유주의자들도 매카시즘이 민중을 널리 대변한다고 믿었기 때문에 매카시가 시민의 자유를 공격하는 데 적극적으로 저항하지 못했다. 실제로 매카시즘은 거대한 정부에 대항하여 동등한 기회와 정치에 직접 참여할 것을 주장했던 전후 우파 민중주의의 유형으로 이해하는 것이 보다 타당하다.

3.2 우파 민중주의와 쿠클럭스클랜(Ku Klux Klan)

남북 전쟁 후 재건기에 남부군의 장군이었던 포레스트(Nathan Forrest)의 지휘 아래 백인의 우월성을 주장하면서, 해방 노예의 정치적 권력에 저항하기 위하여 처음으로 클랜이 조직된 이후 140여 년간 흥망성쇠를 거듭하며 현재까지 명맥을 이어오고 있다.

1960년대 중반 절정기에 회원 수가 4만 명에서 5만 명에 이른 것으로 추산되었던 세 번째 클랜은 의회가 민권법(Civil Right Act, 1964년), 투표권법(Voting Right Act, 1965년)과 공공숙박시설법(1968년) 등을 통과시키고, 배심원들이 클랜 단원들이 지은 죄에 대하여 유죄 평결을 내렸을 뿐 아니라 존슨(Lyndon B. Johnson) 대통령이 살인 사건의 책임을 물어 클랜을 억압하자 급속도로 쇠퇴했다. 1974년 연방 수사국(FBI)은 클랜 단원 수를 1,500명 정도로 추정했으며 클랜은 고사한 것처럼 보였다.

그러나 1970년대 말 경제적 · 사회적 불안과 미래에 대한 불확실성, 여성 노동력의 증가, 흑백 대결, 가족과 전통적인 가치가 위협을 받는 가운데 클랜이 산발적으로 다시 살아났다. 네 번째 클랜은 이전 클랜들과 다른 특성을 가지고 있다. 그들은 1980년대에 들어와 신나치와 연합하거나 소수의 독립적인 조직으로 흩어져 활동하다가 1990년대 초 불법 활동으로 기소당한 후 단원이 급속도로 감소했다. 현재 대부분의 클랜은 남부 오지에, 소수가 북부, 중서부, 서부 주에 흩어져 있다.

아직도 인터넷에는 클랜과 관련된 내용이 수천 장에 달하는데, 클랜은 그들의 전통을 대단히 자랑스럽게 생각할 뿐 아니라 지킬 필요가 있다고 믿고 있다. 오늘날 클랜은 저항 운동, 군중 집회, 인터넷 쇼를 통해 백인들과 '기독교 신앙'을 보호하는 데 헌신하고 있다. 반클랜 조직인 남부 빈민 센터(Southern Poverty Center, SPC)의 보고에 따르면 현재 미국에 110

개의 클랜 조직과 97개의 웹사이트가 있는데 클랜 단원은 수천 명도 안 되는 것으로 나타나 있다.

1980년대 네 번째 클랜은 1970년대 경제적 위기 속에서 부활했다. 1970년대 초부터 쇠퇴하기 시작한 미국 경제는 스태그플레이션, 아랍 산유국들의 석유 수출 금지 조치 때문에 실업자와 물가가 동반 상승하여 후반에 와서는 심각한 문제가 되었다. 세계 시장과 국내 시장에서 미국 상품이 경쟁에서 일본과 서유럽에 밀리기 시작했다. 1980년에는 실업률이 7.5%, 1982년에 이르면 실업률이 10%를 넘어 완전히 경기 침체의 국면에 직면하게 되었다. 게다가 미국인들은 이란 인질 사건과 소련의 아프가니스탄 침공으로 미국이 세계 문제에 대하여 중대한 영향을 미칠 수 있는 힘의 한계를 인식하게 되었다.

아울러 사회 복지 수혜자가 증가하고 1980년대에 들어오면서 탈산업화 현상으로 철강업, 직물업, 자동차 공업, 제화 공업 등 제조업이 쇠퇴하면서 실업자들은 식당, 주유소, 편의점 같은 곳에서 서비스업에 종사했다. 미국 경제가 산업 경제에서 서비스 경제로 옮겨감으로써 생산성이 떨어지게 되었으며 납세자의 수효가 줄어들었다. 농업도 위기에 봉착했으며, 농민들은 홍수와 한발, 고율의 부채 때문에 파산 지경에 이르렀다. 1980년대 소득 불균형의 폭이 커지면서 미국 사회는 점점 양극화로 치달았다.

이러한 상황 속에서 연방 정부의 소수 인종 및 여성 우대 정책(affirmative action)으로 학교와 기업들은 소수 민족과 여성들에게 일정한 정원을 배정하는 할당제를 채택했다. 할당제의 혜택을 받은 집단들이 갖추어야 할 자격은 백인들이 갖추어야 할 자격보다 낮은 수준이었다. 이와 같은 흑인의 특별 대우에 대해 백인들은 '역차별' 당했다고 분개했다. 그에 따라 '백인의 반발'이 확산되었다. General Motors, General Electric, Monsanto와 같은 거대한 회사들이 고용, 훈련, 승진에서 흑인들을 우대한다는 말이 많아지면서 백인들은 흑인들이 자리를 차지하게 되어 그들이 직업을 잃게 되었다고 생각했다.

백인들이 흑백 통합 버스에 반대하여 보스턴에서는 버스 통학 문제로 계속해서 폭동이 일어났다. 흑인들의 경우도 오랫동안 쌓여온 백인에 대한 증오심이 폭발하여 플로리다의 마이애미에서 일어난 폭동은 3일 동안 10명의 사망자와 400명의 부상자, 1억 달러 이상의 재산 피해를 남겼다. 이와 같은 인종 분쟁이 전국적으로 확산되면서 클랜 단원은 1978년 약 5천 명에서 1980년에는 1만 명으로 무려 2배나 증가했다.

뿐만 아니라 흑인들의 정계 등장, 불안과 미래에 대한 불확실성, 여성 노동력의 증가, 미국의 정치적 · 사회적 좌경화와 세속화 속에서 그들은 미국을 빈민, 범죄자, 마약 중독자의 국가로부터 청교도, 애국 시민, 중산 계급의 기독교 국가로 복원하려는 신우파의 입장에 동조했다. 이러한 분위기 속에서 클랜이 부활했다.

클랜이 부활하는 데 주동적 역할을 한 사람은 쿠클럭스클랜 기사단(The Knights of Ku Klux Klan)을 창설한 뉴올리언스(New Orleans)의 듀크(David Duke)였다. 그는 쿠클럭스클랜 기사단이 이전의 클랜과 차별성을 갖게 하려고 노력했다. 그는 대학 캠퍼스에서 신입 단원을 모집했고 '지성인들'을 등록시키려고 했다. 또한 그는 라디오, 텔레비전 인터뷰와 토크쇼에 출연하여 환영을 받았으며 대학에서의 강연 등으로 클랜을 선전하고 홍보하여 중산층의 지지를 받기 시작했다.

그도 다른 클랜 지도자들과 마찬가지로 경제적 불안을 강조하고, 흑백 통합 버스에 반대했으며 백인들이 고용의 기회, 학교에서 장학금의 기회, 산업에서의 승진, 대학 입학에서 차별을 받았다고 '역차별'을 역설했다. 그는 1960년대 백인들이 너무 많은 특권을 포기했다고 주장하면서 '백인들이 2급 시민이 되어가고 있다'[41]는 것을 계속해서 강조했다. 그는 보스턴에서 흑백 통합 버스 충돌 사건이 일어났던 시기에 환대를 받았으며, 중산층의 지지를 받았다.

교육을 많이 받은 중산 계급에게 호소하려고 했기 때문에 그는 매스컴에서는 합리적인 방법으로 클랜을 설명하면서, 한편으로는 전통적인 클랜 구성원들을 관리해야 했다. 쿠클럭스클랜 기사단의 신입 단원 모집원들은 지방 청중들에게 흑인과 유태인에 반대하는 전통적인 입장을 설명했다. 그러한 그들의 설명은 듀크의 주장과 모순된 것이었다. 다른 클랜 지도자들은 국가의 근본적인 문제가 유태계 공산주의자들의 위협이라고 생각했다.

그러나 그는 다른 인종에 대해 증오심을 갖고 있지 않았다. 오직 백인들의 권리를 위할 뿐이었다. 치캐노는 라사(La Rasa), 흑인들은 유색인 지위향상 협회(National Association for the Advancement of Colored People, NAACP), 유태인들도 미국 유태인 위원회(American Jewish Committee, AJC) 등 그들의 권익을 보호하기 위한 많은 조직을 가지고 있다고 그는 설명했다. 그는 흑인들에게 대항하지 않고, 백인들을 위하여 활동했다. 그는 가톨릭에 대항하는 클랜의 전통적인 장벽을 허물었고, 처음으로 여성들을 보조자가 아닌 남성들과 동등하게 클랜 단원으로 받아들였다.

첫 번째 클랜은 기본적으로 남자들로 구성된 후견 단체였으나 여자들의 도움을 받지 않고 성공할 수 없다는 것을 인식한 1920년대 두 번째 클랜은 규모가 큰 경우 Klans-Women, Junior Klansmen과 Klanswomen의 3K 조직을 가지고 있었다. 1920년대 Klans-Women의 경우 클랜 단원의 부인들과 여자 친구로 구성되었으며, 여자들은 클랜 남성들의 보조자로 활동했을 뿐이다. 그러나 듀크의 클랜은 Klans-Women과 합쳤으며 심지

41 David Duke interview, Donahue Show, ABC TV, 21 July 1978.

어는 군사 기술을 연마한 여성들도 있었다. 특별히 그와 그의 부관들은 청년 단원을 확보하기 위하여 버펄로, 시카고, 로스앤젤레스, 샌디에이고 등 도시에 있는 고등학교 학생들을 신입 단원으로 가입시키는 데 관심을 쏟았다. 소수의 고등학생들이 신입 단원으로 가입했지만 파급 효과는 대단히 컸다.

그는 공적으로는 흑인과 유태인을 경멸적으로 지칭하는 말인 'nigger', 'kiki'라는 단어를 사용하지 않았으며, 비폭력을 공언했다. 그는 추종자들에게 감옥에 있으면 자신, 가족과 클랜 운동에 이익이 될 수 없다고 강조하면서 클랜의 새롭고 긍정적인 이미지를 만들어내는 데 심혈을 기울였다. 그는 클랜이 미국에서 태어난 백인들의 이익, 이상과 문화를 조장하는 조직이라고 주장하면서 백인의 평등권을 주장했다. 그는 클랜이 나아가야 할 가장 바람직하고 새로운 길은 정치를 통하여 사태를 변화시키는 것이라고 생각했다. 그래서 그는 1988년 민중당 대통령 후보로 출마하여 일반 선거에서 47,000표를 얻었으며, 1989년에는 루이지애나 하원의원에 당선되었다.

다른 클랜 지도자들과 달리 젊고 말솜씨가 좋았던 그는 매스컴에서 환영을 받았던 유일한 지도자였다. 쿠클럭스클랜 기사단은 절정기에 단원이 3,500명이나 되었으며, 플로리다의 메츠거(Dragons of Florida—Tom Metzger), 앨라배마의 블랙(Alabama—Don Black), 텍사스의 빔(Texas—Lois Beam), 루이지애나의 윌킨슨(Louisaiana—Elbert Claud Wilkinson) 같은 유능한 인물들을 쿠클럭스클랜 기사단 지부 지도자로 임명하여 세력을 확장할 수 있었다.

듀크는 출신 주인 루이지애나의 클랜을 지도하기 위하여 윌킨슨(Elbert Claud Wilkinson)을 발탁했다. 1년 후인 1975년 윌킨슨은 듀크에게서 갈라져 나와 독자적으로 보이지 않는 왕국, 쿠클럭스클랜 기사단(the

Invisible Empire, Knights of the Ku Klux Klan)을 시작했다. 그는 듀크의 클랜으로부터 많은 단원을 빼왔으며 1979년부터 1984년까지 가장 유능한 클랜 지도자가 되었다. 1978년 여름 그는 자신의 클랜을 최정상에 올려놓았으며 듀크와는 반대로 무제한의 폭력 사용을 공식적으로 표방했다. 듀크는 개인적인 매력 때문에 초기 단계에서는 전국적으로 주목을 받았으나, 그보다는 윌킨슨의 무력적 입장이 직접적으로 큰 호소력을 갖게 되면서 윌킨슨의 클랜 단원이 증가했다.

1976년에 캠프 펜델톤(Camp Pendelton)에서 발생한 흑인과 백인 해병 사이에 무력 충돌에 클랜 단원들이 연루되었으며, 1978년 8월에 클랜 단원들이 흑인들의 반클랜 단체인 연합 연맹(United League)의 지도자 건(Dr. Howard Gunn) 박사가 운전하던 승용차에 총을 발사한 사건이 일어났다. 윌킨슨은 군중 집회에서 건 박사의 차에 발사한 사실과 그것을 부끄러워하지 않는다고 공언함으로써 클랜 단원들의 발사 사실을 시인했다.[42] 폭력을 공식적으로 인정한 데 대항하여 남부 기독교 지도자 회의(Southern Christian Leadership Conferance, SCLC) 소속 민권 운동가들은 연합 연맹(United League)과 연대하여 반클랜 집회를 열었다. 이에 대항하는 클랜 단원들과 무력 충돌이 발생했다. 동시에 앨라배마 디카투(Decatur)에서는 흑인 남자 3명이 백인 여성을 강간한 사건으로 무력 충돌이 일어났다. 클랜 단원들이 '백인 권력'을 외치면서 돌진했다. 1979년경에 이르면 흑인들과 클랜의 무장 세력과 충돌이 빈번해졌다. 게다가 윌킨슨의 폭력 촉구는 좌절하고 있었던 베트남 전쟁 퇴역 군인들에게 직접적인 영향을 주었다. 다수의 퇴역 군인들은 그들이 베트남 전쟁에서 희생하는 동안 소수 인종들이 국내에서 장족의 발전을 했다고 느꼈다. 그들은 카터(Gimmy Carter)

42 "Violence, Vigilantism and the Invisible Empire," *Klanwatch Intelligence Report*, March 1981: pp.6-7.

대통령이 병역 기피자들을 사면하겠다는 의사를 밝히자 이에 분격했으며 한때 윌킨슨은 베트남 전쟁 퇴역 군인의 대변자가 되었다. 1978년부터 1979년까지 1년 동안 클랜 단원의 수가 25%나 증가했다.

윌킨슨은 백인의 저항을 고무시키고 클랜의 신입 단원을 모집하기 위해 타운으로 가서, 신입 단원들을 위해 밤에 집회를 열고 십자가에 불을 지폈다. 클랜 단원들이 무장을 했기 때문에 거리에서 사건이 발생했고, 총을 발사하여 흑인들과 백인 지도자들의 집이 불탔다. 1970년대 말 윌킨슨의 쿠클럭스클랜 기사단이 가장 호전적이었다.

1979년 11월에 이란 인질 사건이 일어나면서 미국의 위신은 완전히 밑바닥으로 떨어졌다. 그것은 이란의 회교 원리주의자들이 테헤란 주재 미국 대사관을 점거하고 미국 외교관 65명을 인질로 잡은 사건이었다. 이란 인질 사건은 미국이 위대함을 잃어가고 있다는 느낌을 극대화시켰으며 윌킨슨은 이란 상황을 맹렬히 비난했다. 그는 미국이 흑백 분리 사회였을 때 위대하고 강력했다고 말하면서, 흑인과 백인이 통합된 지 15년 후 미국은 최대 강국에서 이란과 같은 2류 국가로 떨어졌다고 주장했다.[43]

1980년대 초 윌킨슨은 클랜 청년단(Klan Youth Corps)과 어린이들을 위한 여름 캠프를 열어 그들에게 부모들이 베트남의 캠프 My Lai에서 받았던 것과 유사한 무기 다루는 훈련을 시켰다. 그는 클랜의 철학을 가르치고 학교 선생님들이 말하는 많은 것들이 진실이 아니라고 말했을 뿐 아니라 '오만한' 소수 민족과 접촉하고, 흑인들에게 '양보하는' 관리들의 행동에 저항하도록 백인 학생들을 설득했다.[44] 1984년까지 윌킨슨의 클랜은 계속 성장했다.

43 "But After Fifteen Years of Intergration……," *Pittsburgh Post Gazette*, 27 October, 1980.

44 Wyn Craig Wade, *The Fiery Cross: The Ku Klux Klan In America*, New York: Touchstone Book, 1987, p.385.

클랜 왕국에 놀라운 변화가 일어나고 있었다. 1985~1987년 사이에 아리안 국가(Aryan Nation), 포세코미타투스(Posecomitatus), 종단(the Order) 등 극우파 단체들이 무력적인 활동을 전개하면서 1987년경 클랜은 재건기 이래 볼 수 없었던 일체감을 가지고 전력투구했으며, 군국주의적 성향을 띠게 되었다. 남부 빈민 센터(SPC)는 클랜의 폭력으로부터 보호하기 위해 경호원, 안전 요원을 유지하는 데 12,000달러의 경비를 쓰고 있었다.

그러나 1980년대 중반 이후 클랜 지도자들의 불화, 클랜에 대한 법의 강화, 민권 운동 집단에 의한 소송 제기로 인한 클랜의 파산, 젊은 층의 극단주의자들을 신입 회원으로 만드는 데 실패 등으로 클랜 단원이 계속 감소하여 현재 3,000~4,000명 정도가 산발적으로 활동하고 있는 것으로 추정된다.

3.2.1 클랜의 성격

클랜의 강령을 종합하여 분석해보면 클랜이 미국의 전통적 가치와 생활 방식을 되찾으려고 했다는 사실을 발견할 수 있다.

첫째, 클랜은 소수 민족 및 여성 우대 정책에 반대했다. 클랜은 피부색깔에 따라 사람들을 차별 대우하는 정부의 정책에 반대하여, 역차별과 소수 인종 할당 제도의 철폐를 지지했다. 일자리는 피부색이나 민족 배경에 관계없이 최고의 자격을 갖춘 자에게 돌아가야 하며, 인종과 피부색에 관계없이 모든 사람들이 취업 시장에서 평등해야 한다고 주장한다.

둘째, 클랜은 가정 수호를 외쳤다. 높은 이혼율, 취학 전 아동을 둔 여성 근로자 증가, 낙태 증가, 동성애, 성병 만연 등으로 가정 수호 문제가 1980년대 중요한 사회 문제로 대두되었다. 가족은 국가의 힘이며, 어머니의 생명이 위험하거나 강간에 의해 잉태된 경우를 제외하고는 유산은 위법이고, 동성애와 동성혼, 동성애자에게 입양, 양육을 인정해서는 안 된다고 주장했다.

셋째, 클랜은 이민에 반대했다. 모든 미국인들이 완전 고용될 때까지 이민을 받아들여서는 안 되며, 불법 이민들이 들어오는 것을 막기 위해 국경에 군인들을 배치해야 한다. 이민들은 미국인들과 미국인의 생활 방식에 해가 되며, 미국 납세자들이 그들이 낳은 아이들을 책임져야 한다고 했다.

넷째, 클랜은 헌법 근본주의와 국법 준수를 주장했다. 헌법 근본주의는 1789년 헌법이 처음 채택되었을 때의 진정한 헌법으로 돌아가야 한다는 것이다. 처음에 헌법은 원문과 '권리장전'으로 알려진 인권 관련 조항 10개 조항뿐이었다. 그러므로 그 뒤에 추가된 조항은 무효라는 것이다. 왜냐하면 연방 정부는 1789년 헌법 원문에 명시된 권한만 가지고 있기 때문이다. 그 이후에 만들어진 수정 조항은 수정헌법 제10조에 따라 주 정부에 속하게 된다.

또한 클랜은 진보-좌파 지식인들이 범죄에 관대하고 사형 제도에 반대하는 것에 대해, 특히 진보적 언론인들이 범죄에 대한 책임을 사회에 돌림으로써 범죄자를 옹호하는 데 분개했다. 그리고 진보-좌파적 성향을 가진 판사들이 유죄를 입증하기 어렵다는 이유로 관대한 판결을 내리는 데 대해서도 분개했다. 클랜은 미국이 가장 폭력적인 국가가 되었다고 주장하면서 죄를 용서하거나 관용을 베풀어서는 안 되며, 마약 거래자와 밀수업자에게는 사형을 구형해야 한다고 했다.

다섯째, 클랜은 교육에 반대했다. 미국의 공립학교, 대학, 대학교들이 진보주의자, 공산주의자, 무신론자들에 의해 운영되는 정치의식화 센터로 변화되어왔다고 보았다. 교실에서 범죄를 없애고, 흑백 통합 버스는 금지되어야 하며, 목사가 학교로 돌아가야 하고, 모든 미국인들은 학교에서 기도와 더불어 그들의 신념을 실천할 권리를 가지고 있다고 했다.

여섯째, 클랜은 총기 단속에 반대했다. 정부가 만든 총기 규제 법안은 법을 준수하는 시민들을 무장해제시키기 위해서 고안해낸 것으로 개인의 자기 보호권을 박탈하는 것이며, 총기 소유는 특권이 아니라 법적으로 보호받은 권리라는 것이다. 총기를 가질 권리는 연방 정부의 폭정에 대항해 개인의 자유와 권리를 지킬 유일한 수단이며, 따라서 수정헌법 제2조[45]에 인정된 권리라고 했다.

일곱째, 클랜은 미국을 위한, 미국인에 의한 경제를 강조했다. 진보적 은행가들과 대기업들이 미국 경제를 지배하고 있다고 보고, 대기업들이 미국에 있는 공장들 문을 닫고, 낮은 임금과 건설 비용에 끌려서 국외로 이동하는 바람에 미국 노동자들이 실직했다고 주장하면서 복합 기업에 반대했다.

여덟째, 클랜은 강력한 외교 정책을 선호했다. 미국은 외국의 영향이나 이익에 우선되어야 한다고 주장하면서, 미국의 이익을 지키는 강력한 외교 정책을 지지했다. 공개적으로 미국을 '거대한 악마'라고 선언하는 나라에 열심히 일해서 벌은 납세자들의 돈을 보내는 것은 달러의 낭비이고 바보 같은 짓이며, 미국 안에 있는 굶주리고 살 곳이 없는 사람들을 돌보아야 한다고 주장했다.

아홉째, 클랜은 연방 정부의 복지 정책에 맹렬히 반대했다. 근면하고 도덕적인 근로자들로부터 세금을 걷어 빈민에게 나누어줌으로써 게으름과 부도덕함을 조장하고 있다고 생각했기 때문에 연방 정부의 복지 정책에 맹렬히 반대했다. 예를 들어 양육비 지급 사업과 같은 복지 제도는 연방 정부가 남편이 없는 여성 가장의 자녀 1명당 생활 보조금을 지급하는

45 수정헌법 제2조: 질서정연한 민병은 자유 국가 안전에 필요함으로 무기를 소장하고 휴대하는 인민의 권리는 이를 침해하지 못한다.

제도인데, 수혜자인 빈민들이 이를 악용하여 게으름을 조장할 뿐 아니라 남편들이 가족을 버림으로써 가정을 파괴하는 결과를 초래했다는 것이다. 또한 복지 수혜자에게 반드시 마약 검사를 해서 납세자들의 세금을 악용하는 일이 없도록 해야 한다고 했다.

일반적으로 클랜은 혼혈, 동성애, 동성혼, 흑백 통합, 소수 민족 및 여성 우대 정책, 이민, 할당제, 강압적인 소득세, 복지, 3자간 커미션, 유태인, 증오죄법(Hate Crime Laws), 총기 단속, 시온주의자들이 점령한 정부(ZOG) 즉 연방 정부, 국제 연합 등에 반대했다. 또한 클랜은 다른 조직과 마찬가지로 교육을 중요한 부분으로 생각했으며 그들의 메시지를 내보내고 미국 교육의 균형을 잡으려고 했다. 클랜은 항상 기독교인의 조직, 가족을 중요시하는 조직으로 미국적 가치와 미국적 생활 방식을 찾으려고 했다.

위와 같은 그들의 강령을 실현하기 위하여 클랜은 두 가지 전략을 세웠다. 하나는 듀크의 전략으로 그는 정면 대결하기보다는 소수 민족 및 여성 우대 정책, 범죄, 약품(마약), 연방의 권위, 복지, 동성애자의 권한, 교육 등에 관한 문제를 매스컴을 통하여 공론화시키고, 정치 현장에 뛰어들어 정치적 토론의 주제로 제기했다. 그는 직접적인 인종적 대립을 피하려고 했다.

또 다른 전략은 윌킨슨의 클랜 전략과 같은 폭력적이고 극단적인 투쟁이었다. 1980년대 많은 클랜의 분파들은 폭력적이고 군사적인 새로운 방법을 받아들였을 뿐 아니라 이전에는 불신했던 선동가들, 특히 신나치와의 유대를 강화했다. 그들은 소수 민족을 학살하고 무력을 사용하여 과격한 공격을 감행하기도 했다. 궁극적으로 클랜의 폭력적 변화와 군사적 방법은 클랜 단원을 감소시키는 결과를 초래했다.

클랜파수꾼(Klanwatch), 반명예훼손 연맹(Anti-Defamation League,

ADL), 미국 유태인 위원회(Aemerican Jewish Committee, AJC), 민주적 재생 센터(Center for Democratic Renewal), 미국 시민 자유 연합(American Civil Liberties Union) 등과 같은 감시 단체들이 다양한 전략을 세워 클랜의 폭력적이고 극단적인 투쟁에 대항했다. 뿐만 아니라 클랜을 비롯한 증오 집단들은 법무부 민권국, 남부 빈민 센터 등에 의해 제소된 판례에서 폭력 행위에 대해 유죄 판결을 받음으로써 큰 타격을 받게 되었다.

클랜이 어떠한 운동인가에 대해서는 크게 세 가지 견해가 있다.

첫째, 클랜은 근본적으로 부흥 운동(revitalization movement)이었다. 유명한 인류학자인 월리스(Anthony F. C. Wallace)는 클랜의 운동을 부흥 운동과 토착주의 운동(nativism)으로 구분했다. 부흥 운동은 사회적 가치를 이전 상태로 되돌리려고 하고, 토착주의 운동은 원하지 않는 이민 사회를 제거하려고 하는데 이 두 가지가 클랜의 신성한 사명이었다는 것이다.[46]

클랜의 역사를 살펴보면 클랜은 혁명적 조직이 아니라 보수적 조직이었다. 남북 전쟁 후 재건기에 자경(自警) 단체로 만들어진 첫 번째 클랜은 남부를 전통적으로 통치했던 사람들과 전통적으로 수행되어왔던 사람들의 신분을 위협하는 북부인들과 해방 노예에 반대했다. 클랜은 '법과 질서', 백인 지배, 전통적 도덕성 등을 지지했으며, 전통적인 사회적 가치라고 생각한 것들을 보호하고 복구하기 위해 사람들을 위협하고, 매질하고 때로는 죽이기까지 했다. 1920년대 두 번째 클랜은 가톨릭교도, 유태인, 흑인 등 '외래 세력들'을 경멸하고 사회주의, 공산주의 등 급진주의에 반대하면서 미국의 전통적 도덕성을 찬양하는 '100퍼센트 아메리카니즘'을 표방했다.

46 David M. Chalmers, *Hooded Americanism: The History of the Ku Klux Klan*, Durham: Duke University Press, 1987, p.425.

1960년대 세 번째 클랜의 주적은 흑인들과 민권 운동가들이었으나 유태인, 가톨릭교도들도 공격 대상이 되었다. 오늘날 클랜 단원들은 전통적 미국인들의 상징인 국기, 헌법, 성경(킹 제임스판), 백인의 여성성, 인종 분리의 수호자로 자처함으로써 사회가 노동자들과 중하층 계급에게 인정하지 않았던 신분과 명예를 부여하려고 했다. 이런 의미에서 클랜은 기본적으로 부흥 운동이었다는 것이다.

둘째, 클랜을 신분 운동으로 보는 견해가 있다. 1960년대 이래 반명예훼손 연맹(Anti-Defamation League), 사회학자 잰던(Vander Zanden)의 연구,[47] 정치학자 무어(William Moore)의 연구[48]와 국가 폭력 위원회(National Violence Commission)에 대한 차머스(David M. Chalmers)의 연구에 의하면 20대에서 30대까지의 대표적인 클랜 단원들 중에는 고등학교 이상의 학력을 가진 사람들이 거의 없다는 것이다. 그들은 도시에서 패배감과 열등감을 느끼고 있던 사람들, 사회에서 불안하고 불만족한 사람들, 대체로 지방이나 중소 타운에 사는 목수, 벽돌 찍는 사람, 기계공, 트럭 기사, 산업 노동자 등 블루 컬러 숙련 노동자들로 교육을 별로 받지 못한 경제적 · 사회적 신분이 낮은 사람들이었다. 그들의 지도자들은 이발소 주인, 주유소 주인, 수선공 등 소규모 독립 자영업자, 작은 타운의 경찰, 시간제 관리 등 중산 계급이었으나 명성이 있는 직업과 신분을 가지고 있지 못했다. 클랜은 엘리트가 아닌 보통 사람들에게 호소력이 컸으며, 클랜 단원들은 명성 있는 직업과 신분을 가지고 있지 못한 데 분개했다는 것이다.

1980년대 클랜 단원들은 일자리에 위협을 받았고, 사회에 의해 공격

47 James Van Zanden, "The Klan Revival," *American Journal of Sociology* 65, 1960, pp.456–462.

48 William V. Moore, "Status Politics and the American Right: The Contemporary Ku KLux Klan," presented SPSA, 1975.

을 당했다고 느꼈으며 그들이 신뢰하는 연방 정부가 그들과 그들의 가치에 적대적이라고 생각했다. 그들은 정부와 매스컴이 유태인 공산주의자들에 의해 지배되고 있다고 믿었으며, 워싱턴이나 모스크바가 아닌 뉴욕을 '공산주의 음모'의 중심지로 보았다. 연방 수사국(FBI)의 머리글자는 연방 인종 통합국(Federal Bureau of Integration)이며, 보건 교육 복지부(Department of Health, Education and Welfare)는 흑인 보건 교육 복지부(nigger Health, nigger Education, nigger Welfare)를 의미한다고 클랜 연설가들은 말했다.

셋째, 클랜을 전체주의와 파시즘으로 보는 견해가 있다. 아이오와 주립대학교의 도브라츠(Betty A. Dobratz)와 북서인디애나 대학교의 섕크스-메일(Stephanie Shanks-Meile)은 클랜 이데올로기의 여섯 가지 특성을 들어 결론을 맺었다.[49]

(1) 클랜이 인종적으로 정의한 공동체는 백인종의 보호, 보존과 전진에 생명을 바치고, 친애하는 시민들을 위하여 실제 형제애를 발휘하는 데 헌신하는 사람들로 구성되는데, 공동체의 중요한 요소는 사회적 · 인종적 · 환경적 안정을 제공하는 안정된 가족 단위, 건강에 좋은 환경, 건전한 농촌 공동체다. 클랜은 '혼혈'이 법, 질서, 교육을 파괴하여 미국을 필연적으로 죽음에 이르게 하는 것이라고 했다. 클랜이 주장하는 이러한 공동체의 의미가 국가 사회주의자들의 그것과 유사하다는 것이다.

(2) 클랜은 독점과 대기업, 공산주의에 대항했으며, 완전 고용, 물가 안정 등을 요구했다.

(3) 전통적 가치를 찾기 위하여 남북 전쟁 이전의 문화를 복구한다는

49 Betty A. Dobratz, Stephanie Shanks-Meile, *The Ku Klux Klan and the American Nazi Party: Case Studies in the Totalitarianism and Facism*의 일부를 Red Feather Institute가 사회학 시리즈에 옮겨놓은 것을 인터넷에서 참고했음.

클랜의 목표는 도덕적이며, 도덕적인 것에 대한 강조는 공동체의 의미와 강하게 연결되어 전체주의 이데올로기의 본질을 보여주는 것이라고 했다.

(4) 클랜의 강령은 유태인과 흑인에 대하여 편견을 가지고 있으며, 클랜과 관련된 조직들이 인종 통합, 흑인의 높은 범죄율, 다른 인종 간의 결혼, 학교의 파괴와 노동자들의 생활수준의 하락 결과에 대해서 신나치(Neo Nazi)와 입장이 유사하다는 것이다. 일반적으로 전체주의 이데올로기와 마찬가지로 클랜은 기존 질서를 비판하고 아리안 문화(Aryan Culture) 속에서 자신들의 이상을 찾았다고 설명했다.

(5) 클랜의 역사 다시 쓰기는 사람들의 사상을 지배하는 중요한 수단의 하나라는 것이다. 예를 들어 클랜의 해석에 따르면 흑인들은 노예로 미국에 왔으며, 이러한 노예의 역사가 현대 미국에서 인종적 불평등이 나타나는 데 도움을 주었다고 했는데, 이러한 역사 다시 쓰기가 사람들의 생각을 조종하게 만들었다는 것이다.

(6) 클랜은 폭력을 그들의 목표를 달성하는 데 필요한 방법이라고 생각하여 폭력적이고 무력적인 활동을 전개했는데, 폭력적 성향은 총기 단속법과 많은 관련이 있다고 지적했다.

그러나 클랜은 독재 정당이나 연방 정부의 권한 확대를 원하지 않았고, 경제적으로 사유 재산과 기업의 개인 소유를 지지했으며, 사기업의 공적 소유, 국가의 중앙 집권적 통제와 국가의 경제 감독을 원하지 않았다. 또한 클랜이 인종주의 성향을 가지고 있었으나 전통적 가치를 찾고 도덕성을 강조한 것을 전체주의 이데올로기라고 할 수 없다.

클랜을 전통적 가치를 복구하려는 부흥 운동이나 비미국적인 것을 배척하는 토착주의 운동, 보통 사람들의 명성과 신분을 찾으려는 신분 운동과 전체주의와 파시즘으로 보기보다는 변화하는 사실과 변화의 위협에 두려움을 느끼고 반발하여 미국적 가치와 전통적 생활 방식을 다시 찾으려고 하는 우파 민중주의 운동으로 보는 것이 타당하다.[50]

우파 민중주의는 미국인들의 경제적 · 도덕적 · 문화적인 전통적 생활 방식이 변화하는 것에 위협을 받고 두려움을 가졌던 사람들에게 호소력이 컸으며, 정치적 문제보다는 경제적 · 사회적 문제에 관심이 많았다. 우파 민중주의자들은 학교 예배 문제, 낙태, 흑백 통합 버스 문제, 교육세 혜택 문제, 사유화, 세금 삭감, 거대한 정부, 판사들의 관대한 판결, 생활 방식의 등의 문제를 중요한 문제로 생각했으며 점차 생활 방식의 문제를 더욱 중요하게 생각했다.

50 졸고, "1970년대 미국 민중주의의 성격", 미국학논집 제35집 2호, 한국아메리카학회, 2003.

제 7장

현대 민중주의의 성격

건국 초기에 급진파를 직접적으로 계승한 민중주의는 현재까지 미국 정치에서 일익을 담당하고 있는 미국적 특징을 나타내는 저항 이데올로기라고 말할 수 있다. 이데올로기로서의 민중주의는 19세기 말에 일어났던 민중주의 운동(농민 반항 운동)보다 넓은 의미를 가지고 있다. 민중주의는 엘리트의 수중에 집중된 정치 권력에 대항하여 민중들을 옹호하고, 자신들의 권리를 강조하는 정치 사상을 의미한다. 또한 민중주의는 국가의 부가 부자와 빈자 사이에 보다 공정하게 분배되어야 한다고 주장한다. 그러나 그것은 미국의 전통적 가치인 개인주의, 평등주의, 물질주의에 토대를 두고 있다. 다시 말하면 민중주의는 엘리트의 특권과 독점에 대항해 민중 또는 보통 사람의 권리와 평등을 요구하는 이데올로기이다.

뿐만 아니라 '민중주의'라는 말은 주민 투표, 주민 발의권, 공직자 소환 제도와 같은 직접 민주 정치 제도뿐 아니라 1970년대 카터(Jimmy Carter)가 대통령 선거전에서 부와 특권을 공격하고 정부 각 부처를 민중이 지배할 것을 약속했을 때, 그의 정치적 입장을 표명하기 위해 사용했다. 이처럼 민중주의는 상당히 다양하게 사용되었다.

민중주의는 사회가 불안할 때, 특히 경제적 곤경, 경제적 부정, 경제적 불평등이 만연할 때 빠른 속도로 민중의 지지를 받게 된다. 그 이유는 민중주의가 당면 문제를 해결할 수 있는 구체적인 방안을 제시할 뿐 아니라 일반 대중에게 친숙한 가치와 목표에 토대를 두고 있으며, 그러한 목표가 기존 체제의 근본적인 변화 없이도 실현될 수 있다고 주장하고 있기 때문이다. 그러나 일단 경제적 · 사회적 형편이 좋아지면 즉시 지지를 잃고 쇠퇴해버리는 경향이 있다.

이것은 민중주의 운동이 과격한 구호를 내세우고 투쟁적인 활동을 벌이지만, 일단 경제 상태가 좋아지면 금방 해체되어버린다는 역사적 사실을 보여주고 있다. 역사가인 래쉬(Christopher Lash)는 민중주의가 근본적으로 경제적 이기심의 표현임을 지적하고 있다. 즉 그는 경제적 이기심에서 민중으로 하여금 사회적 변화를 추진하기 위하여 압력을 행사하도록 조직한 것이 민중주의라고 보았다. 계속해서 그는 "민중주의자들은 신속한 변화의 가능성이 보이지 않는다고 판단되면 쉽게 환멸을 느끼고 만다. 이것은 1890년대 수많은 민중주의자들이 말년에 파괴적인 선동가로 바뀌게 된 사실을 설명해주는 것이다. 그리고 이러한 유형은 민중주의 역사에서 항상 되풀이되는 것이다"[1]라고 했다.

미국의 민중주의 운동은 민중당이 1896년 선거에서 패배한 후 쇠퇴했으나 그 이데올로기는 계속 남아 20세기 초에 혁신주의 운동과 그 입법 활동에 대해 국민 다수가 지지하도록 분위기를 만들었다. 그 후 1930년대 대공황이 일어난 초기에 민중주의 운동이 부활하여 저항의 분위기를 주도했다. 그에 따라 '민중주의'라는 말을 사용하는 거대한 노동조합 운동이 일

1 Christopher Lash, *The Agony of the American Left*, New York: Vintage, 1969, pp.8–9.

어났다. 그러나 그것은 또다시 사회주의와 공산주의 조직화 운동을 억제하는 데 기여했다.

제2차 세계대전이 끝나고 경제적 번영이 찾아오게 되자, 민중주의는 사라졌다. 그러나 1960년대 말과 1970년대 초 다시 경제가 쇠퇴하고 기업과 정부가 이에 대처하는 데 실패를 거듭하자 되살아났다. 당시 민중주의가 다시 대두되었을 때 그것은 경제적 궁핍 이외에 권력의 중앙 집권화와 관료주의, 나아가 정치가나 정부 그 자체에 저항하는 단계로 발전했다. 다시 말해 보통 사람들이 거대한 권력 집단의 압력, 특히 거대한 정부, 거대한 기업, 거대한 노동조합 등에 짓밟히고 무시당했다는 생각에 기반을 두고 있다.

민중주의는 몇 가지 이유 때문에 정의하기 곤란하다. 민중주의 운동은 짧은 기간 지속하다가 사라지고, 다시 나타나기 때문이다. 민중주의의 특성 또한 다시 나타나지만 어떤 민중주의에서 발견되는 특징이 다른 민중주의 운동에서는 발견되지 않는다. 예를 들면 19세기 말의 민중주의와 현대 좌파 민중주의와 우파 민중주의는 어떤 특성을 공유하고 있다. 그러나 강조하는 면과 정치적 목적이 다르다.

또한 민중주의는 체계적인 정치 학설이나 이데올로기보다 더 큰 정치적 · 사회적 구조 속에서 감정(sentiment)을 가지고 있기 때문에 정의하기 어렵다. 더구나 민중주의자들은 민중주의 운동의 근본 방침과 기초를 분명하게 말하지 못하는 경향이 있다. 민중주의는 이론적 배경이 약하다. 그들이 대중에게 호소력이 있는 언사를 사용할 때나 보통 사람이라고 선언할 때 그러한 사람들을 일반적으로 민중주의자라고 일컫는다.

이와 같이 민중주의란 말은 현대 정치 도처에 나타난 현상이기 때문에 아주 폭넓게 사용되고 있다. 민중주의는 좌파(진보주의자)와 우파(보수주의자) 양쪽 모두에게서 발견된다. 그러므로 민중주의는 체계적인 학설로 다양성을 모두 포괄하기 어렵다.

현대 민중주의는 19세기 말의 민중주의가 재생된 형태이다. 그러나 그것은 좌파와 우파라는 뚜렷한 조류가 새롭게 생겨난 것이 특징이다. 좌파 민중주의는 부와 권력의 공정한 재분배를 주장하고, 대기업의 크기와 권력에 관심이 많다. 반면에 우파 민중주의는 변화하는 사실과 그에 따른 변화의 위협에 반발하고 변화를 두려워하기 때문에 과거의 가치와 과거의 상황으로 되돌아갈 것을 요구했다. 일반적으로 우파 민중주의는 정부의 크기와 권력에 관심이 많은 경향이 있다. 그럼에도 불구하고 좌파 민중주의와 우파 민중주의는 모두 이념적으로 공통 기반을 가지고 있다.

1. 좌파 민중주의의 성격

좌파 가운데 가장 영향력 있는 모델의 하나가 좌파 민중주의이다. 좌파 민중주의는 보통 사람들이 거대한 집단의 권력, 특히 거대한 정부, 거대한 기업, 거대한 노동조합 등에 의하여 착취당했다는 생각에 기반을 두고 있다. 따라서 좌파 민중주의가 강조한 것은 거대한 권력 집단들을 통제할 방법을 찾아내는 것이다.

19세기 말과 20세기 초에 전통적인 민중주의자들은 '트러스트 분쇄'라는 명목으로 반독점, 반특권의 기치를 내세웠다. 그리고 현대 민중주의자들 가운데도 강력한 독점 규제법의 제정을 요구하는 사람들이 있었다.

그러나 많은 좌파 민중주의자들은 기업의 거대화가 불가피하다는 자유주의자들의 주장을 어쩔 수 없이 받아들이고 있다. 그러므로 그들은 경제 체제의 중요한 조직에 대해 민주적 통제가 이루어질 수 있는 방법을 모색했다. 그 하나의 해결책이 국유화의 방법인데, 그것은 19세기 후반 전통적인 민중주의자들에 의해 강력하게 제시된 적이 있었다.

좌파 민중주의자들은 국유화를 통해 민중에게 권력을 부여할 수 있으며, 민중에게 권력을 주는 것이 그들의 중요한 정치적 목표라는 것을 밝혔다. 그들은 정부가 경제적인 일에 간섭하는 것은 합법적일 뿐 아니라 정부는 그러한 권력을 위임받았다고 주장했다.[2] 그래서 그들은 기업이 부와 권력을 독점하여 경제적 자유를 억압하는 것을 막기 위하여, 정부가 독점 분야를 국유화할 것을 강조했던 것이다.

그들은 독점이 자본주의에 필연적인 현상이라고 생각하지 않았다. 그것은 구조에 의해서라기보다는 역사적 상황에 의해서 만들어진 것이라고 생각했다. 그들이 자본주의와 독점주의를 분리시켜 생각했기 때문에 자본주의의 병폐를 개혁할 수 있다고 주장했다. 민중주의는 자본주의적 자유주의의 가치와 물질주의를 인정했으나 사회주의는 거부했다. 민중주의는 공정한 몫을 원할 뿐이다. 이러한 면에서 민중주의는 사회주의와 다르다.

사회주의는 민중주의가 내포하고 있는 물질주의와 자본주의적 자유주의의 가치를 거부했다. 사회주의는 사회를 재구성하고 그 구성원들을 근본적으로 변화시키려고 했다. 민중주의와 사회주의의 진정한 차이점은 민중주의자들이 그러한 변화는 미국 사회의 근본적인 변혁이 없이도 일어날 수 있다고 믿는 데 비해 사회주의자들은 자본주의의 희생자들이 입고 있는 피해는 포악무도한 '특권 세력' 때문이 아니라 자본주의 그 자체 때문이라고 생각하는 데 있다. 민중주의자들에게는 사회주의자들의 이데올로기 개념이 결여되어 있다고 래쉬는 지적했다.[3] 그럼에도 불구하고 자유주의자들과 대기업가들은 민중주의가 급진적이라고 생각하여 공격했다.

2 Norman Pollack, *The Human Economy: Populism, Capitalism, And Democracy*, New Brunswick: Rutgers University Press, 1990, pp.113–114.

3 Christopher Lash, *The Agony of the American Left*, pp.8–9.

다음으로 좌파 민중주의가 평등주의를 실현하기 위해 내세우는 중요한 방법은 부의 재분배를 위한 세법의 활용이다. 왜냐하면 과세의 방법은 기존 체제에 큰 손상을 주지 않고도 부를 분배할 수 있기 때문이다. 그들은 미국의 세제가 빈부의 격차를 줄였다기보다는 오히려 강화시켰다고 주장하면서 결국 분배가 경제에 있어 가장 중요한 문제임을 강조했다. 그들은 이 문제를 해결하기 위해 부자에 대한 면세 조치 폐지, 상속 · 증여 · 부동산에 90%의 세금 부과, 부자의 탈세 방지를 위한 자선 폐지 등 부자의 탈세 방지 방안을 제시했다. 또한 그들은 공익을 생각하지 않는 대기업의 분쇄, 상위 200대 기업 합병 및 인수 금지, 트러스트법을 위반한 자의 투옥을 주장하는 등 세법을 위반한 기업에 대한 강력한 응징을 요구했다. 아울러 그들은 토지에 대한 부의 집중을 막기 위하여 기업농의 토지 증가를 막고 소농이 토지를 찾는 방법으로 연방법의 개정을 제안했다. 뿐만 아니라 그들은 복합 기업이 많은 토지를 갖는 것을 막기 위하여 트러스트 금지법을 적용할 것과 연방 정부가 협동조합을 돕기 위한 정책을 수립하고, 공익을 위하여 토지를 사용할 것 등을 주장했다.

좌파 민중주의자들의 경제는 민중을 출발점으로 삼는다. 여기에서는 민중의 복지가 부수적이거나 종속적이지 않고, 경제의 기본 목적이 된다. 민중주의는 첫째로 민중에게 좋은 것, 그 다음에 이익이 남는 것을 택한다.

좌파 민중주의자들은 정부의 특혜 때문에 독점이 횡행하여 빈부의 차이가 심해졌을 뿐 아니라 정부와 대기업이 결탁하여 정치적 민주주의의 기초를 파괴했다고 믿었다. 그들은 국가가 국민의 복지에 책임을 져야 하기 때문에 기업에 특혜를 주어서는 안 되며, 정경 유착의 고리를 끊어 민주적인 절차를 회복해야 한다고 주장했다. 그러나 이러한 부와 권력의 불균형은 음모의 결과가 아니라 미국의 경제 제도에 문제가 있음을 그들은 지적했다. 실제로 정부는 대기업농에게 보조금을 준다든가, 석유 산업을 보호하기 위하여 수입 쿼터와 할당량을 줄여준다든가 하는 혜택을 주었다. 또한 해외 은행에 저금한 저축, 주식, 채권에 대하여는 면세 조치를 취했다.

그들은 정부가 부와 권력의 집중을 초래한 경제를 개혁하는 데 큰 역할을 해야 한다는 것을 강조했다. 현대 민중주의는 민중주의 전통인 국가 통제의 면을 포기하지 않았다. 그들은 민중에 의한 정부를 강력하게 주장하면서 특수한 이익 집단을 통제하는 규제 계획을 적극적으로 옹호했다. 그래서 그들은 민초들이 인종, 계급, 이익 집단, 성 등을 가리지 말고 연합할 것을 제안했다. 그들은 민중이 정부를 통하여 강력한 특수 이익 집단을 제압할 수 있다는 민주 정치의 긍정적인 면을 믿고 있었다.

그런데 미국 정부가 너무 크고, 중앙 집권화되어 있으며, 지나치게 관료적이기 때문에, 민중의 의사가 직접 반영되도록 개혁해야 한다는 것을 좌파 민중주의자들은 강력하게 주장했다. 따라서 그들은 금권 계급, 정치가, 전문가라는 엘리트에 반항했다. 그들은 정치적 엘리트의 간섭을 받지 않고 민중이 직접 다스리는 자치 정부에 가능한 한 가깝게 접근하려고 했다. 그들에게 민주주의라는 말은 '민중에 의한' 통치를 의미했다. 민중주의는 민중의 의사가 모든 다른 기준, 모든 전통적 기준, 제도의 자율성, 다른 계층의 의사에 우선한다는 것을 선언한다고 실즈(Edward Shils)는 말했다.[4]

좌파 민중주의자들은 심각하게 엘리트에 도전하면서 대기업과 관료제도를 민중이 지배할 것을 목표로 했다. 바로 좌파 민중주의는 민중에게 권력을 되돌려줄 것을 목표로 하는 아래로부터의 개혁 운동이다. 또한 그들이 보통 사람을 신뢰하고 민중이 정부를 지배할 것을 천명했다는 점에

4 Edward Shils, *The Torment of Secrecy*, London: Heienemann, 1956, 48; Margaret Canovan, *Populism*, p.183.

서 민주적이다. 초기의 민중주의 운동처럼 현대 민중주의도 보통 사람들에게 권한을 부여하고 의사를 결정하는 데 발언권을 획득하기 위하여 조직적인 장치를 필요로 했다.

그렇기 때문에 좌파 민중주의자들은 보통 사람들이 정치적 과정에 민주적으로 참여할 수 있는 기회를 확대시키고, 민중에 대한 관료적인 무관심을 제거하려고 했던 것이다. 그들은 보통 사람들이 정치적 · 사회적 · 경제적 영역뿐 아니라 외교 정책에까지 참여할 수 있는 참여 민주 정치를 강력하게 주장했다. 또한 그들은 다수 국민들의 이익을 위해 외교 정책을 수립하는 것이 부를 재분배하는 방법임을 시사했다. 그들은 거대한 정부, 거대한 기업, 거대한 노동조합, 은행 등 권력 집단을 민중이 통제할 것을 주장했다. 그러므로 그들은 정부를 민중의 주권 행사의 장으로 만들 뿐 아니라, 국민의 공복으로 만들기 위하여 투쟁했다. 이러한 면은 특기할 만하다. 좌파 민중주의는 미국 정치의 중요한 원동력을 정부가 누구의 이익에 봉사하는가, 즉 부유한 기업의 이익인가 아니면 다수 민중의 이익에 봉사하는가로 본다. 민중주의자들은 정부가 다수를 희생시키고 소수에게 특권을 부여하는 것을 막으려고 했다.

좌파 민중주의자들 가운데는 맥거번(George McGovern), 해리스(Fred Harris)와 같은 정치가들과 뉴필드(Jack Newfield)와 그린필드(Jeff Greenfield) 같은 폭로 기자들(muckrakers)이 있다. 좌파 민중주의 문서들 가운데 가장 널리 알려진 『민중주의 선언*Populist Manifesto*』에서 저자인 뉴필드와 그린필드는 이 책을 쓰게 된 동기를 다음과 같이 설명하고 있다.

> 이 선언은 한 세대 전에 미국 정치가 내버렸던 경제적 열정을 다시 부활시키려는 노력이다. 그러므로 이 선언문의 기본 내용은 전혀 새로운 것이 아니다. 소수의 사람들과 기구들이 너무 많은 돈과 권력을 가지고 있는 데 비해

다수의 사람들이 너무 적게 가지고 있다는 주장, 그래서 정치가 제일 먼저 할 일은 그러한 불균형을 시정하는 것이라는 이 선언문의 주장은 이미 잘 알려진 내용이다.

지난 20년 동안 보수 정치는 대부분 공산주의자에 대한 공포, 흑인에 대한 공포, 범죄에 대한 공포에 토대를 두었다. 그런데 공포를 없애는 유일한 해독제는, 다시 말해 공포보다 더 강렬한 것은 이기심이라고 우리는 믿고 있다. 그러므로 우리가 이 선언문에서 제시하고 있는 정치적인 실천 계획은 도덕주의적이거나 인도주의적인 근거에 호소하고 있는 것이 아니라 순수한 이기심에 호소하고 있는 것이다.[5]

그들이 민중주의의 '중단된 전통을 부활'시키고 싶다는 것을 표명했을 뿐 아니라 이기심에 대한 관심을 보임으로써 민중주의 전통을 계승하고 있는 것이 분명하다. 그들은 이 책에서 경제적 집중을 비롯한 미국 사회의 문제점을 분석하고, 그에 대한 해결책으로 보험, 과세, 보건, 외교 정책이 지향해야 할 목표와 그것들을 달성하는 방법을 제시하고 있다. 여기에서 그들은 당면 문제를 해결할 수 있도록 정치적 과정을 개혁할 것을 제안했다.

좌파 민중주의자들은 경제력이 정치적 과정에 큰 영향을 미치는 것을 막기 위하여 그 과정을 민주화해야 한다고 생각했다. 정치와 부와의 관계는 좌파 민중주의의 중요한 문제이다. 그래서 그들은 무엇보다 먼저 정치적 과정을 공개할 것을 강조했다. 즉 선거 자금의 제한, 정당 개혁, 결정의 분권화, 공동체 참여의 확대와 같은 정치적 방법이 제대로 운영될 때 미국이 당면한 문제를 해결할 수 있다고 주장했다. 궁극적으로 좌파 민중주의

5 Jack Newfield & Jeff Greenfield, *Ibid.*, ix.

는 정치적 민중 운동을 통하여 그들의 목표인 평등 사회를 이룩하려고 했다. 민중주의 운동은 섬너(William Graham Sumner)가 말한 것처럼 정부를 자기들의 목적에 따라 조종하는 모든 세력에 대항하여 '잊혀진 사람(forgotten man)'을 대변하려고 했다.[6]

좌파 민중주의자들은 재정, 소비주의, 국민 의료 보험, 기업 합병, 공익법, 공기와 물의 오염, 네이더(Ralph Nader)와 소비자 보호 기관이 캠페인하는 문제 등을 중점적으로 다루었다. 또한 정 · 부통령 선거 위원단의 폐지, 대통령 직선제 등 개혁을 추진했다. 라자러스(Simon Lazarus)는 좌파 민중주의에 내재하고 있는 주제는 "기업 권력의 의심, 혹은 더욱 정확하게 정부 권력을 기업이 전복하지 않는가 하는 의심"이라고 지적했다.[7]

그들은 정치적 민중 운동을 통하여 정치, 경제, 사회 등 여러 면에서 민주적 각성이 일어나 정부에 새로운 방향을 제시할 것을 주장했다. 다시 말하면 개혁을 통하여, 경제적 · 정치적 집중화에 따르는 민중의 고통, 무력감 등을 제거함으로써 민중주의의 이상을 실현하려고 했다. 그들은 풀뿌리 민주주의와 지방의 지배와 같은 것을 생각했다.

뿐만 아니라 좌파 민중주의자들은 평등주의를 실현하기 위하여 소수 인종과 여성에게 평등한 지위를 부여할 것을 주장했다. 그러므로 좌파 민중주의는 소수 민족, 여성, 청년, 근로자의 연합 세력을 모색하고 있다. 그들은 정부의 정책 결정에 민중이 참여하기 위하여 새로운 다수를 형성할 것을 제안했던 것이다.

새로운 다수를 형성하는 길은 흑인과 중하 소득층의 백인들이 이기심을 기반으로 연합하는 것이라고 생각했다. 그리고 그들은 양자가 연합하기 위한 정책으로 상속세와 부동산세의 90% 부과, 세제 개혁, 공익 시설의

6 Viguerie, *Ibid.*, p.231.
7 Simon Lazarus, *The Genteel Populists*, New York: Holt, Rinehart & Winston, 1974, p.2.

공유, 개인과 기업에 의한 토지 소유권 제한, 사회 보장 확대, 트러스트 금지법 시행 등을 제안했다. 그들은 부와 권력의 재분배가 인종적 적대감을 해소시킬 뿐 아니라 연합을 가능하게 할 것이라고 믿었다.

또한 그들은 거대한 노동조합을 통제함으로써 부와 권력의 재분배가 가능하다고 생각했다. 그래서 그들은 노동자들과 연합하기 위하여 직능 노조의 제한을 풀 것, 노동조합의 재원을 노동자들의 직업 훈련에 사용할 것, 노동조합의 경영에 노동자의 참여를 확대시킬 것, 남부인 · 흑인 여자 · 농업 노동자들을 노동조합에 가입하도록 할 것 등을 강조했다.

현대 좌파 민중주의는 19세기 말의 민중주의와 유사한 면이 있다. 그것은 청문회나 200주년 행사와 같은 기념식에서 공직자들을 괴롭히고 시위 운동을 벌이며, 정치인과 정부를 조롱하고 워터게이트 사건과 CIA 폭로와 같은 사건들을 확대시킨다. 그러면서도 그것은 개인주의 성향을 강하게 띠고, 사회주의와 정면 대결하는 것을 피했다.

2. 우파 민중주의의 성격

우파 민중주의는 정부의 중앙 집권적인 거대한 권력에 대항하는 반정부적 성격이 강했다. 일반적으로 우파 민중주의는 정부의 크기와 권력에 관심이 많았다. 그 이유는 미국인들의 경제적 · 도덕적 · 문화적인 전통적 생활 방식이 연방 정부의 권력 확대로 위협을 받는다고 생각했기 때문이다. 또한 우파 민중주의자들은 좌파 민중주의자들이 관심을 가지고 있었던 정치 문제, 소비자와 환경 문제보다는 사회적 · 경제적 문제에 관심이 많았다. 그들은 학교 예배 문제, 낙태, 교육세 혜택 문제, 사유화, 세금 삭감과 같은 것을 중요한 문제로 다루었으며, 시간이 지나면서 생활 방식의 문제를 더욱 중요하게 생각했다.

그런데 우파 민중주의자들이 제시한 대안들은 정강이라기보다는 다분히 항의의 성격을 띠고 있다. 그러므로 그들은 과거에 있었던 정책이나 조건을 부활시키려는 것이 보통이다. 그들은 학교에서 흑백 통합 학교 버스의 폐지와 범죄자에 대한 판사들의 관대한 판결 내용을 비난했다. 그들은 남부 농촌 지역을 대변하는 인종주의적 정치가인 월리스(George Wallace)처럼 언론을 통해 막강한 영향력을 행사하는 진보적인 지식인, 국민 생활에 대한 진보주의적 개입 등을 공공연하게 비난하기도 했다. 이러한 점에서 우파 민중주의의 토착적 · 인종주의적 기질을 엿볼 수 있다.

우파 민중주의는 민중들의 순수하고 깊은 분노와 두려움을 반영하고 있다. 그것은 변화나 미래에 대한 두려움, 오랜 노력으로 얻은 것들을 잃어버릴지도 모른다는 두려움, 또는 약속이 실현되지 않은 데 대한 좌절감 등을 표현하고 있다. 그러나 근본적인 원인은 경제적 압박감이다. 이 경우에 우파 민중주의는 좋은 출구가 될 수 있다. 왜냐하면 그것은 분노한 민중이 공격할 구체적인 속죄양을 제공해주기 때문이다.

우파 민중주의자들이 정치적 행동을 하게 만든 것은 그들이 불평등한 대우를 받았다는 신념이다. 다시 말하면 그들은 뉴딜 정책 이후 진보-좌파적 정부에 의해 손해를 보았다고 생각한 사람들이다. 이러한 신념은 부분적으로 엘리트, 특히 지식인과 정부 고위 관리들에 대한 회의적인 태도에서 비롯된 것으로 그들은 엘리트가 정치적 · 사회적 문제에 대한 책임이 크다고 생각했다. 이는 엘리트가 민중과 그들의 생활 방식 등을 훼손시켰다는 생각에서 나온 것이다. 따라서 우파 민중주의자들은 민중이 정부 정책을 직접 결정하는 것을 금하는 것에 회의적이다.

그들은 순간적으로 변하는 민중의 의사를 억압하는 입헌적 법령에 반대했다. 엘리트에 대하여 회의적이고, 보통 사람들이 자치 능력을 가지고 있다는 그들의 신념은 미국 민중주의 전통과 일치하는 것이다. 민중주의자들이 민중들은 자기들의 삶을 결정하고 스스로 처리할 능력이 있다고 믿는다는 점에서 낙관적인 일면을 찾아볼 수 있다. 리처드 비거리는 1970년대 민중주의가 미국 정치에 중요한 세력이 되어 작금의 정치를 개조할 능력이 있음을 예견했다.[8]

우파 민중주의에서 다시 나타난 주제는 다수 민중의 의사가 공적인 정책 결정에 최우선이 되어야 한다는 신념이다. 그들은 큰 정부와 큰 제도가 민중의 생활을 지배한다고 생각했기 때문에 '민중에 의한 정부'를 만들기 위하여 정치 제도가 민중의 의사와 일치해야 한다는 것을 강조했다. 뿐만 아니라 그들은 민중의 집단적 의사가 공동선을 재는 최상의 척도라고 믿었다. 민중주의의 본질은 보통 사람들이 그들의 삶을 집단적으로 통제하는 데 다른 사람들과 더불어 참여하고자 하는 것이다. 그러나 다수 민중의 의사가 절대적인 중요성을 갖게 되면 자칫 잘못하여 소수의 권리를 희생시킬 수도 있다.

우파 민중주의자들은 정부가 중앙 집권화되고 진보주의적 엘리트에 의하여 지배되기 때문에 민중의 의사가 반영되지 못한다는 입장에서 정부가 즉각적 · 직접적으로 현재 민중의 의사에 따를 것을 강조했다. 거대한 정부는 실제로 대표를 선출하는 과정에만 시민의 참여를 허용하기 때문에 그들은 불만족했다. 그래서 그들은 연방 정부의 중요성을 줄이고 분권화시켜 정부의 개입을 축소시키는 것을 중요한 해결책으로 제시했다.

또한 그들은 정치인들에 대한 적대감 때문에 민중 민주주의를 요구했다. 그들은 민중이 통치 엘리트들을 직접 지배해야 한다고 했으며, 엘리트의 의사는 다수 민중의 의사로 대치되어야 한다고 주장했다. 민중주의는

8 Richard A. Viguerie, *The Establishment vs the People*, pp.12–13.

압도적 다수인 소박한 민중, 그리고 그들의 집단적 전통 속에 미덕이 깃들어 있다는 대전제를 토대로 이루어진 운동이다.[9]

그러나 우파 민중주의의 지나친 반엘리트주의는 정치가, 기업가, 부자, 고급 문화를 의심하고 때로는 엘리트들이 은밀하게 세상을 지배한다는 음모론자들의 유혹에 빠져 속죄양을 찾을 우려가 있다.

그들은 좌파 민중주의자들과는 달리 민중을 개인의 집합체가 아닌 사적 결사의 집합체로 보았다. 다시 말해 그들은 교회, 클럽, 가족, 학교 혹은 기업과 같은 중간 결사를 통하여 민중의 의사가 표현된다고 생각했다. 따라서 이들은 가족, 이웃, 종교, 애국심 같은 전통적 가치를 강조했다. 그들은 모든 사람들이 자기들의 위치를 알고 이웃과 사이좋게 지내고, 애국적이며, 자기 가족을 걱정했던 때로 돌아갈 것을 주장했다. 그렇기 때문에 우파 민중주의는 변화에 위협을 느끼고 있었던 사람들에게 호소력을 가지고 있었다. 또한 우파 민중주의자들은 세계적인 외교적 · 경제적 경쟁 속에서 미국의 위상이 낮아짐을 우려하는 사람들에게 애국심을 불러일으켰다.

우파 민중주의자들은 거대한 정부에 대해서는 반감을 가지고 있었으나 나라에 대한 애국심에는 변함이 없었다. "나는 내 나라를 사랑한다. 하지만 내 정부는 무서워한다"[10]는 말은 이들의 이중적 성격을 잘 나타낸다. 그러나 그들이 전통적 가치를 지나치게 강조하면서 이민들이 미국 문화에 해가 되는 외국의 사상과 관습을 유입시킨다고 반대하는 경우, 외국인을 혐오하는 애국적 국민주의를 유발하기도 했다.

우파 민중주의는 정강, 파티, 대회와 같은 관례적인 도구를 이용하기

9 Margaret Canovan, *Populism*, New York: Harcourt Brace Jovanovich, 1981, p.4.

10 이주영, "미국 국민주의의 역사적 특징", 한국서양사학회 편 『서양에서의 민족과 민족주의』, 도서출판 까치, 1999, p.316. David H. Bennett, *The Party of Fear: From Nativist Movements To The New Right In American History*, New York: A Division of Random House Inc., 1975, xi.

때문에 항상 조직적인 정치 운동으로 나타나는 것은 아니다. 1950년대 매카시즘의 경우 우파 민중주의의 특징은 지도자가 정치가와 지적 엘리트를 공격하면서 민중을 선동하고 민중의 반동적인 감정에 호소하여 정부에 대항했다. 일반적으로 우파 민중주의는 선동가들이 직접 민중에 호소하는 경우가 많기 때문에 논리적 설명이나 실제 증거를 소홀히 하고 지식인을 불신하는 반지성적 경향이 강하다.

역사적으로 민중주의 운동의 관념과 목표는 롱(Huey Long), 카글린(Charles Coughlin), 브라이언(William Jennings Bryan), 매카시(Joseph R. McCarthy)와 같은 지도자들이 언급했다. 이들은 선동가적인 경향을 가지고 있었으며, 민중의 진정한 대변자라고 자처하면서 민중의 열정에 호소했다.

민중주의자들은 자기들의 목적을 조직하고 공식화하기 위하여 지도력이 필요했다. 그런데 그들의 지도력은 카리스마적으로 보일 수 있다. 민중주의는 개인적인 지도력에 의존해왔을 뿐 아니라 특별한 형의 사람(카리스마적 지도자)에 의존해온 것 같다. 카리스마적 권위는 사회 구조나 역사 속에 뿌리를 둔 것이 아니라 지도자들의 특별한 개인적 특성과 그들의 추종자들의 기질에 기반을 두고 있다. 민중주의가 지도자의 역할을 강조함으로써 특별히 개인 정치에 의존한다는 것이 제도적 어려움이라고 할 수 있다. 민중주의가 단명한 이유가 여기에도 있다고 하겠다.

또한 우파 민중주의자들은 소수 사악한 사람들이 대중에 반대해 은밀히 음모를 꾸미고 있다고 음모설을 주장하기도 했다. 은행가, 정치가, 지식인, 기업가 등이 음모를 꾸미고 있다는 그들의 주장은 음모 때문에 좌절하게 되었다고 생각하는 사람들을 민중주의 운동에 끌어들였다. 반면에 음모설은 권력이 사회 안에서 어떻게 행사되는가를 나타내려 하지만 소수의 사악한 사람들에 의해 사회 문제가 야기되었다고 비난함으로써 현대 사회에 복잡한 문제를 지나치게 단순화시킬 뿐 아니라 속죄양을 만들어내기도 했다.

우파 민중주의자들은 큰 제도에 의하여 희생당하고 있는 민중에 대하여 언급했을 뿐 아니라 민중의 불만을 일정한 방향으로 돌리는 데 성공했다. 우파 민중주의자들의 기반은 주로 백인 중산층이었는데 인종, 성, 소득에 있어서 여러 계층의 연합을 모색했던 좌파 민중주의자들보다 훨씬 동질적이었다. 따라서 우파 민중주의자들은 훨씬 신속하게 정치적 활동을 할 수 있었다.

그러나 우파 민중주의는 몇 가지 위험성을 내포하고 있다. 그 운동에서 나타나는 흥분, 좌절감, 두려움, 분노는 파시스트 운동과 비슷한 성격을 보여주고 있기 때문이다. 반체제 구호와 친체제 행동이 결합되면 파시즘이 형성되는 대중적 기반이 마련될 위험성이 있다.

3. 민중주의의 공통 기반

민중주의는 보통 사람들이 거대한 권력 집단에 의해 자기들의 권력이 잠식당했다고 느끼고 그들에 대해 분노하는 데서 출발하고 있다. 그렇기 때문에 분노를 느끼는 대상이 누구인가에 따라 민중주의 성격이 달라지고, 따라서 민중주의자들은 좌파와 우파로 갈라지게 된다.

좌파 민중주의자들에게 민중의 적은 주로 은행과 대기업, 군부-산업복합체, CIA, FBI 등과 같은 공적 · 사적 세계의 비민주적인 권력 집단들이었다. 그러나 우파 민중주의자들에게는 민중의 적이 좌파 민중주의자들과 완전히 다르다. 증오의 대상은 정부와 언론 기관에서 막강한 영향력을 행사하고 있는 진보적인 지식인들(social engineers)과 민중을 선동하여 권력을 잡는 진보적인 정치가들이다.

좌파 민중주의와 우파 민중주의 사이의 구별은 임의적인 것이 될 수밖에 없다. 왜냐하면 좌파 민중주의와 우파 민중주의를 막론하고 모든 민중주의자들이 정치적 문제, 제도 개혁 혹은 민중주의 철학적 기반에 동의하는 것이 아니기 때문이다. 그러나 좌파 민중주의와 우파 민중주의는 공통된 기반을 가지고 있다.

첫째, 민중주의는 보통 사람들이 선하고 덕이 있다고 생각하여 '민중'을 찬양하고 '민중'[11]에게 호소했다. 그럼에도 불구하고 민중들이 엘리트의 지배를 받고 있다고 믿었기 때문에 엘리트에 반대했다. 이러한 의미에서 민중주의는 반엘리트적이다. 캐노번(Margaret Canovan)은 민중주의라고 불리는 것들의 공통된 주장은 엘리트에 반대하고, 민중을 찬양하며, 소인(little man)을 강조하는 것이라고 했다.[12]

엘리트가 구체적으로 누구인가 하는 문제에 있어서는 19세기 말의 민중주의와 현대 민중주의가 다르다. 19세기 말 민중주의자들의 주적은 금융가와 산업가였다. 반면 현대 민중주의자들의 주적은 정치인, 관료, 법관, 언론인, 대학교수 등이었다. 그들은 엘리트와 민중을 양극화했으며, '민중'을 인정함으로써 그들의 주장은 큰 호소력을 갖게 되었다.

둘째, 현대 민중주의의 중요한 특징의 하나는 이데올로기나 문제를 해결하기 위한 대책의 제시보다는 민중이 의사 결정에 참여하도록 하는 민주적 참여를 강조한 것이다. 그러므로 민중주의는 현대 대의 민주 정치

11 미국의 민중당에 있어서 민중은 생산자를 의미했다. 보통 선거권이 인정된 사회에서 민중은 유권자를 의미했다. 경우에 따라서 그것은 국민 전체나 정적을 제외한 모든 사람들을 의미한다. 그러나 일반적으로 민중이란 계급, 젠더, 혈통 등에 관계없이 사회적 악폐와 경제적 집중에 대항하여 단결한 보통 시민을 일컫는다.

12 Margaret Canovan, "Two Strategies for the Study of Populism," *Political Studies 30*, December 1982.

에서 부족한 민중의 참여를 확대하기 위해 아래로부터 위로의 민중 참여 방법인 주민 발의권, 주민 투표, 공직자 소환 제도 등 직접 민주 정치를 주장했다.

현대 민중주의 운동은 민중이 정부 자체를 통제하는 것을 막는 장애물을 제거하기 위하여, 민초를 기반으로 정치적 입장을 분명하게 표명했다. 다시 말하면 그들이 강압적이라고 느꼈던 속박에서 벗어나 스스로 자유롭기 위하여 함께 행동할 수 있다는 것을 보통 사람들에게 강조했다. 또한 민중주의자들은 민중의 의사 자체가 다른 어떤 기준보다 우위에 있으며, 제도적 구조 안에서 견제받지 않을 때 공동선이 가장 잘 작용한다고 믿었다. 그들이 민주적 통제를 강조한 것은 정부가 민중의 대표이기 때문에 정부는 강력한 이익 집단을 통제해야만 하고 통제할 수 있다는 민중주의의 기본 전제를 반영하고 있다. 미국의 민중주의는 참여 민주 정치를 주장했으며, 풀뿌리 민주주의와 깊은 관련이 있다.

심지어 그들은 다수의 견해는 옳고, 민중의 의사는 존경을 받을 것이 확실하다고 믿었다. 이러한 그들의 주장은 자유주의자들의 입장과 다르다. 양자의 입장 차이를 투표에 대한 해석에서 찾아볼 수 있다. 자유주의자들의 입장에서 보면 투표의 결과는 단지 결정이지 도덕적 성격을 가지고 있지 않다.[13]

미국 여러 주의 주민들이 주민 발의권을 이용한 경험을 통해 그것이 민중주의의 도구가 될 수 있다는 것을 단적으로 보여주었다. 매글비(David Magleby)의 연구[14]에 의하면 1978년에서 1992년까지 399건의 주민

13 William H. Riker, *Liberalism against Populism: A Confrontation Between the Theory of Democracy and the Theory of Social Choice*, Illinois: Waveland Press Inc., 1988, p.4.

14 David Magleby, Direct Legislation in the American States, in D. Butler and A. Ranny(eds.), *Referendums Around the World: The Growing Use of Direct Democracy*, Basingstoke: Macmillan, 1994, p.238.

발의 가운데 76%에 해당하는 내용이 정부나 정치 개혁, 공적 도덕성, 소득 · 세금 · 증권, 기업과 노동자의 규제에 관한 것이다. 이러한 4개 범주는 그것들이 도덕성, 제도와 세금의 불신과 같은 민중주의자들이 가장 많이 언급한 내용을 포함하고 있다. 가장 대표적인 예가 1978년에 캘리포니아 유권자들이 주민발의안 제13호(Proposition 13)를 주민 투표로 승인해 준 것이다. 그것은 주 정부가 부당하게 재산세를 부과하는 것을 막기 위한 장치로 저비스(Howard Jervis)가 주도했다. 그는 정치가와 관료 등 엘리트를 공격하면서 세금 삭감 운동을 전개했는데, 여기에서 민중주의적인 일면을 찾아볼 수 있다. 이것은 주민 발의권이 직접 민주 정치의 도구로 사용된 좋은 본보기인 동시에 민중주의자들의 주장이 미국 정치에서 실제로 구현된 대표적인 예라고 할 수 있다.

현대 민중주의의 핵심은 19세기의 민중주의 운동처럼 보통 사람들이 자신의 삶을 집단적으로 관리하는 데 다른 사람들과 더불어 참여하려는 것이다. 민중에게로의 '권력 이양'과 '민중'을 강조한 것은 민중주의가 다른 정치 운동과 다른 점이다.

현대 민중주의는 기성 권력 구조, 지배적 관념과 사회 가치에 대항하여 민중에게 권력을 부여하고 의사 결정에 참여해야 한다는 것을 강조했다. 민중주의는 반체제적이며, 자신들이 권력의 중심부에서 소외되어 있다고 느끼는 사람들에게 호소력이 있었다. 민중의 권력과 민중의 의사 결정이 민주 정치의 중심이라는 사실은 부정할 수 없다.

현대 민중주의자들은 참여 민주 정치, 직접적 대표에 의한 참여, 직접 선거를 희망함으로써 민주 정치를 보완하는 성격을 가지고 있다. 이를 통하여 그들은 기존의 권력자들과 여론 조성자들에 대항하여 유권자들을 움직이려고 했다. 민중주의의 두드러진 특징은 정부에 대한 회의이며, 미국의 민주 정치가 흠을 가지고 있다는 이러한 생각이다.

셋째, 민중주의자들은 다수 민중을 동원하여 특권 세력을 견제하려고 했다. 그들은 옳고 그름이 분명했으며 그릇된 것은 즉각 시정되어야 한다고 생각했다. 정부 당국자에 의해 시정되지 못한다면 민중들에 의해 수행되어야 한다고 주장했다.

그러나 현실적으로 기성 정치인들이 그릇된 것을 시정할 리 없다. 그들은 강력한 경제 세력과 결탁해 있었기 때문에 자기들에게 손해가 되는 행동을 할 리가 없기 때문이다. 그러므로 민중과 손잡고 지배 세력에 대항하는 지도자만이 사태를 변화시킬 수 있는 것이다. 바로 이러한 것들이 민중주의의 지속적인 대중적 성격, 다시 말해 권력과 특권이 있는 사회 체제를 밑바닥으로부터 보는 시각을 반영하고 있는 특징이다.

넷째, 민중주의는 이론과 지성을 싫어한다. 민중주의는 포괄적인 이론이 없고 경제적 이기심에 토대를 두고 있기 때문에 역사와 정치에 대해 아주 단순한 시각을 가지고 있다. 어떤 면에서 보면 민중주의의 입장은 경제적 결정론이고 다른 면에서 보면 음모 시각이라고 할 수 있다. 때로는 두 가지가 공존하기도 한다.

또한 민중주의는 민중의 감정에 간단하게 직접 호소하기 때문에 지성인을 불신하며 포괄적 이론을 싫어하는 반지성적 경향을 갖는다. 민중주의는 복잡한 사회 현상을 단순화하려고 한다. 민중주의의 반지성주의는 실제로 반엘리티즘의 양상이다. 브라이언은 진화론이 인간을 짐승의 형제로 만든다고 비난했다. 지식인에 대한 이러한 공격은 그와 같은 학식에 대한 반대가 아니라 문화적 엘리트가 자신의 인간의 개념과 다른 사람들과 관계를 비인간화시키는 경향에 대해 반대한 것이다. 매카시 옹호자들 가운데는 그의 행동을 도덕적 상대주의에 대항하는 반항으로 보는 사람도 있다.

민중주의의 반지성주의는 자유주의와 구별되는 중요한 특성이다. 자유주의라는 말이 19세기에 널리 사용되기 시작했을 때 그것은 진실에 도달하는 최고의 길은 자유롭고 공개적인 토론이라는 믿음을 내포하고 있었다. 토론에 대한 사랑은 학문적 분위기에 대한 사랑으로 해석되었는데, 민중주의자들은 이러한 분위기를 등한시했다.

제퍼슨의 말이나 생각에 대한 태도는 민중주의적이었지 자유주의적이지 않았다. 애덤스(John Adames)는 제퍼슨이 기초한 독립선언서가 새로운 사상을 담고 있지 않고 과거 2년간 대륙 회의에서 다루었던 평범한 내용을 담고 있다고 불만을 표시했다. 이에 대하여 제퍼슨은 독립선언서의 목적이 전에 말한 적이 없는 것을 말하는 것이 아니라, 아주 평범한 말로 문제에 대해 상식을 인류 앞에 내놓는 것이고 그들의 동의를 확고히 하는 것이며, 우리가 취할 수밖에 없는 독립 입장을 우리 스스로 정당화시키는 것이라고 응수했다. 독립선언서는 미국의 정신을 표현하려고 했으며 때에 따라 요청되는 정신을 표현하려고 했다.

다섯째, 민중주의는 재산, 개인주의, 기회의 평등을 계속 지지해왔다. 기본 가치로 본다면 민중주의는 과거 지향적인 특징을 가지고 있다. 민중주의는 보다 일반적인 의미에서 '옛날의 가치'를 존중하고 보다 단순하고 여유 있고 만족스러웠던 '과거의 좋은 시절'로 되돌아가려고 한다. 그러므로 민중주의는 미래에 대한 실천 계획이라기보다는 과거에 존재했었다고 생각되는 것을 되찾고자 하는 노력이라고 말할 수 있다.

일부 사람들은 민중주의가 변화에 대한 두려움, 또는 진행되고 있는 변화로 일어난 긴장감에 대한 대응으로 본다. 이것도 하나의 구성 요인이 될 수 있다.

여섯째, 민중주의는 고된 노력에도 불구하고 경제적 곤란이 계속되어 좌절감을 느끼게 될 때 나타나는 것이며, 그 때문에 호전성을 띠게 된다는 것이다. 그러므로 기회와 물질적인 성취를 강조하는 '미국적 꿈'은 민중주의의 출현과 깊은 관계를 가지고 있다. 열심히 일하면 반드시 부와 행복이 온다는 믿음, 즉 근로 윤리(work ethic)가 민중주의가 힘을 받고 지속될 수 있는 요인의 하나이다.

그러나 경제적 어려움이 계속되는 곳에서는 여러 가지 돌파구를 찾게 된다. 그 하나의 방법은 기회가 없어지거나 상황이 바뀐 데 대한 책임을 다른 사람에게 돌려 비난하는 것이다. 미국의 경우에 그러한 속죄양은 흑인이나 이민자 같은 소수 인종들이었다.

일곱째, 민중주의는 사회주의와 다르다. 민중주의자들은 사회주의자들과 마찬가지로 인민주권의 입장에서 경제적 · 사회적 엘리트가 민중을 지배하는 것을 끝내려고 했다. 그러나 민중주의는 한 계급이나 한 집단을 대변하지 않고 전 국민을 대변하는 것이 그들의 목표라고 공언했다. 민중주의자들은 거의 모든 사람들을 한 덩어리로 모아 '보통 사람들'로 분류함으로써 사회주의자들과는 달리 계급적 구별을 희미하게 했으며, 계급의식이 없었다.

사회주의는 민중주의가 내포하고 있는 자본주의적 자유주의의 가치와 물질주의를 거부했을 뿐 아니라 경쟁적인 개인주의를 파괴적인 것으로 보았다. 평등의 의미는 단순한 기회의 평등이나 재산의 재분배를 초월하는 것이어야 했다. 간단히 말해서 사회주의는 사회를 재구성하고 그의 구성원들을 근본적으로 변화시키려고 했다. 그리고 경제 체제의 산업적 능력을 이윤에 대한 요구 대신 인간의 필요에 봉사하도록 방향을 바꾸도록 하려는 것이었다.

이와는 달리 민중주의는 기존 체제의 타도보다는 단지 사회가 약속하고도 이행하지 못하고 있는 것들을 조금 더 공정하게 나누는 데 큰 관심을 가지고 있다. 당장의 조치만 이루어진다면 그것만으로도 변화는 충분했기 때문에 민중주의는 그 이상 나아갈 마음이 없었다. 또한 민중주의는 산업화의 결과로 나타나는 권력의 집중화와 조직화를 두려워했기 때문에 자본주의에 대해서는 물론 사회주의에 대해서도 꼭 같이 두려워했다. 왜냐하면 그러한 현상은 사회주의 체제 아래에서도 나타나기 때문이다. 민중주의는 처음부터 애국심과 관련이 있는데 이것도 사회주의와 다른 요소이다.

두 이데올로기는 30~40년 동안 노동 운동의 지지를 얻어내려고 서로 다투었고, 그 과정에서 온건한 민중주의가 승리했다. 그 결과로 민중주의는 사회주의가 살아남기 위해 필요한 대중 기반을 획득하는 것을 방해했다.

민중주의는 이론이 약하기 때문에 지적인 깊이의 부족을 메우기 위해 행동에서 더욱 호전적인 성격을 띠게 된다. 그러므로 그것은 기존 체제의 기본 신념을 벗어나지 않으면서도 급진적으로 보이게 되고, 그 결과 상류층에게 급진파라는 공격을 받는다. 이 사실이 민중의 인기를 얻게 만들었다. 이것은 특히 토착적인 미국인들에게 매력적이었다. 민중주의는 사회주의보다 인기가 있었다. 왜냐하면 사회주의는 유럽에서 온 이민들에 기반을 두고 있었고, 따라서 외국적인 것으로 보였기 때문이다. 그 때문에 미국에서 민중주의는 사회주의 운동과 노동운동을 억제하는 데 기여했다. 그 결과 미국의 노동 운동이 기존 체제를 지탱해주는 방향으로 나아가게 했다. 민중주의는 기본적으로 개인주의적이며 재산 의식이 강한 미국의 자본주의 사회를 부정하지 않았기 때문이다.

그것의 체제 유지 기능은 자본주의적 자유주의 체제가 가장 심각하게 도전을 받았던 1877년부터 1912년에 이르는 시기에 가장 중요하게 작용했다. 그 때문에 미국에서는 계급 정치, 새로운 이념적 판도, 사회 복지 정책의 대폭적인 확충, 그리고 완전히 새로운 외교 정책을 생각할 수가 없었던 것이다. 이러한 점에서 볼 때 사회주의에 대한 민중주의의 승리는 미국 역사의 진로에 있어서 매우 중요한 의미를 가지고 있다.

민중주의가 앞으로 어떤 위치를 차지하게 될 것인가 하는 문제는 장래 미국의 변화에 매우 중요하다. 왜냐하면 민중주의는 미국적 상황에서 가장 인기 있는 '급진적' 이데올로기이기 때문이다.

맺음말

미국 민중주의의 성격을 종합하여 보면 다음과 같다.

첫째, 민중주의는 근본적으로 권력의 중심부에서 소외되었다고 느끼는 민중들의 저항 이데올로기이며, 사회를 지배하는 '엘리트' 에 대한 분노의 감정에 토대를 두고 있기 때문에 좌파든 우파든 근본적으로 반체제적이다.

그러나 엘리트가 구체적으로 누구인가에 대해서는 시대에 따라 의견이 다르다. 미국 민중당에게는 민중의 적이 경제적 조작자들인 금융가와 철도 사업가 및 산업 자본가였다. 그러나 현대 좌파 민중주의자들에게 민중의 적은 주로 은행과 대기업, 군부-산업 복합체, CIA, FBI 등 수사 기관과 같은 권력 집단들이었다. 우파 민중주의자들의 적은 좌파 민중주의자들의 그것과 다르다. 정부와 언론 기관에서 막강한 영향력을 행사하고 있는 진보적인 지식인들 및 민중을 선동하여 권력을 잡는 진보적 정치가들이다.

둘째, 민중주의적 분노는 주로 경제적인 곤경에서 오는 것이기 때문에, 그 운동의 존속 여부는 경제 상태와 직접적으로 연결되어 있다. 아무리 과격한 민중주의 운동이라도 경제적 어려움이 해소되면 급속도로 쇠퇴하는 특성을 가지고 있다. 반대로 경제적 곤경이 닥쳐오면 곧 다시 나타난다. 민중주의 운동은 경제적 곤경에 처한 민중들이 사회 체제와 그들의 지배자들에게 '속았다' 고 느끼고, 미국이 잘못되어가고 있다고 생각되면 다시 나타날 수 있는 급진주의 운동이다.

셋째, 민중주의자들은 '힘 있는 자들' 인 정치인과 지식인 등에 대한 불신감을 가지고 있었기 때문에, 그들은 민중의 직접적인 행동에 의해 부조리가 시정되어야 한다고 생각했다. 그 행동은 '특권 세력' 이 지배하는 정부를 민중의 지배 아래 놓으려는 직접 민주주의 운동이다. 그들은 중요한 문제를 민중이 직접 투표로 결정하는 주민 투표, 주민 발의, 공직자 소환 제도 등의 도입을 추진했다.

그러나 경제 문제에 대해서는 정부 개입을 요구했다. 이들은 자기 토지에 대해서는 사유 재산의 신성성을 주장하면서도, 대기업과 금융업자들의 재산에 대해서는 공익의 차원에서 정부의 간섭이나 국유화를 요구했다.

넷째, 민중주의는 현대화 과정에서 좌절감과 무력감을 느끼는 민중들의 반항이다. 이것은 민중주의 운동이 지속적인 현상으로 오랫동안 생명력을 가질 수 있다는 것을 말해준다. 왜냐하면 현대화 과정에서 경쟁 사회에 잘 대응하지 못한 사람들은 항상 나타날 것이기 때문이다.

참고문헌

국내

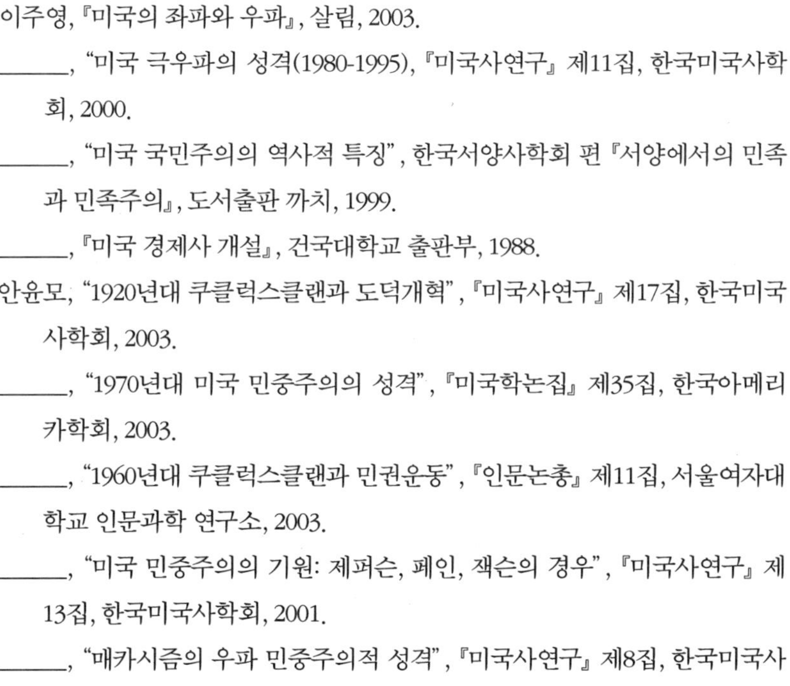

이주영, 『미국의 좌파와 우파』, 살림, 2003.

______, “미국 극우파의 성격(1980-1995), 『미국사연구』 제11집, 한국미국사학회, 2000.

______, “미국 국민주의의 역사적 특징”, 한국서양사학회 편 『서양에서의 민족과 민족주의』, 도서출판 까치, 1999.

______, 『미국 경제사 개설』, 건국대학교 출판부, 1988.

안윤모, “1920년대 쿠클럭스클랜과 도덕개혁”, 『미국사연구』 제17집, 한국미국사학회, 2003.

______, “1970년대 미국 민중주의의 성격”, 『미국학논집』 제35집, 한국아메리카학회, 2003.

______, “1960년대 쿠클럭스클랜과 민권운동”, 『인문논총』 제11집, 서울여자대학교 인문과학 연구소, 2003.

______, “미국 민중주의의 기원: 제퍼슨, 페인, 잭슨의 경우”, 『미국사연구』 제13집, 한국미국사학회, 2001.

______, “매카시즘의 우파 민중주의적 성격”, 『미국사연구』 제8집, 한국미국사

학회, 1998.
______, "전후 미국 우파 인민주의의 성격(1949-1979)", 『이대사원』 제28집, 이화사학연구소, 1995.
______, "매카시즘 해석의 문제", 『미국사연구』 제3집, 한국미국사학회, 1995.
______, "1890년대 미국 인민주의운동의 성격: 산업주의에 대한 반응을 중심으로", 『역사학보』 제94, 95 합집, 역사학회, 1982.

외국

Alexander, Charles C., *The Ku Klux Klan in the Southwest*, Norman: University of Oklahoma Press, 1995.

Arnett, Alex M, *The Populist Movement in Georgia: A View of the "Agrarian Crusade" in the Light of Solid-South Politics*, New York: Longmans, Green & Co., 1922.

Beard, Charles A., *The Rise of American Civilization*, New York: Macmillan, 1927.

______, *Economic Origins of Jeffersonian Democracy*, New York: Macmillan, 1927.

Bell, Daniel(ed.), *The Radical Right, Garden City*, N.Y: Doubleday, 1964.

Bennett, David H., *The Party of Fear: From Nativist Movements To The New Right In American History*, Chapel Hill: The University of North Carolina Press, 1988.

Boller, Paul F. Jr., *Freedom and Fate in American Thought from Edwards to Dewy*, Dallas: SMU Press, 1978.

Boyte, Harry C. and Riessman, Frank(eds.), *The New Populism: The Politics of Empowerment*, Philadelphia: Temple University Press, 1986.

Boyte, Harry C., Booth, Heather, and Max, Steve, *Citizen Action and the New*

Populism, Philadelphia: Temple University Press, 1986.

Buck, Solon J., *The Granger Movement: A Study of Agricultural Organization and Its Political, Economic, and Social Manifestations, 1870-1880*, Lincoln: University of Nebraska Press, 1969.

Canovan, Margaret, *Populism*, New York: Harcourt Brace Jovanovich, 1981.

Carnoy, Martin & Shearer, Derek, *Economic Dmocracy: The Challenge of The 1980s*, New York: M.E. Sharpe, 1980.

Carnoy, Martin, Shearer, Derek and Rumberger, Russell, *A New Social Contract: The Economy and Government after Reagan*, New Yok: Harper & Row, 1983.

Chalmers, David M., *Hooded Americanism: The History of the Ku Klux Klan*, Durham: Duke University Press, 1987.

Chasan, Will, *Samuel Gompers: Leader of American Labor*, New York: Praeger Publishers, 1971.

Cunningham, Raymond J., *The Populist in Historical Perspective*, Boston: D. C. Heath and Co., 1968.

De Leon, Daniel, *Reform of Revolution*, New York: International Union Party, 1934.

Destler, Chester McArthur, *American Radicalism 1865-1901*, Chicago: Quadrangle Books, 1966.

Diggins, John Patrick, *The Proud Decades: American in War and in Peace 1941-1960*, New York: W. W. Norton & Company, 1976.

Dolbeare, Kenneth M. & Patrica, Dolbeare, *American Ideologies: The Competing Political Beliefs of the 1970s*, Chicago: Rand McNally College Publishing Company, 1976.

Donnelly, Ignatius, *Doctor Huguet*, Chicago: F. Jschulte and Company, 1891.

______, *Caesar's Columm: A Story of the Twentieth Century*, Rideout, Walter(ed.), Cambridge: Belknap Press of Harvard University Press,

1960.

______, *The Golden Bottle; or the story of Ephraim Beneget of Kansas*, New York and St. Paul: D. D. Merrill Company, 1892.

______, *The American People's Money*, Westport: Hyperion Press, Inc., 1896.

Durden, Robert F., *The Climax of Populism: the Election of 1896*, University Press of Kentucky, 1965.

Federici, Michael P., *The Challenge of Populism: The Rise of Right - Wing Democratism in Postwar America*, New York: Praeger, 1991.

Fiedler, Leslie, *An End to Innocence*, Boston: Beacon Press, 1955.

Franklin, John Hope & Starr, Isidore(eds.), *The Negro In 20th Century America: A Reader on the Sruggle for Civil Rights*, New York: Vintage Books, 1967.

Goodwyn, Lawrence, *The Democratic Promise: The Populist Movement in America*, New York : Oxford University Press, 1976.

______, *The Populist Moment*, New York: Oxford University Press, 1980.

Gompers, Samuel, *Labor and the Common Welfare*, New York: E. P. Dutton & Co., 1919.

Hackney, Sheldon, *Populism to Progressivism in Alabama*, New York: Oxford University Press, 1969.

______(ed.), *Populism: The Critical Issues*, Boston: Little Brown and Co., 1971.

Hair, William Ivy, *Bourbonism and Agrarian Protest: Louisiana Politics 1877-1900*, Baton Rouge: Louisiana State University Press, 1975.

Hallowell, John, *The Moral Foundation of Democracy*, Chicago: University of Chicago Press, 1954.: reprint Midway, Chicago, 1973.

Harris, Fred R., *The New Populism*, New York: Saturday Review Press, 1973.

Hayden, Tom, *The American Future: New Visions Beyond Older Frontier*,

Boston: South End Press, 1980.

Heale, M. J., *American Communism: Combating the Enemy Within 1830-1970*, Baltimore: John Hopkins University Press, 1990.

Hicks, John D., *The Populist Revolt : A History of the Farmers' Alliance and the People's Party*, Minnesota: University of Minnesota Press, 1931.

Hofstadter, Richard, *The Age of Reform: Form Bryan to F. D. R.*, New York: Vintage, 1955.

______, *The American Political Tradition and the Men Who Made It*, New York: Vintage Books, 1948.

Humphery, R. M., *History of the Colored Farmers' National Alliance and Cooperative Union, in* Nelson A. Dunning(ed.), *The Farmers' Alliance History and Agricultural Digest*, Washinton D. C., 1891.

Jefferson, Thomas, *The Portable Thomas Jefferson*, Merrill D. Perterson(ed.), New York: Penguin, 1975.

______, *The Writings of Thomas Jefferson*, H. A. Washington(ed.), Washington D. C.: Taylor and Maury, 1853.

Kazin, Michael, *The Populist Persuasion: An American History*, New York: Basic Books, 1995.

Kelsey, Carl, *Negro Farmer*, Chicago: Jennings & Pye, 1903.

Landis, Mark Landis, *Joseph McCarthy: The Politics of Chaos*, Sinsgrove: Susquehanna University Press, 1987.

Lash, Christopher, *The Agony of the American Left*, New York: Vintage, 1969.

Lazarus, Simon, *The Genteel Populists*, New York: Holt, Rinehart & Winston, 1974.

Latham, Earl, *The Communist Controversy in Washington: From The New Deal to McCarthy*, Cambridge: Harvard University Press, 1966.

Lipset, Seymour Martin, *Political Man*, Garden City: Doubleday, 1960.

Llogd, Caro, *Henry Demarest Lloyd*, New York: G. P. Putnam's Sons, 1912.

Mack, E. C., *Peter Cooper*, New York: Duell, Sloan and Pearce, 1949.

Magleby, David, *Direct Legislation in the American States*, in D. Butler and A. Ranny(eds.), *Referendums Around the World: The Growing Use of Direct Democracy*, Basingstoke: Macmillan, 1994.

Mandel, Bernard, *Samuel Gompers: A Biography*, Ohio: Yellow Springs, 1963.

Mckenna, George(ed.), *American Populism*, New York: G. P. Putnam's Sons, 1974.

McMath, Robert C. Jr., *Populist Vanguard: A History of the Southern Farmers' Alliance*, New York: W. W. Norton & Company Inc., 1975.

Medcalf, Linda, J. and Dolbeare, Kenneth, *Neopolitics: American Political Ideas in 1980s*, Philadelphia: Temple University Press, 1985.

Meier, August, *Negro Thought in America, 1880-1915*, Ann Arbor: University of Michigan Press, 1966.

Newfield, Jack and Greenfield, Jeff, *A Populist Manifesto: The Making of New Majority*, New York: Praeger Publishers, 1972.

Nugent, Walter T. K., *The Tolerant Populists: Kansas Populism and Nativism*, Chicago: University of Chicago Press, 1963.

Palmer, Bruce, *Man Over money: The Southern Populist Critique of American Capitalism*, Chapel Hill: University of North Carolina Press, 1980.

Palmer, John, L. and Sawhill, Lsabel V.(eds.), *The Reagan Record: An Assessment of America's Changing Domestic Priorities*, Urban Institute Study, Cambridge, Mass: Ballinger, 1984.

Paterson, Thomas G., *The Origins of the Cold War*, Lexington: D. C. Heath and Company, 1974.

Pollack, Norman, *The Populist Response to Industrial America*, Cambridge:

Harvard University Press, 1962.
_____(ed.), *The Populist Mind*, New York: Bobbs-Merrill Company Inc., 1967.
_____, *The Human Economy: Populism, Capitalism, And Democracy*, New Brunswick: Rutgers University Press, 1990.
_____, *The Justy Polity*, Urbana: University of Illinois Press, 1987.
Reeve, Carl, *The Life and Times of Daniel De Leon*, New York: Humanities Press, 1972.
Reeves, Thomas C.(ed.), *McCarthyism*, Florida: Robert E. Krieger Publishing Co. Inc., 1973.
_____, *The Life and Times of Joe McCarthy: A Biography*, New York: Madison Books, 1982.
Ridge, Martin, *Ignatius Donnelly: The Portrait of a Politician*, Chicago: University of Chicago Press, 1962.
Rifkin, Jerry, *Own Your Own Job: Economic Democracy for Working Americans*, New York: Bantham, 1977.
Riker, William H., *Liberalism against Populism: A Confrontation Between the Theory of Democracy and the Theory of Social Choice*, Illinois: Waveland Press Inc., 1988.
Rochester, Anna, *The Populist Movement in the United States*, New York: International Publishers, 1943.
Rogers, William Warren, *The One-Gallused Rebellion: Agrarian in Alabama 1865-1891*, Baton Rouge: Louisiana State University Press, 1970
Rogin, Michael, *The Intellectuals and McCarthy: The Radical Specter*, Cambridge, Mass, 1967.
Rovere, Richard, H., *Senator Joe McCarthy*, New York: Harcourt, Brice and Company, 1959.
Roty, James and Decter, Moshe, *McCarthyism and Communists*, Boston:

Beacon Press, 1954.
Saloutos, Theodore, *Farmers' Movement in the South 1865-1933*, Berkerly: University of California Press, 1960.
______(ed.), *Populism: Reaction or Reform?*, New York: Holt, Rinehart and Winston, 1968.
Schrecker, Ellen, *The Age of McCarthyism: A Brief History With Documents*, Boston: Bedford Books of St. Martin's Press, 1994.
Schlesinger, Arthur, M. Jr., *The Age of Andrew Jackson*, New York: A Mentor Book, 1945.
Shils, Edward, *The Torment of Secrecy*, London: Heienemann, 1956.
Simkins, Francis Butler, *The Tillman Movement in South Carolina*, Durham: Duke University Press, 1936.
Skidmore, Max, *American Political Thought*, New York: St. Martin's, 1978.
Strong, Josuah, *Our Country*, New York: Baker & Taylor Co., 1885.
Taggart, Paul, *Populism*, Philadelphia: Open University Press, 2000.
Taylor, Carl C., *The Farmer's Movement 1620-1920*, Westport: Greenwood Press, Publishers, 1953.
Tindall, George Brown(ed.), *A Populist Reader: Selections from the Work of American Populist Leaders*, New York : Harper Torch Books, 1966.
Viereck, Peter, *The Adjusted Man*, Westport, Conn: Green Press, 1973.
Viguerie, Richard A., *The Establishment vs the People: Is a New Populist Revolt on the Way?*, Chicago: Regnery Gateway, 1984.
Wade, Wyn Craig, *The Fiery Cross: The Ku Klux Klan In America*, New York: Touchstone Book, 1987.
Woodward, C. Van, *The Strange Career of Jim Crow*, New York: Oxford University Press, 1957.
______, *Tom Watson: Agrarian Rebel*, Oxford University Press, 1979.
______, *Origins of the New South 1877-1913*, Louisiana State University Press,

1980.
Youngdale, James M., *Populism: A Psychological Perspective*, New York: National University Publications, Kennikat Press, 1975.

논문

Abramowitz, Jack, "The Negro in the Agrarian Revolt," *Agricultural History*, Vol. 24, No. 2, April, 1950.

______, "The Negro in the Populist Movement," Hackney, Sheldon(ed.), *Populism : The Critical Issues*, 1969.

Brinkley, Alan, "Richard Hoffstadter' s The Age of Reform: A Reconsideration," *Review in Amerian History* 13, No. 3. (Sept. 1985).

Canovan, Margaret, "Two Strategies for the Study of Populism," *Political Studies* 30 (December 1982).

Chafe, William H., "The Negro and Populism: A Kansas Case Study," *Journal of Southern History*, Vol. XXX.

Crowe, Charles, "Tom Watson, Populists, Black Reconsidered," *Journal of Negro History*, vol. L, No. 2, April.

Farmer, Hallie, "Railroad and Frontier Populism," *Mississippi Valley Association*, 13: 387-390.

______, "Economic Background of Frontier Populism," *Mississippi Valley Historical Review*, March.

Ferkiss, Victor C., "Populism: Myth, Reality Current Danger," *Agricultural History*, Vol. XLIV, NO. 3 , July, 1970.

______, "Populist Influences on American Fascism," Saloutos(ed.), *Populism: Reaction or Reform?*, 1968.

Goodwyn, Lawrence, "Populism and Powerlessness," Harry C. Boyte &

Frank Riessman(eds.), *The New Populism: The Politics of Empowerment*, Philadelphia: Temple University Press, 1986.

Gompers, Samuel, "Organiged Labor in the campaign," *North American Review*, New York, CLV, July, 1892.

Handlin, Oscar, "American View of the Jew at the Opening of the Twentieth Century," *Publication of the American Jewish Historical Society*, XL, June, 1951.

Herberg, Will, "Government by Rabble-Rousing," *The New Leader*, January 18, 1954.

Hicks, John D., "The Political Career of Ignatius Donnelly," *Mississippi Valley Historical Review* 8 (June-Sept.), 1921.

______, "The Origin of Early of the Farmers' Alliance in the Minnesota," *Mississippi Valley Historical Review*, IX, Dec. 1922.

______, "The Farmers' Grievances," Cunningham, Raymond J. *The Populist in Perspective*, D. C. Heath & Co., 1968.

______, "The Subtreasury: A Forgotten Plan for the Relief of Agriculture," *Mississippi Valley Historical Review*, Vol. XV, June, 1928, to March 1929.

______, "The Legacy of Populism in the Western Middle West," *Agricultural History*, No. 4, October 1949, Agricultural History Society.

Holmes, George K., "The Concentration of Wealth," *Poiltical Science Quarterly*, 8:593, December, 1893.

Herberg, Will, "Government by Rabble-Rousing," *The New Leader*, January 18, 1954.

Knoles, George H., "Populism and Socialism, With Special Reference to the Election of 1892," *Pacific Historical Review*, Los Angeles, XII, Sept., 1943.

Nugent Walter T. K, "Some Parameters of Populism," *Agricultural History*, Vol. XL, No. 4, October, 1966.

Paine, Thomas, "Common Sense," in Nelson F.(ed.), *Common Sens and*

Other Political Writings, Adkins, New York: Bobbs-merrill, 1966.

______, "First Principles," In *Common Sens and Other Political Writings.*

______, "Agrarian Justice," *The Complete Writings of Thomas Paine.*

Peffer, W. A., "The Passing of the People's Party," *North American Review*, Vol. CLXVI, 1898.

Pollack, Norman, "Hofstadter on Populism: A Critique of The Age of Reform," *Journal of Southern History*, Vol. XXVI, No. 4, November, 1960.

______, "The Myth of Populist Anti-Semitism," *American Historical Review*, Vol. LXV, No. 1, October, 1962.

______, "Ignatius Donnelly on Human Right: A Study of Two Novels," *Mid-America*, An Historical Review, Vol. 47, April, 1965.

Riessman, Frank, "What's New in the New Populism," *Social Policy* 16 (Summer 1985): 2.

______, "The New Populism and the Empowerment Ethos," Harry C. Boyte & Frank Riessman, *The New Populism: The Politics of Empowerment*, Philadelphia: Temple University Press, 1986.

Saloutus, Theodore, "The Agricultural Problem and Nineteenth Century Industrialism," *Agricultural History*, Vol. 22, July, 1948.

Saunders, Robert , "Southern Populists and the Negro," Sheldon Hackney (ed.), *Populism.*

Simkins, Francis Butler, "Ben Tillman's View of the Negro," *Journal of Southern History*, Vol. III, May, 1937, No. 2.

Simkins, Robert, "Southern Populists and the Negro," Hankney(ed.), *Populism: Critical Issues.*

Viereck, Peter, "Revolt against the Elite," in Daniel Bell(ed.), *The Radical Right*, Garden City, N.Y.: Doubleday, 1964.

Wiles, Peter, " Syndrom, Not a Doctrine: Some Elementary Thesis on

Populism," in Ghita Inescu and Earnest Geller(eds.), *Populism: Its Meanings and National Characteristics*, London: Weidenfeld and Nicholson, 1969.

Woodward, C. Van, "The Populist Heritage and the Intellectual," *American Scholar*, LIX, Winter, 1959-1960.

______, "Tom Watson and the Negro in Agrarian Politics," *Journal of Southern History*, Vol. 4, 1938.

Zanden, James Van, "The Klan Revival," *American Journal of Sociology* 65, 1960.

신문 · 잡지

Advocate (Topeka), 1892, 1894.

Agricultural History, 1894, 1949.

Alliance (Lincoln), 1889.

American Citizen (Kansas City), 1888.

American Journal of Sociology 65, 1960.

Anti-Monopolist (St. Paul), 1874-1877.

Chicago Tribune (Chicago), 1880-1890.

Citizen Action News, Spring, 1983, 1985.

Commonwealth (Ashland, Wisconsin), 1894.

Congressional Globe 38th 1st Sess. 39th 2d. Sess.

Dakotanian (S. Dakota), 1891.

Democrat (Hastings), 1887.

Dispatch (St. Paul), 1888.

Facts for the Granges (St. Paul), 1873.

Farmers' Alliance (Lincoln), 1889-1890.

Independent (Hastings), 1866.

Illinois State Register, 1894.

Jeffersonian, 1908.

Journal of Southern History, 1960.

Kansas State Ledger (Topeka), 1892.

Klanwatch Intelligence Report, 1981.

Mercury (Dallas), 1886.

Minneapolis Tribune, 1981.

Mississippi valley Historical Review, 1924.

Monthly Review 5, 1954.

National Economist (Washington D. C.), 1890.

New Leader, 1954.

New Nation (New York), 1891.

Newsweek, 1985.

New York Times, 1950, 1953, 1980, 1983.

North American Review, 1892, 1893.

Official Labor Gazette, 1985.

Pacific Historical Review (Los Angeles), XII, 1943.

People's Party Paper (Atlanta), 1891, 1892, 1895.

Pioneer (St. Paul), 1866, 1873.

Pioneer Press (St. Paul), 1870, 1875, 1877, 1886.

Pittsburgh Post Gazette, 1980.

Political Studies, 1982.

Press (St. Paul), 1874.

Progressive Farmer (Raleigh), 1888, 1889.

Representative (St. Paul), 1893-1898.

St. Paul Globe (St. Paul), 1892.

Paul Pioneer, 1873.

Standard (Northfield), 1892.

Southern Mercury (Dallas), 1889.

Tennessean, 1980.

The Fiery Cross, No.13, 1978.

The Nation, 1892.

The People (New York), 1891-1894.

Wealth Makers (Lincoln)

Weekly Call (Topeka), 1891, 1893.

찾아보기

미국 민중주의의 역사

펴낸날 1판 1쇄 2006년 6월 19일
지은이 안윤모
펴낸이 김용숙
펴낸곳 이화여자대학교출판부
주소 서울특별시 서대문구 대현동 11-1(우 120-750)
등록 1954년 7월 6일 제9-61호
전화 02) 3277-2965, 2966(편집부)
02) 3277-3164, 362-6076(영업부)
팩스 02) 312-4312
전자우편 press@ewha.ac.kr
인터넷서점 www.ewhapress.com
편집 책임 이혜지
디자인 정혜진
찍은곳 삼광프린팅

© 안윤모, 2006
ISBN 89-7300-691-6 93940

값 13,000원

* 잘못된 책은 바꾸어 드립니다.